COMPORTAMENTO HUMANO NO TRABALHO

Uma abordagem psicológica

Dados Internacionais de Catalogação na Publicação (CIP)

```
D261c    Davis, Keith.
            Comportamento humano no trabalho: uma
         abordagem psicológica / Keith Davis, John
         W. Newstrom; tradução de Cecília Whitaker
         Bergamini, Roberto Coda. - São Paulo, SP:
         Cengage, 2021.
            224 p.: il.; 27 cm.

            9. reimp. da 1. ed. de 1992.
            Inclui bibliografia, índice e glossário.
            Tradução de: Human behavior at work:
         organizational behavior
            ISBN 978-85-221-0105-4

            1. Comportamento organizacional. 2.
         Psicologia organizacional. 3. Motivação.
         4. Liderança. I. Newstrom, John W. II.
         Bergamini, Cecília Whitaker. III. Coda,
         Roberto. IV. Título.
                                      CDU 658.013
                                      CDD 658.3
```

Índice para catálogo sistemático:

1. Comportamento organizacional   658.013
(Bibliotecária responsável: Sabrina Leal Araujo – CRB 10/1507)

COMPORTAMENTO HUMANO NO TRABALHO

Uma abordagem psicológica

KEITH DAVIS
JOHN W. NEWSTROM

Tradução de
Cecília Whitaker Bergamini
Roberto Coda

Austrália • Brasil • México • Cingapura • Reino Unido • Estados Unidos

**Comportamento humano no trabalho
Volume 1 – Uma abordagem psicológica**
Keith Davis e John W. Newstrom

Gerente editorial: Noelma Brocanelli

Editora de desenvolvimento: Salete Del Guerra

Supervisora de produção gráfica: Fabiana Alencar Albuquerque

Título original: Human Behavior at Work: Organizational Behavior

Tradução: Cecília Whitaker Bergamini e Roberto Coda

Revisão: Denise Bolanho e Rinaldo Milesi

Diagramação: Triall Editorial

Capa: MSDE/Manu Santos Design

Impresso no Brasil
Printed in Brazil
9ª reimpressão 2021

© 1989 by McGraw-Hill, Inc

© 1992 Cengage Learning Edições Ltda.

Todos os direitos reservados. Nenhuma parte deste livro poderá ser reproduzida, sejam quais forem os meios empregados, sem a permissão por escrito da Editora. Aos infratores aplicam-se as sanções previstas nos artigos 102, 104, 106, 107 da Lei nº 9.610, de 19 de fevereiro de 1998.

Esta editora empenhou-se em contatar os responsáveis pelos direitos autorais de todas as imagens e de outros materiais utilizados neste livro. Se porventura for constatada a omissão involuntária na identificação de algum deles, dispomo-nos a efetuar, futuramente, os possíveis acertos.

A Editora não se responsabiliza pelo funcionamento dos *links* contidos neste livro que possam estar suspensos.

Para informações sobre nossos produtos, entre em contato pelo telefone **0800 11 19 39**

Para permissão de uso de material desta obra, envie seu pedido para
direitosautorais@cengage.com

© 1992 Cengage Learning. Todos os direitos reservados.

ISBN 13: 978-85-221-0105-4
ISBN 10: 85-221-0105-1

Cengage Learning
Condomínio E-Business Park
Rua Werner Siemens, 111 – Prédio 11 – Torre A – Conjunto 12
Lapa de Baixo – CEP 05069-900 – São Paulo – SP
Tel.: (11) 3665-9900 Fax: 3665-9901
SAC: 0800 11 19 39

Para suas soluções de curso e aprendizado, visite
www.cengage.com.br

NOTA DA EDITORA

Para facilitar aos estudantes e leitores a aquisição desta obra (o original em inglês consta de 22 capítulos), a Cengage Learning resolveu publicá-la em dois volumes, o que tornou obrigatório um remanejamento na ordem original das "Partes" e "Capítulos", inclusive com omissão de alguns capítulos, visto não se adaptarem à realidade brasileira.

Vale acrescentar que cada volume terá seus respectivos índices (geral e remissivo) e glossário.

*Para minha esposa Sue,
meu filho Charles e
minha filha Jean*

KEITH DAVIS

*Para minha esposa
Diane, meu filho Scott e
minha filha Heidi*

JOHN W. NEWSTROM

ÍNDICE

Prefácio, XIII
Agradecimentos, XV

Parte 1
FUNDAMENTOS DO COMPORTAMENTO ORGANIZACIONAL

1 O Trabalho e as Pessoas, 3
Como compreender o comportamento organizacional, 5. Desenvolvimento histórico do comportamento organizacional, 6. Conceitos fundamentais, 9. Enfoques básicos deste livro, 13.

2 Modelos de Comportamento Organizacional, 23
Um sistema de comportamento organizacional, 24. Elementos do sistema, 26. Modelos de comportamento organizacional, 28. Um modelo híbrido: a teoria Z, 37.

Parte 2
MOTIVAÇÃO E SISTEMAS DE RECOMPENSAS

3 As Razões Básicas da Motivação, 45
Um modelo de motivação, 46. Forças motivacionais, 47. Necessidades humanas, 49. Tipos de necessidades, 50. Variações nas necessidades, 50. A hierarquia de necessidades de Maslow, 51. O modelo dos dois fatores de Herzberg, 53. Conteúdo e contexto do trabalho, 54. Modelo ERC de Alderfer, 56. Comparação entre os modelos de Maslow, Herzberg e Alderfer, 56. Modificação comportamental, 57. Consequências alternativas, 59. Esquemas de reforçamento, 60. Interpretação da modificação de comportamento, 62. Fixação de objetivos, 63.

4 A Motivação dos Empregados, 71
O modelo da expectância, 72. Instrumentalidade. 74. Como funciona o modelo, 74. Modelos de comparação, 79. O modelo da equidade, 79. O modelo da atribuição, 82. Interpretação dos modelos motivacionais, 85.

5 Avaliação e Compensação do Desempenho, 93
Salário como meio de recompensar empregados, 94. Comportamento organizacional e avaliação de desempenho, 99. Sistemas de incentivos monetários, 103. O uso dos incentivos salariais, 105. Dificuldades dos incentivos salariais, 106. Participação nos lucros, 108. Algumas dificuldades com a participação nos lucros, 109. Planos de prêmios por produtividade, 110. Salário baseado nas habilidades, 112. Um programa completo, 113.

6 As Atitudes dos Empregados e seus Efeitos, 121
A natureza das atitudes dos empregados, 122. Envolvimento no cargo e identificação com a organização, 126. Efeitos das atitudes dos empregados, 126. O estudo da satisfação no trabalho, 130. Planejamento da pesquisa, 133. A utilização dos resultados de pesquisa, 138.

Parte 3
LIDERANÇA E MUDANÇA ORGANIZACIONAL

7 Liderança e Supervisão, 149
A natureza da liderança, 150. O modelo de liderança caminho-objetivo, 153. Poder e política, 156. Tipos de poder, 156. Estilo de liderança, 159. Enfoques contingenciais sobre o estilo de liderança, 163. O modelo contingencial de Fiedler, 164.

Parte 4
CONCLUSÃO

8 Perspectivas do Comportamento Organizacional, 179
Modelos de comportamento organizacional, 180. Limitações do comportamento organizacional, 186. O futuro do comportamento organizacional, 191. A promessa de um amanhã melhor, 194.

Glossário, 199

Índice Remissivo, 203

SOBRE OS AUTORES

KEITH DAVIS é Professor Emérito de Administração no College of Business Administration at Arizona State University. É autor de destacados livros em Administração e foi consultor editorial de aproximadamente oito livros da coleção McGraw-Hill Book Company's Series in Management. É conselheiro tanto na Academy of Management como na International Academy of Management. Antes de ingressar em atividades de ensino, Davis foi especialista da área de Recursos Humanos na indústria e gerente de Recursos Humanos em órgãos governamentais.

Davis obteve seu Ph.D. na Ohio State University e lecionou na University of Texas e na Indiana University. Seu campo de trabalho engloba comportamento organizacional, administração de Recursos Humanos e temas sociais ligados à Administração. Foi professor convidado de várias universidades, incluindo a University of Western Australia e o Georgia Institute of Technology. Complementarmente, foi consultor de diversas organizações públicas e privadas, entre elas Mobil Oil Company, Texaco, o U.S. Internal Revenue Service e o Estado do Havaí.

Davis é ex-presidente da Academy of Management e recebeu o National Human Relations Award da Society for Advancement of Management. Foi também membro emérito da fraternidade National Beta Gamma Sigma. Possui o título de "Accredited Senior Professional" em Recursos Humanos.

Outros dois livros conhecidos de Davis são (em coautoria com William B. Werther, Jr.) *Personnel Management and Human Resources* (3ª edição, 1989) e (em coautoria com William C. Frederick e James E. Post) *Business and Society: Corporate Strategy, Public Policy, Ethics* (6ª edição, 1988), ambos publicados pela McGraw-Hill Book Company. Colaborou ainda com capítulos em cerca de outros 100 livros e é autor de 150 artigos em publicações especializadas, tais como *Harvard Business Review, Academy of Management Journal, Management International* e *California Management Review*. Quatro de seus livros foram traduzidos em língua estrangeira.

JOHN W. NEWSTROM é Professor de Administração de Recursos Humanos na School of Business and Economics at the University of Minnesota, Duluth. Anteriormente, lecionou na Arizona State University, antes de obter seu Ph.D. da University of Minnesota. Seus assuntos de interesse são: desenvolvimento administrativo, aplicação de programas de treinamento à situação de trabalho, horários alternativos de trabalho e dinâmica de grupos.

Newstrom é ex-conselheiro da Management Education and Development Divison of the Academy of Management e foi membro do conselho de direção da American Society for

Training and Development. Participou dos conselhos editoriais do *Academy of Management Journal, Academy of Management Review, Journal of Management Development* e *Personnel Administrator*. Foi também consultor de treinamento em diversos órgãos governamentais federais, estaduais e municipais, assim como junto a fábricas, empresas produtoras de papel, empresas de assistência médica e indústrias de máquinas pesadas.

Newstrom é coautor (com Keith Davis) do livro *Organizational Behavior: Readings and Exercises* (8ª edição, 1989) e de três outros livros anteriormente publicados pela McGraw Book Company. Dois outros livros bastante conhecidos preparados em conjunto por Newstrom são (com Jon L. Pierce) *The Manager's Bookshelf: A Mosaic of Contemporary Views* (1988) e (com Jon L. Pierce, Randall B. Dunham e Alison Barber) *Alternative Work Schedules (1989)*. É também autor de mais de 50 artigos, publicados em periódicos, tais como *Personnel Psychology, Journal of Management, Academy of Management Journal, Personnel Journal* e *Training*.

PREFÁCIO

Este livro fornece valiosas reflexões sobre pessoas no trabalho em todos os tipos de organizações e sugere como proceder para fazer com que elas se motivem para trabalhar juntas mais produtivamente. Este interessante estudo do comportamento humano no trabalho denomina-se *comportamento organizacional* e representa uma integração e uma aplicação do conhecimento em ciências sociais. A administração, as relações de trabalho e os pesquisadores do comportamento merecem reconhecidos créditos por progressos no campo do comportamento organizacional neste século, mas numerosas oportunidades para aperfeiçoamento ainda permanecem. Este livro resume o estágio atual de conhecimento nesse campo e sugere áreas nas quais progressos adicionais são ainda necessários.

Todas as pessoas que atuam em organizações irão achar este livro útil para compreender e conduzir o comportamento de outras pessoas. Ele foi planejado, essencialmente, para utilização em cursos universitários de graduação nas áreas de comportamento organizacional, comportamento humano em organizações e disciplinas similares. Edições anteriores tiveram adoção no mundo inteiro e edições internacionais incluem uma publicada no Japão, destinada ao mercado asiático, uma edição na Índia e traduções para três línguas estrangeiras.

O livro foi testado na linha de frente em salas de aula de universidades e em organizações por mais de trinta anos, e muitas ideias de usuários de edições anteriores foram incorporadas na presente e nova edição. Os autores enfaticamente convidam professores e universitários a encaminharem sugestões para tornar o livro ainda mais útil. *Ouvimos e damos importância.* Em resposta a recomendações de leitores foram incluídas ampliações de quadros e exemplos de práticas correntes como forma de ilustrar as ideias apresentadas.

O PAPEL DOS AUTORES

Tivemos vários papéis importantes como autores deste livro. Começamos mergulhando na reflexão, pesquisa e prática do comportamento organizacional, de maneira a garantir para nós mesmos uma compreensão profunda desse campo. Isso requer contínua leitura de revistas e livros especializados, assim como interação constante com gerentes e administradores em ampla variedade de organizações. Em seguida, desenvolvemos um arcabouço organizacional interessante e lógico e passamos a identificar os elementos primordiais para inclusão. Finalmente, procuramos apresentar as informações de modo a ajudar os leitores a aprender e reter as ideias.

Nosso objetivo final foi produzir um livro que fosse, ao mesmo tempo, preciso e útil. Enfatizamos conteúdo e consistência e apresentamos o material de uma maneira organizada, que permitirá aos leitores integrar as diferentes partes desta disciplina em uma filosofia completa de comportamento organizacional. A oitava edição foi atualizada com numerosas citações de recentes pesquisas, que representam a base de dados para nossas conclusões.

Sempre que apropriado, incluímos pontos de vista alternativos a respeito de determinado assunto (enquanto fazíamos tentativas para deixar claros abordagens corriqueiras e modismos). Isso indica que não há respostas simples para temas comportamentais complexos, ao mesmo tempo que encoraja os leitores a fazerem sua própria reflexão sobre os temas. Além disso, o livro desafia os leitores a integrarem uma variedade de perspectivas. Como consequência, acreditamos que este livro irá servir como referência por um longo período de tempo, além de estimular os leitores a buscar novos conhecimentos sobre o tema.

AGRADECIMENTOS

Muitos especialistas, administradores e alunos contribuíram com este livro e gostaríamos de expressar nosso agradecimento pela ajuda. Em certo sentido, o livro pertence a eles, uma vez que fomos tão somente agentes de preparação. Ficamos especialmente agradecidos pelas revisões amplas e competentes de Dennis G. Allen, Grand Rapids Junior College; Lloyd Baird, Boston University; Richard Hill, Indiana University; Jin Keenan, St. Mary's College of California; Gerald McCarthy, Purdue University; Gerald Parker, St. Louis University; Garth S. Thompson, SUNY at Fredonia; Judith Vogt, University of West Florida; George Wagman, Texas A & M University; e Paul Wilkens, Florida State-Tallahassee. Muitos de nossos colegas forneceram valiosas reflexões, apoio e encorajamento e por isso gostaríamos de agradecer Larry E. Penley e Angelo Kinicki da Arizona State University e Jon L. Pierce, Greg Fox, Steve Rubenfeld e Cynthia e Mark Lengnick-Hall da Universidade de Minnesota, Duluth. Apreciamos muito a colaboração de diversos funcionários da McGraw-Hill que trabalharam no livro, especialmente Kathy Loy, Cynthia Phelps, Laura Warner e Larry Goldberg. Finalmente, ficamos gratos a Joe Murphy por sua atuação, que garantiu a excelência técnica da produção das edições anteriores desta obra.

KEITH DAVIS
JOHN W. NEWSTROM

PARTE 1

FUNDAMENTOS DO COMPORTAMENTO ORGANIZACIONAL

CAPÍTULO 1

O TRABALHO E AS PESSOAS

Caso você mergulhe muito fundo em qualquer problema, você irá encontrar pessoas.

J. Watson Wilson[1]

Mas a grande diferença é a maneira pela qual os seres humanos estão sendo utilizados – ou, de forma mais precisa, subutilizados.

Robert H. Guest[2]

▼ OBJETIVOS DO CAPÍTULO

Compreender:

- ▶ O significado de comportamento organizacional
- ▶ Os assuntos-chave ligados ao comportamento organizacional
- ▶ Os principais aspectos da sua origem histórica
- ▶ Os conceitos básicos de comportamento organizacional
- ▶ Os enfoques principais deste livro
- ▶ Como o comportamento organizacional afeta o desempenho das organizações

As organizações são sistemas sociais. Caso alguém queira trabalhar nelas ou administrá-las, necessita compreender como funcionam. As organizações combinam ciência e pessoas, tecnologia e humanismo. A tecnologia é suficientemente difícil em si mesma, mas quando se juntam pessoas chega-se a um sistema social imensamente complexo cuja compreensão é realmente desafiadora. No entanto, a sociedade deve compreender as organizações e fazer delas um uso adequado porque elas são necessárias para que se atinjam benefícios para a civilização. São necessárias para a paz mundial, para o sucesso do sistema de ensino, bem como para outros objetivos que as pessoas perseguem. O progresso da nossa sociedade depende de organizações eficazes.

O comportamento humano nas organizações é bastante imprevisível. Isso ocorre porque ele nasce de necessidades humanas profundamente arraigadas e de sistemas de valores. Todavia, ele pode ser parcialmente compreendido sob a luz dos pressupostos das ciências do comportamento, da administração e de outras disciplinas; e esse é o objetivo deste livro. Não existem fórmulas simples para trabalhar com pessoas. Não existe uma solução perfeita para os problemas organizacionais. Tudo o que se pode fazer é aumentar o nosso conhecimento e nossas habilidades para que os relacionamentos no trabalho possam ser melhor avaliados. Os objetivos são desafiadores e valem a pena.

Podemos trabalhar eficazmente com pessoas se estivermos preparados para pensar nelas em termos humanos. Considere a situação que se segue na qual a motivação de um gerente cresceu depois de anos de um desempenho passivo e mínimo.

> John Perkins, de aproximadamente cinquenta anos, trabalhou como assistente da gerência da sucursal de um grande banco. Ele foi assistente da gerência por onze anos. Seu trabalho era tão medíocre que nenhum gerente de filial o queria. Habitualmente seu chefe imediato dava um jeito para que John fosse transferido para uma nova agência que se inaugurava; dessa forma, John trabalhou em oito filiais durante onze anos. Quando ele se tornou assistente de gerência da nona filial, seu gerente logo tomou conhecimento dos dados do seu registro pessoal. Embora tentado a transferir John, o gerente decidiu primeiro motivá-lo para o trabalho. O gerente ficou sabendo que John não tinha problemas econômicos porque ele havia recebido uma boa herança e adquirido muitos apartamentos. Sua mulher administrava esses apartamentos. Seus dois filhos já estavam formados e ganhavam bem. John estava satisfeito.
>
> O gerente conseguiu poucos progressos com John e por duas vezes pensou em dispensá-lo. Ocasionalmente John mostrava alguma energia por algumas semanas, mas em seguida caía de novo na sua antiga maneira de ser. Depois de uma cuidadosa análise da situação de John, o gerente concluiu que embora as necessidades dele para bens materiais estivessem satisfeitas, ele deveria ser sensível a um maior reconhecimento; assim, o gerente começou a trabalhar nesse sentido. Por exemplo, no primeiro aniversário da agência, deu uma festa para todos os funcionários antes de o banco abrir. Ele pediu para que um confeiteiro preparasse um grande bolo e escrevesse em cima um importante resultado financeiro que estava sob a jurisdição de John e que no momento era positivo. John ficou emocionalmente tocado pelo reconhecimento e pelas "brincadeiras" que os seus colegas fizeram a respeito desse montante. Daí em diante seu comportamento mudou substancialmente, e com esse maior reconhecimento ele desenvolveu-se e tornou-se um gerente bem-sucedido de outra agência dentro de dois anos. Nesse caso, o desem-

penho de John melhorou porque o seu gerente examinou cuidadosamente a situação e usou suas habilidades comportamentais, tais como reconhecimento, para atingir um resultado benéfico para ambas as partes. Esta é a essência do comportamento organizacional, que será conceituado logo a seguir.

COMO COMPREENDER O COMPORTAMENTO ORGANIZACIONAL

Definição

O *comportamento organizacional* é o estudo e a aplicação do conhecimento sobre como as pessoas agem dentro das organizações. É uma ferramenta humana para o benefício do homem. Ele se aplica amplamente ao comportamento das pessoas em todos os tipos de organizações, tais como negócios, governo, escolas e organizações de serviços. Onde quer que estejam as organizações existirá sempre a necessidade de compreender o comportamento organizacional[3].

Os elementos-chave do comportamento organizacional são pessoas, estrutura, tecnologia e ambiente no qual a organização opera. Quando as pessoas se juntam numa organização para atingirem um objetivo, alguma espécie de estrutura é requerida. As pessoas também usam tecnologia para ajudar a fazer um trabalho, dessa forma existe uma interação entre pessoas, estrutura e tecnologia, como o mostrado na Figura 1-1. Além disso, esses elementos são influenciados pelo ambiente externo, e eles o influenciam também. Cada um desses quatro elementos do comportamento organizacional será resumidamente considerado.

PESSOAS. As pessoas representam o sistema social interno da organização. Podem ser consideradas individualmente ou em grupos, tanto grandes como os pequenos. Existem os grupos não oficiais ou informais e os grupos mais oficiais ou formais. Os grupos são dinâmicos. Eles se formam, mudam e se dissolvem. A organização humana hoje não é a mesma de ontem, ou do dia anterior. As pessoas são seres que estão vivendo, pensando e sentindo e que trabalham na organização para atingir seus objetivos. As organizações existem para servir às pessoas, e não o contrário.

FIGURA 1-1 – Elementos-chave do comportamento organizacional.

ESTRUTURA. A estrutura define os relacionamentos formais das pessoas dentro das organizações. Diferentes cargos são necessários para se realizar todas as atividades de uma organização. Existem administradores e empregados, contadores e trabalhadores da linha de produção. Essas pessoas devem se relacionar dentro de alguma estrutura para que o seu trabalho seja efetivamente coordenado. Esses relacionamentos criam problemas complexos de cooperação, negociação e processo decisório.

TECNOLOGIA. A tecnologia oferece recursos com os quais as pessoas trabalham e que afetam as tarefas que elas desempenham. Elas não podem realizar muito com as mãos vazias, assim precisam construir prédios, desenhar máquinas, criar procedimentos de trabalho e reunir recursos. A tecnologia utilizada tem significativa influência nos relacionamentos de trabalho. Uma linha de produção não é a mesma num laboratório de pesquisa e numa usina metalúrgica que não possuem as mesmas condições de trabalho de um hospital. O grande benefício da tecnologia é que ela permite às pessoas que façam mais e melhor seu trabalho, mas ela também restringe as pessoas de várias maneiras. Do mesmo modo que tem também benefícios, tem custos.

AMBIENTE. Todas as organizações operam dentro de um ambiente externo[4]. Nenhuma organização existe sozinha. Ela é parte de um sistema maior que contém muitos outros elementos, tais como governo, família e as outras organizações. Todos eles se influenciam mutuamente num sistema complexo que cria um contexto para um grupo de pessoas. As organizações, individualmente, tais como uma fábrica ou uma escola, não podem escapar de ser influenciadas pelo ambiente externo. Ele influencia as atitudes das pessoas, afeta as condições de trabalho e promove competições por recursos e poder. Ele deve ser levado em conta no estudo do comportamento humano nas organizações.

DESENVOLVIMENTO HISTÓRICO DO COMPORTAMENTO ORGANIZACIONAL

Origens históricas

Embora as relações humanas tenham existido desde o início dos tempos, a arte e a ciência de se tentar lidar com elas em organizações complexas são relativamente novas. No começo as pessoas trabalhavam sozinhas ou em grupos tão pequenos que suas relações de trabalho poderiam ser facilmente resolvidas. Popularmente assumiu-se que sob essas condições as pessoas trabalhavam numa realização e felicidade utópicas, mas essa forma de pensar é uma nostálgica reinterpretação da história. As condições reais eram brutais e dolorosas. As pessoas trabalhavam da madrugada até o anoitecer sob condições intoleráveis de doença, sujeira, perigo e escassez de recursos. Elas tinham que trabalhar para sobreviver e muito pouco esforço foi devotado no sentido de dar satisfação no trabalho para essas pessoas.

Surgiu então a Revolução Industrial. Logo no começo, as condições humanas não melhoraram, mas pelo menos a semente de uma potencial melhora foi plantada. A indústria expandiu o suprimento de bens e conhecimentos que eventualmente deram aos trabalhadores salários mais elevados, menos horas trabalhadas e mais satisfação no trabalho. Nesse novo ambiente industrial, Robert Owen, um jovem galês dono de fábrica, por volta dos anos 1800, foi um dos primeiros a enfatizar as necessidades humanas dos empregados. Ele recusou-se a admitir crianças e ensinou a seus trabalhadores limpeza e moderação, melhorando também as condições de trabalho deles. Isso poderia, de forma consistente, ser chamado de modemo comportamento organizacional, mas era apenas um começo. Ele foi chamado o "pai real" da administração de pessoal pelos primeiros escritores[5].

Andrew Ure incorporou os fatores humanos no seu *The Philosophy of Manufactures* (A filosofia das fábricas), publicado em 1835[6]. Ele não só configurou as partes mecânicas e comerciais da fabricação como também adicionou um terceiro elemento: o fator humano. Ele deu aos trabalhadores chá quente, tratamento médico, um "sistema de ventiladores" e remuneração em caso de doença. As ideias de Owen e Ure foram aceitas vagarosamente ou não em seu todo, e elas frequentemente se deterioravam em paternalismo, mais do que numa linha de reconhecimento genuíno das pessoas em situação de trabalho.

Primeiros desenvolvimentos

O interesse sobre as pessoas no trabalho foi despertado por Frederick W. Taylor nos Estados Unidos no começo de 1900. Ele é frequentemente chamado "o pai da administração científica" e as modificações que trouxe para a administração desbravaram o caminho para o desenvolvimento posterior do comportamento organizacional. Provavelmente seu trabalho contribuiu para aperfeiçoar o reconhecimento e a produtividade para os trabalhadores na indústria. Ele assinalou que assim como existe uma melhor máquina para o trabalho, também existem maneiras melhores de as pessoas executarem suas atividades. Com certeza, o objetivo ainda era a eficiência técnica, mas pelo menos a administração despertou para a importância de um dos seus recursos mais negligenciados até então.

O trabalho mais importante de Taylor foi publicado em 1911[7]. Ele foi seguido em 1914 pelo de Lilian Gilbreth, *The Psychology of Management* (Psicologia da Administração), que enfatizava especialmente o lado humano do trabalho[8]. Pouco tempo depois foi formada a National Personnel Association, que mais tarde, em 1923, transformou-se na American Management Association com o subtítulo de "Devotada exclusivamente à consideração do fator humano no comércio e na indústria". Durante esse período Whiting Williams estudava os trabalhadores enquanto trabalhava com eles e em 1920 publicou uma significativa interpretação da sua experiência sob o título, What's on the Worker's Mind[9] (O que está na cabeça dos trabalhadores).

Estudos de pesquisa

Nos anos 1920 e 1930, Elton Mayo e F. J. Roethlisberger na Universidade de Harvard deram estatura acadêmica ao estudo do comportamento humano no trabalho. Eles aplicaram pressupostos, reflexões e conhecimentos sociológicos aos experimentos industriais na Westem Electric Company, na fábrica de Hawthome. Eles concluíram que uma organização é um sistema social e que o trabalhador é, na verdade, o mais importante elemento desse sistema[10]. Seus experimentos mostraram que o trabalhador não é uma simples ferramenta, mas uma personalidade complexa interagindo numa situação grupal que frequentemente é difícil de compreender.

Para Taylor e seus contemporâneos, os problemas humanos dificultaram a produção e dessa forma deveriam ser minimizados. Para Mayo, os problemas humanos tomaram-se um amplo novo campo de estudo e uma oportunidade para o progresso. Ele é reconhecido como o pai daquilo que era então chamado de *relações humanas*, o que ficou depois conhecido como *comportamento organizacional*. Taylor aumentou a produção racionalizando-a. Mayo e seus seguidores pensaram em aumentar a produção humanizando-a.

A pesquisa Mayo-Roethlisberger tem sido fortemente criticada como tendo sido inadequadamente controlada e interpretada[11], mas as suas ideias básicas, tais como um sistema social dentro do ambiente de trabalho, permaneceram desafiando o tempo. O ponto importante é que se tratava de uma substancial pesquisa sobre comportamento humano no trabalho, e sua influência espalhou-se e permaneceu.

Nos anos de 1940 e 1950 outros grandes projetos de pesquisa foram desenvolvidos em numerosas organizações, incluindo o Research Center for Group Dynamics (Centro de Pesquisa em Dinâmica de Grupo) da Universidade de Michigan (com foco em liderança e motivação); o Personnel Research Board (Grupo de Pesquisas de Pessoal) da Ohio State University (liderança e motivação); o Tavistock Institute of Human Relations em Londres (vários assuntos) e o National Training Laboratories em Bethel, Maine (Dinâmica de Grupo). Como os resultados dessas pesquisas começaram a se infiltrar nas comunidades empresariais e acadêmicas, estimularam novos interesses quanto ao comportamento das pessoas no trabalho. A "idade das relações humanas" havia começado.

A nova ênfase sobre as pessoas no trabalho foi o resultado das tendências que foram desenvolvidas por um longo período de tempo. Isso ajudou a equiparar os valores humanos aos demais valores no trabalho. Infelizmente as relações humanas cresceram tão depressa que não foram bem compreendidas e desenvolveu-se alguma superficialidade a esse respeito. Alguns praticantes começaram a enfatizar "seja bom com as pessoas" enquanto sutilmente tentavam manipular os empregados. Certo humorista assinalou: "Mudamos da 'mão invisível' da economia de Adam Smith para a 'mão alegre' das relações humanas". Essas práticas acarretaram críticas bem merecidas[12].

O termo "relações humanas" gradativamente perdeu valor, embora continue a ser usado – especialmente no nível operacional – devido à sua pertinência. Um exemplo é a afirmação "O supervisor é eficaz nas relações humanas". Como o campo tornou-se mais amadurecido e a pesquisa mais embasada, o novo termo que surgiu para descrevê-lo foi "comportamento organizacional"[13].

O ponto mais forte do comportamento organizacional é a sua natureza interdisciplinar. Ele integra as ciências comportamentais e outras ciências sociais que podem contribuir para o campo e tira dessas disciplinas quaisquer ideias que aprimorem os relacionamentos entre as pessoas e as organizações. Sua natureza interdisciplinar é semelhante à medicina, que utiliza-se das ciências físicas, biológicas e sociais dentro de uma prática médica operante.

O interesse de muitas das ciências sociais nas pessoas é algumas vezes expresso pelo termo genérico de "ciência comportamental", que representa um corpo sistematizado de conhecimentos pertinentes ao porquê e como as pessoas se comportam da maneira que o fazem. O comportamento organizacional, então, integra as ciências comportamentais às organizações formais. Tem sido dito que o ponto de vista da organização formal é ver as "organizações sem pessoas", enquanto os comportamentalistas falam de "pessoas sem organizações". Todavia as organizações devem ter pessoas e pessoas trabalhando em prol dos objetivos que a organização tem; dessa forma, é desejável tratar os dois como uma unidade integrada, assim como o comportamento organizacional o faz.

CONCEITOS FUNDAMENTAIS

Todos os campos da ciência social (ou mesmo das ciências físicas) têm uma fundamentação filosófica de conceitos básicos que guiam o seu desenvolvimento. Na contabilidade, por exemplo, o conceito fundamental é que "para todo o débito haverá um crédito". O sistema todo de contabilidade partidas dobradas foi construído sobre essa filosofia quando substituiu o de partida única dos guarda-livros muitos anos atrás. Na física há uma crença básica de que os elementos da natureza são uniformes. A lei da gravidade opera uniformemente em Tóquio e em Londres, e o átomo de hidrogênio é idêntico tanto em Moscou como em Washington D.C. Todavia o mesmo não pode ser dito a respeito das pessoas.

Como aquilo que é mostrado na Figura 1-2, o comportamento organizacional começa com um conjunto de seis conceitos fundamentais que envolvem a natureza das pessoas e das organizações. A seguir há um resumo dessas ideias, que serão desenvolvidas em maior profundidade em capítulos posteriores.

A natureza das pessoas

No que diz respeito às pessoas, existem quatro conceitos básicos: diferenças individuais, a pessoa como um todo, o comportamento motivado e o valor da pessoa (dignidade humana).

DIFERENÇAS INDIVIDUAIS

As pessoas têm muito em comum (elas ficam contentes pela presença ou se afligem pela perda de uma pessoa amada), mas cada pessoa no mundo é também individualmente diferente. Sobre as montanhas da Groenlândia estão bilhões de pequenos flocos de neve; embora não estejamos razoavelmente seguros disso, cada um é diferente. No planeta Terra existem bilhões de pessoas complexas que são semelhantemente todas diferentes (e espera-se que todos os que venham a surgir sejam também diferentes)! Cada uma é diferente de todas as outras, provavelmente em milhares de maneiras, assim como cada uma das suas impressões digitais é diferente, tanto quanto se saiba. E essas diferenças são habitualmente substanciais em vez de pouco significativas. Pense, por exemplo, nos bilhões de células cerebrais de uma pessoa e nos bilhões de combinações possíveis de conexões e registros de experiências que estão armazenadas dentro dela. Todas as pessoas são diferentes. Esse é um fato apoiado pela ciência.

A natureza das pessoas
- Diferenças individuais
- A pessoa como um todo
- O comportamento motivado
- Valor da pessoa (dignidade humana)

A natureza da organização
- Sistemas sociais
- Interesse mútuo

Resultado
- Visão holística do comportamento organizacional

FIGURA 1-2 - Conceitos fundamentais de comportamento organizacional.

A noção de diferenças individuais vem originalmente da psicologia. Desde o dia do nascimento, cada pessoa é única e as experiências individuais depois do nascimento tendem a torná-las ainda mais diferentes. Diferenças individuais significam que a administração pode conseguir a maior motivação entre os empregados tratando-os de maneiras diferentes. Se não fosse por causa das diferenças individuais, algum padrão ou receita da maneira de como lidar com empregados poderia ser adotado, sendo requerido um mínimo de julgamento dali para diante. As diferenças individuais requerem que o enfoque dos administradores a respeito dos empregados seja individual, não estatístico. Essa crença de que cada pessoa é diferente de todas as outras é tipicamente chamada de Lei das Diferenças Individuais[14].

A PESSOA COMO UM TODO. Embora algumas organizações quisessem poder empregar somente as habilidades ou o cérebro de uma pessoa, elas realmente estão empregando a pessoa como um todo, em lugar de certas características apenas. Os diferentes traços humanos podem ser estudados separadamente, mas numa análise final todos são partes de um sistema que constrói o todo da pessoa. A habilidade não existe fora de uma bagagem ou um conhecimento. A vida doméstica não é totalmente separada da vida de trabalho, e as condições emocionais não estão separadas das condições físicas. As pessoas funcionam como seres humanos totais.

> Por exemplo, um supervisor queria que Margaret Townsend trabalhasse horas extras na quarta-feira à noite para adiantar um relatório urgente. Townsend tinha conhecimento necessário e habilidade para o cargo. Ela também desejava o pagamento das horas extras. Entretanto, sob o ponto de vista dela, um compromisso social tornou impossível para ela trabalhar naquela noite. Era o dia do seu décimo aniversário de casamento e uma festa fora marcada com alguns amigos em sua casa. Esse aniversário era importante para ela; dessa forma o seu supervisor teve que considerar as suas necessidades como uma pessoa integral e não apenas como empregada.

Quando a administração leva em conta o comportamento organizacional, o faz tentando desenvolver um empregado melhor, como também querendo desenvolver uma *pessoa* melhor em termos de crescimento e realização. Os cargos modelam as pessoas conforme são desempenhados, dessa forma, a administração deve estar preocupada com os efeitos dessas atividades sobre a pessoa como um todo. Os empregados pertencem a muitas outras organizações além daquela do seu empregador, e elas desempenham muitos papéis dentro e fora da firma. Se a pessoa como um todo pode ser desenvolvida, então os benefícios se estenderão para além da empresa, na sociedade na qual o empregado vive.

O COMPORTAMENTO MOTIVADO. A psicologia ensina que o comportamento normal tem certas causas. Elas podem estar relacionadas às necessidades da pessoa e ou às consequências que resultam das suas ações. No caso das necessidades, as pessoas não se motivam por aquilo que se pensa que elas desejariam ter, mas por aquilo que elas efetivamente querem. A um observador as necessidades de uma pessoa podem parecer irreais, mas são elas que estão no comando. Esse fato deixa a administração com duas maneiras básicas de motivar pessoas. Isso pode mostrar aos administradores como certas ações aumentarão as necessidades de realização delas ou podem também ameaçar uma decrescente necessidade de realização caso sigam um curso de ação indesejável. Claramente, o caminho na direção do atendimento crescente da necessidade de realização é a melhor abordagem.

A motivação é essencial ao funcionamento organizacional. Não importa quanta tecnologia e quanto equipamento uma organização tenha, essas coisas não podem ser colocadas em uso a menos que sejam liberadas e guiadas por pessoas que estejam motivadas.

> Pense por um minuto em uma moderna locomotiva estacionada numa estação de trens. Todos os trilhos e equipamentos estão em ordem, os horários e rotas estão preparados, o destino confirmado, passagens vendidas e os passageiros embarcados. Não importa quão bem todo esse trabalho preliminar tenha sido feito, o trem não poderá mover-se um centímetro sequer rumo à nova estação até que a energia seja totalmente aplicada – isto é, até que a força motriz seja suprida. Semelhantemente numa organização, a motivação liga a força que a manterá em movimento.

VALOR DA PESSOA (DIGNIDADE HUMANA). Este conceito é de diferente natureza dos outros três porque é mais uma filosofia ética do que uma conclusão científica. Ele sustenta que as pessoas devem ser tratadas de forma diferente dos outros fatores de produção porque elas pertencem à ordem superior do universo. Reconhece que pelo fato de as pessoas serem de ordem superior, querem ser tratadas com respeito e dignidade – e assim deveria ser. Todo trabalho, embora simples, dá direito à pessoa que o realiza a um respeito adequado e reconhecimento de suas aspirações e habilidades. O conceito de dignidade humana rejeita a velha ideia de usar os empregados como instrumentos econômicos.

A ética acha-se refletida na consciência da humanidade, conforme confirmado pela experiência das pessoas em todas as idades[15]. Acha-se relacionada às consequências de nossos atos em relação a nós mesmos e aos outros. Reconhece que a vida tem um propósito global e aceita a integridade interior de cada indivíduo. Desde que o comportamento organizacional sempre envolva pessoas, a ética filosófica também se acha envolvida de uma ou de outra maneira em cada ação humana. As decisões humanas não podem e não deveriam ser tomadas sem levar em conta os valores.

A natureza das organizações

Com relação às organizações, os dois conceitos-chave são que elas representam sistemas sociais e que são formadas em bases de interesses mútuos.

SISTEMAS SOCIAIS. A sociologia ensina que as organizações são sistemas sociais; consequentemente, as atividades englobadas por elas são governadas por leis sociológicas tanto quanto por leis psicológicas. Assim como as pessoas têm necessidades psicológicas têm também papéis sociais e status. O comportamento delas é influenciado pelo seu grupo da mesma forma que pelos impulsos individuais. Na realidade, dois tipos de sistemas sociais existem lado a lado nas organizações. Um deles é o sistema social formal (oficial) e o outro é o sistema social informal.

A existência de um sistema social implica que o ambiente organizacional seja o de mudança dinâmica, em lugar de um conjunto estático de relações, como o ilustrado no organograma da empresa. Todas as partes do sistema são interdependentes e estão sujeitas às influências de qualquer das demais. Tudo se acha relacionado a todo o resto.

> Os efeitos de um sistema social mais amplo pode ser visto na experiência de uma supervisora, Glenda Ortiz. Glenda puniu um empregado por violar a segurança. A ação estava incluída nas regras e era considerada de rotina por Ortiz. Todavia o sindicato local já estava aborrecido por causa daquilo, que era considerado uma disciplina injusta de violação da segurança em outra divisão da companhia. O sindicato queria se mostrar simpático para os seus membros de outra área, bem como também queria mostrar à administração que não aceitaria um tratamento semelhante nessa área. Além disso, o presidente do sindicato, Jimmie Swallen, estava concorrendo à reeleição e queria mostrar aos membros que estava protegendo os interesses deles. O sindicato encorajou o empregado a registrar queixa contra a atitude de Ortiz e uma simples questão disciplinar transformou-se num problema complexo de relações trabalhistas que consumiu o tempo de muita gente.

A ideia de sistema social fornece bases estruturais para analisar assuntos referentes ao comportamento organizacional. Ajuda a tornar os problemas de comportamento organizacional compreensíveis e administráveis.

O INTERESSE MÚTUO. O interesse mútuo é representado pela afirmativa "As organizações precisam das pessoas e as pessoas também precisam das organizações". As organizações têm objetivos humanos. Elas são formadas e mantidas em bases de algum interesse mútuo entre os seus participantes. As pessoas veem as organizações como um meio de ajudá-las a atingir os seus objetivos, enquanto as organizações necessitam das pessoas para ajudarem na consecução dos objetivos organizacionais[16]. Caso a reciprocidade esteja faltando, não faz sentido tentar reunir um grupo e desenvolver a cooperação uma vez que não haja bases comuns para se construir sobre elas. Conforme é mostrado na Figura 1-3, o interesse mútuo promove um objetivo superior que integra os esforços dos indivíduos e dos grupos. O resultado é que eles são encorajados a atacar os problemas organizacionais em lugar de se atacarem uns aos outros!

O TRABALHO E AS PESSOAS

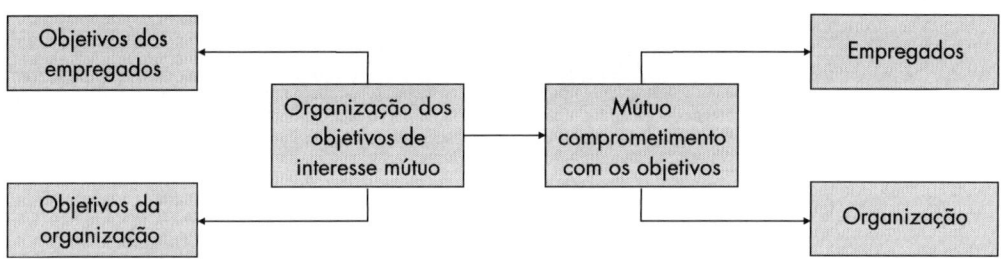

FIGURA 1-3 – O interesse mútuo permite a organização dos objetivos dos empregados e da organização.

O comportamento organizacional holístico

Quando os seis conceitos fundamentais de comportamento organizacional são considerados em conjunto, oferecem uma visão holística a respeito do assunto. O *comportamento organizacional holístico* interpreta os relacionamentos pessoas-organização considerando pessoa total, grupo total, organização total e sistema social total. Ele assume um ponto de vista que considera todas as variáveis das pessoas nas organizações num esforço para compreender a maior quantidade possível de fatores que influenciam o comportamento humano. Os assuntos são analisados em termos da situação total que as afeta, e não em termos de um evento isolado ou problema.

> O conceito holístico é ilustrado pela história de John Perkins, gerente de banco do começo deste capítulo. Os problemas de Perkins não poderiam ser compreendidos em termos do trabalho que ele habitualmente desenvolvia. Seu gerente teve que examinar sua história de trabalho, necessidades de carreira, investimentos fora do banco, a situação dos filhos e outros fatores. Dessa forma, Perkins pode ser ajudado e se tornou novamente eficaz. Isso foi um comportamento organizacional holístico.

ENFOQUES BÁSICOS DESTE LIVRO

O comportamento organizacional procura integrar os quatro elementos: pessoas, estrutura, tecnologia e ambiente. Ele repousa em bases interdisciplinares de conceitos fundamentais sobre a natureza das pessoas e das organizações. Além disso, este livro enfatiza quatro temas básicos que se interligarão durante os capítulos subsequentes como mostra a Figura 1-4.

O enfoque de recursos humanos (apoio)

O enfoque de recursos humanos baseia-se no desenvolvimento. Ele está preocupado com o crescimento e desenvolvimento das pessoas no sentido de atingirem níveis mais altos de competência, criatividade e realização, uma vez que as pessoas são o recurso central em qualquer organização e qualquer sociedade. A natureza do enfoque de recursos humanos pode ser compreendida comparando a posição da administração tradicional no início de 1900. No enfoque tradicional, os administradores decidiam o que deveria ser feito e então controlavam de perto os empregados para assegurar o desempenho no cargo. A administração era diretiva e controladora.

Recursos Humanos (apoio):	Crescimento e desenvolvimento do empregado são apoiados.
Contingência:	Diferentes comportamentos são requeridos por diferentes ambientes com vistas à eficácia.
Produtividade:	Os programas de comportamento organizacional são alocados com vistas à sua eficiência.
Sistemas:	Todas as partes de uma organização interagem num complexo relacionamento.

FIGURA 1-4 – Enfoques básicos do livro.

A posição de recursos humanos, por outro lado, é de apoio. Ela ajuda os empregados a se tornarem melhores, mais responsáveis e então tenta criar um clima no qual eles possam contribuir até os limites do desenvolvimento de suas habilidades[17]. Assume que expandindo as capacidades das pessoas e dando oportunidades a elas chegar-se-á diretamente à melhoria da eficiência operacional. A satisfação no trabalho também é um resultado direto quando os empregados fazem uso mais completo das suas habilidades. Essencialmente, o enfoque dos recursos humanos significa melhores pessoas que atingem melhores resultados. Isso é de alguma forma ilustrado por um velho provérbio:

Dê a uma pessoa um peixe e você a alimentará por um dia;
Ensine uma pessoa a pescar e você a alimentará pelo resto da sua vida.

Outro nome para a visão de recursos humanos é o de *enfoque de apoio,* pois o principal papel do administrador muda do controle dos empregados para um apoio ativo de seu crescimento e desempenho. O modelo de apoio do comportamento organizacional será discutido num capítulo posterior.

O enfoque da contingência

A administração tradicional repousava nos princípios de promover "a melhor maneira" de administrar. Existia uma maneira correta de organizar, delegar e dividir o trabalho. A maneira correta não levava em conta o tipo da organização ou a situação envolvida. Os princípios de administração eram considerados universais. À medida que o campo do comportamento organizacional se desenvolvia, muitos dos seus seguidores também defendiam o conceito da universalidade. Supunha-se que as ideias comportamentais se aplicassem a qualquer tipo de situação. Por exemplo, a liderança centrada no empregado deveria ser consistentemente melhor do que a liderança centrada na tarefa, não importando em que circunstâncias. Algumas exceções ocasionais poderiam ser admitidas, mas as ideias iniciais eram mais ou menos universais.

A visão mais aceita agora é que existem poucos conceitos amplos que se aplicam a todas as circunstâncias. As situações são muito mais complexas do que aquilo que inicialmente se percebe, e diferentes variáveis podem requerer diferentes enfoques comportamentais. O resultado é o *enfoque contingencial do comportamento organizacional* para o qual diferentes situações requerem diferentes práticas comportamentais na busca da eficácia[18].

Não mais existe a melhor maneira. Cada situação deve ser analisada cuidadosamente para determinar as variáveis significativas existentes para estabelecer quais tipos de práticas serão mais eficazes. O ponto forte do enfoque contingencial é que ele encoraja a análise de cada situação antes da ação e, ao mesmo tempo, desencoraja a prática habitual baseada em concepções universais sobre a pessoa. O enfoque da contingência é mais interdisciplinar, mais sistemicamente orientado para a pesquisa do que o enfoque tradicional. Assim, ele ajuda a usar da maneira mais apropriada todo o conhecimento corrente sobre as pessoas nas organizações.

O enfoque de produtividade

A maior parte das organizações tenta ser produtiva, assim, esta ideia é a linha comum que será tecida através do comportamento organizacional[19]. A *produtividade* é uma proposição que compara as unidades produzidas com as unidades de entrada. Se mais unidades de saída podem ser produzidas com a mesma quantidade de unidades fornecidas, a produtividade aumenta. Ou, se menos número de material fornecido pode ser usado para produzir a mesma quantidade de produtos, a produtividade cresce. A ideia de produtividade não implica que alguém deva produzir mais resultados, ela é mais uma medida de quão eficientemente alguém produz a quantidade de produto desejado. Consequentemente, melhor produtividade é uma medida válida de quão bem os recursos estejam sendo usados na sociedade. Significa que menos é consumido para produzir cada unidade. Existe menos desperdício e melhor conservação de saída.

A produtividade frequentemente é medida pelas de entradas e saídas econômicas, mas os recursos humanos e sociais e seus resultados também são importantes. Por exemplo, se um melhor comportamento organizacional pode melhorar a satisfação no trabalho, ocorre um resultado ou benefício humano. Da mesma forma, quando programas de desenvolvimento do empregado levam a melhores cidadãos como produto, um resultado social válido ocorreu. As decisões de comportamento organizacional tipicamente envolvem aspectos humanos, sociais e econômicos, então a produtividade usualmente é uma parte significante dessas decisões e será discutida ao longo deste livro.

UMA FÓRMULA. O papel que o comportamento organizacional tem em criar produtividade nas organizações é ilustrado por um conjunto de equações. Vejamos primeiramente a habilidade do trabalhador. É geralmente aceitável que o conhecimento e a habilidade de alguém em aplicá-la constitua um traço humano chamado de *capacidade*. Isto é representado pela equação:

$$\text{conhecimento} \times \text{habilidade} = \text{capacidade}$$

Olhemos agora para a motivação. Ela resulta das atitudes de uma pessoa ao reagir a uma situação específica. Isso é representado pela equação:

$$\text{atitude} \times \text{situação} = \text{motivação}$$

A motivação e a capacidade juntas determinam o potencial de desempenho de uma pessoa em qualquer atividade

$$\text{capacidade} \times \text{motivação} = \text{potencial para o desempenho humano}.$$

Temos agora uma série de equações como o mostrado pelos itens de 1 a 3 da Figura 1-5. O escopo do comportamento organizacional é representado pela segunda equação (atitude × situação = motivação). Este livro enfatiza atitudes e como elas são afetadas por fatores situacionais para determinar a motivação.

A importância do comportamento organizacional é mostrada pela terceira equação (capacidade × motivação = potencial para o desempenho humano). O comportamento organizacional, como o representado pelo termo "motivação", é um dos dois fatores na equação. Além disso, o comportamento organizacional tem a função de motivar os trabalhadores a adquirir o outro fator, a capacidade. Assim, o comportamento organizacional é parte e parcela de toda a equação do potencial humano de desempenho.

O potencial humano tem que ser mesclado a recursos tais como ferramentas, força e materiais para se conseguir a produtividade organizacional[20] como indicado pela quarta equação:

desempenho humano × recursos = produtividade organizacional.

---

1. Conhecimento × habilidade = capacidade
2. Atitude × situação = motivação
3. Capacidade × motivação = potencial humano de desempenho
4. Desempenho humano x recursos = produtividade organizacional

---

FIGURA 1-5 – Equações que mostram o papel do comportamento organizacional nos sistemas de trabalho.

Mesmo nesta última equação, o papel do comportamento organizacional é primordial, pois ele é um contribuinte significativo ao "desempenho humano". "Recursos", por outro lado, dizem respeito principalmente aos fatores econômicos, materiais e técnicos numa organização.

Um enfoque sistêmico

Um sistema implica que existam muitas variáveis nas organizações e que cada uma delas afeta todas as outras num complexo relacionamento. Um evento que parece afetar um indivíduo ou um departamento, na verdade pode ter influências significativas em qualquer outra parte da organização. Isso significa que os administradores ao agirem devem olhar além da situação imediata para determinarem os efeitos no sistema mais amplo.

Todas as pessoas nas organizações deveriam estar preocupadas em desenvolver o comportamento organizacional. O empregado administrativo, o operário e o gerente, todos trabalham com pessoas e dessa forma influenciam a qualidade de vida comportamental numa organização. Os gerentes, todavia, tendem a ter maior responsabilidade, porque eles são os que tomam decisões que afetam muitas pessoas por toda a organização e a maior parte das suas atividades diárias estão relacionadas com as pessoas. Os gerentes representam o sistema administrativo, e seu papel é o de usar o comportamento organizacional para melhorar os relacionamentos pessoas--organização, como mostra a Figura 1-6. Os gerentes tentam construir um clima no qual as pessoas estejam motivadas, trabalhem juntas produtivamente e se tornem pessoas mais eficazes.

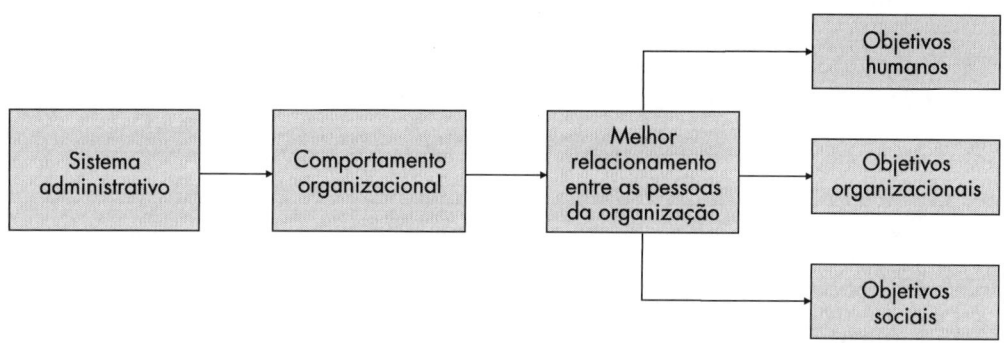

FIGURA 1-6 – O sistema administrativo no comportamento organizacional.

Quando o comportamento organizacional é aplicado com o enfoque sistêmico, ele cria um sistema de recompensa tripla no qual os objetivos humanos, organizacionais e sociais são colimados. As pessoas encontram maior satisfação no trabalho quando existe cooperação e trabalho de equipe. Elas estão aprendendo, crescendo e contribuindo. A organização também tem maior sucesso porque opera mais eficazmente. A qualidade é melhor e os custos menores[21]. Talvez o maior beneficiário do sistema de recompensa tripla seja a sociedade em si mesma, porque ela passa a ter melhores produtos e serviços, melhores cidadãos, um clima de cooperação e progresso. Existe o resultado de vitória tripla no qual ninguém precisa sair perdendo.

Todavia, os efeitos negativos, bem como os efeitos positivos, algumas vezes resultam de uma ação comportamental, por isso é necessário fazer uma análise do tipo custos-benefícios para determinar se uma ação produzirá um efeito claramente positivo ou negativo. Não é mais suficiente olhar apenas os benefícios, pois podem existir custos em outras partes do sistema. Isso é ilustrado pela experiência de um supervisor, como se segue.

> No setor de estofamento de uma fábrica de móveis, uma supervisora recusou-se a permitir que uma empregada tirasse uma folga sem remuneração para assistir ao funeral de um primo em segundo grau numa cidade a 200 milhas de distância. A empregada reclamou que o relacionamento especial de família com esse primo requeria a sua atenção e tirou os dois dias de folga sem permissão. Quando ela voltou, a supervisora aplicou medidas disciplinares dando-lhe um dia de folga sem remuneração. Os empregados nos outros departamentos souberam do incidente e sentiram que a disciplina fora injusta; assim todos os empregados da fábrica deixaram o trabalho numa greve agressiva, ameaçando fazer greve até que a supervisora suspendesse a penalidade. A supervisora falhou em perceber que certas ações em seu departamento poderiam ter efeitos na fábrica toda como um sistema.

A abordagem sistêmica aplica-se especialmente aos sistemas sociais e à ideia de cultura organizacional.

RESUMO

O comportamento organizacional é o estudo e a aplicação do conhecimento sobre como as pessoas agem nas organizações. Os elementos-chave são pessoas, estrutura, tecnologia e ambiente externo. Anteriormente conhecido como relações humanas, o comportamento organizacional emergiu como um campo interdisciplinar de valor para os gerentes. Ele foi construído sobre as bases de pesquisa que começou nos anos 1920 com Mayo e Roethlisberger, na Companhia Western Electric, delineando ideias úteis no campo das ciências comportamentais.

Os conceitos fundamentais de comportamento organizacional relacionam-se com a natureza das pessoas (diferenças individuais, comportamento motivado e valor da pessoa) e à natureza das organizações (sistema social e interesse mútuo). O resultado coletivo é uma visão holística do comportamento organizacional. As ações gerenciais para atingir os objetivos integrados de interesse de ambos, empregados e organizações, são potencializadas quando os administradores fazem uso das abordagens de recursos humanos, contingencial, produtividade e sistêmica.

TERMOS E CONCEITOS PARA REVISÃO
Comportamento organizacional
Elementos-chave no comportamento organizacional
Ciência comportamental
Lei das diferenças individuais
Reciprocidade de interesses
Comportamento organizacional holístico
Enfoque de recursos humanos
Enfoque contingencial
Elementos da produtividade organizacional
Enfoque sistêmico

QUESTÕES PARA DISCUSSÃO
1. Defina comportamento organizacional com suas próprias palavras. Peça a um amigo ou colega de trabalho para fazer o mesmo. Identifique e explore qualquer diferença entre as duas definições.
2. Suponha que um amigo tenha afirmado: "O comportamento organizacional é egoísta e manipulativo porque atende apenas aos interesses da administração". Como você responderia?
3. Considerando os primórdios históricos e a evolução da natureza envolvente do comportamento organizacional, por que você pensa que ele se tornou um campo de interesse popular?
4. Considere a afirmação: "As organizações precisam das pessoas e as pessoas também necessitam das organizações". Isso é igualmente verdade em todos os tipos de organizações? Dê exemplos onde isso seja e provavelmente não seja verdade.
5. Reveja os conceitos fundamentais que formam a base do comportamento organizacional. Que conceitos você acredita que sejam mais importantes que os outros? Explique.
6. Selecione um dos seus colegas de trabalho ou amigo. Identifique as qualidades que fazem essa pessoa substancialmente diferente de você. No que você é basicamente semelhante? O que é dominante, as diferenças ou as semelhanças?
7. Discuta os principais aspectos do sistema social numa organização na qual você tenha trabalhado. De que forma esse sistema social afetou você e o seu desempe-

nho no trabalho (seja positiva ou negativamente).
8. Reveja os quatro enfoques do comportamento organizacional. Como você leu neste livro, comece fazendo uma lista das formas nas quais esses temas são refletidos em cada tópico principal.
9. Examine as fórmulas que levam à real produtividade organizacional eficaz. Quais dos fatores você pensa que têm o maior potencial para diferenciar uma organização da outra? O que pode ser feito para afetar os outros?

INCIDENTE
A TRANSFERÊNCIA DO REPRESENTANTE DE VENDAS

Harold Burns trabalhou como representante distrital de vendas para uma empresa de utensílios domésticos. Seu distrito cobria a parte central de um estado do Meio-Oeste e incluía cem pontos de venda de varejo. Estava na companhia há vinte anos e no seu cargo e localidade atual há cinco. Durante esse tempo ele atingiu a cota de vendas para seu distrito a cada ano.

Um dia Burns soube através de amigos da região que a esposa de um representante de vendas em outro distrito estava na cidade tentando alugar uma casa. Ela disse ao dono da agência imobiliária que a sua família ia mudar-se em poucos dias porque seu marido iria substituir Burns. Quando Burns ouviu isso recusou-se a acreditar.

Dois dias mais tarde, em 28 de janeiro, ele recebeu uma carta aérea, postada no dia anterior vinda do gerente de vendas regional. A carta dizia:

Prezado Harold:

Devido a vagas de pessoal estamos solicitando que você se mude efetivamente para Gunning em 1º de fevereiro. O sr. George Dowd do distrito de Parsons substituirá você. Você pode, por favor, providenciar que seus inventários e distrito sejam convenientemente transferidos para ele?

Tenho certeza de que você gostará do seu novo distrito. Parabéns!

Atenciosamente
(assinatura)

Na mesma correspondência ele recebeu distintivo de vinte anos de serviço. A carta que o acompanhava, escrita pelo gerente regional de vendas, dizia:

Prezado Harold:

Estou feliz de remeter-lhe a sua medalhinha de vinte anos de serviço. Você tem um longo e excelente registro em nossa companhia. Temos a honra de dar a você este reconhecimento e esperamos que você o use com orgulho.

Nossa companhia se orgulha de ter empregados com tanto tempo de casa. Queríamos que você soubesse que temos um interesse especial em seu bem-estar porque as pessoas como você são a espinha dorsal da nossa companhia.

Atenciosamente
(assinatura)

Harold verificou seu boletim trimestral de vendas e descobriu que para o distrito de Gunning elas estavam 10% abaixo daquelas do seu distrito atual.

PERGUNTAS
1. Comente os acontecimentos desse caso e como eles se relacionam ao comportamento organizacional.
2. O enfoque de Recursos Humanos foi aplicado no caso de Burns? Discuta.

REFERÊNCIAS
1. Watson Wilson. "The Growth of a Company: a Psychological Case Study". *Advanced Management Journal,* janeiro, 1966, p. 43. Citação integral impressa no original.
2. Robert H. Guest. "Management Imperatives for the Year 2000". *California Management Review,* verão, 1986, p. 63.
3. Para discussão adicional, veja L. L. Cummings. "Towards Organization Behavior". *Academy of Management Review,* janeiro, 1978, pp. 90-98.
4. Para maiores discussões sobre o sistema social externo, veja William C. Frederick, Keith Davis, e James E. Post, *Business and Society,* sexta edição. Nova York: McGraw-Hill Book Company, 1988.
5. Lee K. Frankel e Alexander Fleisher. *The Human Factor in Industry.* Nova York: The Macmillan Company, 1920, p. 8; e Frank Podmore. *Robert Owen.* Nova York: Augustus M. Kelly, 1968.
6. Andrew Ure. *The Philosophy of Manufactures.* Londres: Charles Knight, 1835.
7. Frederick W. Taylor. *The Principies of Scientific Management.* Nova York: Harper & Brothers, 1911. A maioria dos critérios de Taylor são sustentados como sendo válidos em Edwin A. Locke. "The Ideas of Frederick W. Taylor: An Evolution". *Academy of Management Review,* janeiro, 1982, pp. 14-24.
8. Lillian Gilbreth. *The Psychology of Management.* Nova York: Sturgis and Walton Company, 1914.
9. Whiting Williams. *What's on the Worker's Mind.* Nova York: Charles Scribner's Sons, 1920; e Whiting Williams. *Mainsprins of Men.* Nova York: Charles Scribner's Sons, 1925. Estudos similares mais recentes estão em Studs Terkel. *Working: People Talk about What They Do All Day and How They Feel about What They Do.* Nova York: Pantheon Books, uma divisão da Random House, 1974; e Robert Schrank. *Ten Thousand Working Days.* Cambridge: Mass.: The MIT Press, 1978.
10. Elton Mayo. *The Human Problems of an Industrial Civilization.* Cambridge, Mass.: Harvard University Press, 1933. F. J. Roethlisberger e W. J. Dickson. *Management and the Worker.* Cambridge, Mass.: Harvard University Press, 1939; e F. J. Roethlisberger, *The Elusive Phenomena: An Autiobiographical Account of My Work in the Field of Organizational Behavior at the Harvard Business School.* Cambridge Mass.: Harvard University Press, 1977. O Simpósio do Quinquagésimo Aniversário da Western Electric Company, Harwthorne Studies, é apresentado por Eugene Louis Cass e Frederick G. Zimmer (eds.), *Man and Work in Society.* Nova York: Van Nostrand Reinhold Company, 1975. Memórias dos participantes são apresentadas em Ronald G. Greenwood, Alfred A. Bolton e Regina A. Greenwood, "Hawthorne a Half Century Later: Relay Assembly Participants Remember", *Journal of Management,* outono-inverno 1983, pp. 217-231. O mais recente Manual Geral sobre Relações Humanas é o de Burleigh B. Gardner e David G. Moore, *Human Relations in Industry.* Chicago: Irwin, 1945.
11. Para exemplos, veja Alex Carey. "The Hawthorne Studies: A Radical Criticism", *American Sociological Review,* junho 1967, pp. 403-416; e Richard Herbert Franke e James D. Kaul, "The Hawthorne Experiments: First Statistical Interpretations", *American Sociological Review,* outubro 1978, pp. 623-643.
12. Um exemplo de crítica é visto em Malcom P. McNair. "Thinking Ahead". *Harvard Business Review,* março-abril 1957, pp. 15ss.

13. A história dos procedimentos organizacionais foi traçada por Keith Davis. "Human Relations, Industrial Humanism and Organizational Behavior", numa apresentação para Divisão do Sul da Academy of Management, 13 de novembro de 1986.
14. Erwin S. Stanton. *Reality-Centered People Management.* Nova York: AMACOM, 1982, pp. 30-35.
15. A filosofia do respeito pela dignidade humana é refletida em uma declaração do ex-secretário americano do Trabalho, William E. Brock, em um discurso em 1986 no Congresso Mundial de Recursos Humanos. Ele disse. "O sucesso virá para aqueles... que colocarem a ênfase principal nos valores humanos". *Resource,* American Society for Personnel Administration, outubro, 1986, p. 3.
16. A proposição de um autor sugere de que em doze diferentes modelos de procedimentos organizacionais, todos eles assumem que é possível se obter ambas: satisfação dos empregados e performance organizacional, ao mesmo tempo através desta reprocidade de interesses. Veja Barry M. Staw. "Organizational Psychology and the Pursuit of the Happy/Productive Worker". *California Management Review,* verão, 1986, pp. 40-53.
17. Ênfase preconizada em Recursos Humanos para o comportamento organizacional foi estabelecida por Raymond E. Miles. "Human Relations or Human Resourses?", *Harvard Business Review,* julho-agosto, 1965, pp. 148-163; isto foi posteriormente apresentado em seu livro *Theories of Management: Implications for Organizational Behavior and Development.* Nova York: McGraw-Hill Book Company, 1975.
18. Para um exemplo, veja o Modelo Contingencial de Liderança de Fiedler no capítulo 5. Outros livros sobre administração contingencial: Donald Hellriegel e John W. Slocum Jr. *Management: Contingency Approaches,* segunda edição. Readind, Mass.: AddisonWesley, 1978; e John W. Newstrom, William E. Reif, e Robert M. Monczka, *A Contingency Approach to Management: Readings.* Nova York: McGraw-Hill Book Company, 1975.
19. Produtividade foi um entre os muitos problemas enfrentados pela General Motors no fim dos anos 80, como relata William J. Hampton e James R. Norman, "General Motors: What Went Wrong". *Business Week,* 16 de março, 1987, pp. 102-110. Este é um dos quatro "resultados de peso" da pesquisa sobre comportamento organizacional, que foram relatados por Mark R. Rosenzweig e Lyman W. Porter (eds.), *Annual Reviews of Psychology,* volume 35, 1984, Palo Alto, Califórnia: Annual Reviews, Inc., 1984.
20. Outro "meio" – a oportunidade de executar o trabalho – é discutida em Melvin Blumberg e Charles D. Pringle. "The Missing Opportunity in Organizational Research: Some Implications for a Theory of Work Performance". *Academy Management Review,* outubro 1982, pp. 560-569. Muitos dos obstáculos da produtividade dos empregados são apresentados por Wayne L. Wright. "Overcoming Barriers to Productivity". *Personnel Journal,* fevereiro 1987, pp. 28-34.
21. Exemplos de como empresas como Corning, Kodak, Westinghouse e Mellon Bank têm alcançado melhorias de qualidade através de programas sistemáticos são apresentados em um suplemento especial chamado "The Quality Imperative", *Fortune,* 29 de setembro, 1986, pp. 61 e ss.

PARA LEITURA ADICIONAL

Beer, Michael, Bert Spector, Paul R. Lawrence, D. Quinn Mills, e Richard E. Walton. *Managing Human Assets,* Nova York: Macmillan Company (Free Press), 1984.

Brief, Arthur P. (ed.). *Productivity Research in the Behavioral and Social Sciences.* Nova York: Praeger, 1984.

Eden, Dov. *Pygmalion in Management: Productivity as a Self-Fulfilling Prophecy.* Lexington, Mass.: Lexington Books, 1987.

Mayo, Elton. *The Human Problems of an Industrial Civilization.* Cambridge, Mass.: Harvard University Press, 1933.
Pastin, Mark. *The Hard Problems of Management: Gaining the Ethics Edge.* São Francisco: Jossey-Bass Inc., Publishers, 1986
Roethlisberger, F. J. e W. J. Dickson. *Management and the Worker.* Cambridge, Mass.: Harvard University Press, 1939.
Staw, Barry M., e L. L. Cummings (eds.). *Research in Organizational Behavior.* Greenwich, Conn.: JAI Press (Annual), vol, 1 (1979) até o presente. A ordem dos editores varia de volume a volume.
Toffler, Alvin. *The Adaptive Corporation.* Nova York: McGraw-Hill Book Company, 1985. Tjosvold, Dean. *Working Together to Get Things Done.* Lexington, Mass.: Lexington Books, 1986. Weihrich, Heinz. *Management Excellence Productivity through MBO.* Nova York: McGraw- Hill Book Company, 1985.
Werther, William B. Jr., William Ruch e Lynne McClure. *Productivity through People.* St. Paul, Minn.: West Publishing Company, 1986.

CAPÍTULO 2

MODELOS DE COMPORTAMENTO ORGANIZACIONAL

> *Somente uma pequena parcela dos lugares onde hoje se trabalha nos Estados Unidos pode orgulhar-se de ter uma estratégia de comprometimento compreensiva, mas a velocidade de transformação (neste sentido) continua acelerada.*
>
> RICHARD E. WALTON[1]

> *A filosofia japonesa é fazer das pessoas um importante item, em oposição à típica filosofia dos Estados Unidos na qual os trabalhadores são somente uma continuação das máquinas.*
>
> D. WILLIAM CHILDS[2]

▼ OBJETIVOS DO CAPÍTULO

Compreender:

- ▶ Um sistema de comportamento organizacional
- ▶ Modelos alternativos de comportamento organizacional
- ▶ As tendências de uso desses modelos
- ▶ Valores de alocação *versus* valores de desenvolvimento
- ▶ Sistemas da teoria Z

Um dos autores recentemente a bordo de um avião, num dia de inverno em Duluth, voou para Phoenix para visitar o seu coautor. As diferenças entre as duas áreas geográficas eram facilmente perceptíveis. Uma era fria, úmida e com vento; a outra era quente, seca e calma. Em realidade, a diferença de temperatura entre as duas cidades naquele dia era de mais de 20 graus.

As diferenças entre organizações podem algumas vezes ser igualmente extremas. Uma análise das regras da fábrica de Amasa Whitney da Figura 2-1 mostra que as organizações têm se submetido a tremendas mudanças durante os últimos 160 anos. Embora os empregadores nos primeiros tempos não tivessem um programa sistemático para administrar seus empregados, as regras existentes ainda exerciam uma poderosa influência sobre eles. Muitas das velhas regras agora estão desatualizadas, mas algumas ainda hoje são relevantes (note a tendência atual de se criarem ambientes para não fumantes, muito parecida com a regra 11). Algumas organizações experimentam com grande entusiasmo novas formas de atrair e motivar seus empregados como foi indicado na situação introdutória. Daqui a um século, no entanto, as pessoas podem olhar para trás e considerar essas práticas ultrapassadas também. Esse é o preço, e a recompensa, do progresso.

A referência feita pela Amasa Whitney aos empregados tratando-os por "mãos" era um reflexo natural do modelo de comportamento organizacional que prevalecia naquele tempo. Os empregadores assumiam a estreita visão econômica de que eles estavam comprando a mercadoria *trabalho* – isto é, a habilidade das mãos dos empregados. Dando continuidade ao ponto de vista holístico visto no capítulo anterior, este capítulo apresentará modelos alternativos de comportamento organizacional que refletem enfoques mais progressistas. Veremos que até as palavras pelas quais se refere ao empregado (tais como "mãos" em contraste ao uso feito por algumas organizações do termo "colaboradores" para transmitir igualdade) fala muito sobre o modelo subjacente em uso.

Este capítulo baseia-se em conceitos fundamentais apresentados no capítulo anterior, mostrando como todos os fatores comportamentais podem ser combinados para se desenvolver uma organização eficaz. Serão discutidos os elementos inter-relacionados de um sistema de comportamento organizacional e apresentados modelos alternativos. Para finalizar será apresentada uma visão da Teoria Z.

UM SISTEMA DE COMPORTAMENTO ORGANIZACIONAL

As organizações atingem seus objetivos pela criação, operacionalização e comunicação de um sistema de comportamento organizacional, como o apresentado na Figura 2-2. Os principais elementos desse sistema serão introduzidos nas páginas seguintes e apresentados em maiores detalhes ao longo do livro. Esses sistemas existem em todas as organizações, embora tenham maior chance de sucesso se forem conscientemente criados de acordo constante crescimento tiverem por base o conhecimento da ciência comportamental mencionada no capítulo anterior.

REGRAS & REGULAMENTOS
A serem observados por todas as pessoas
empregadas na fábrica de
AMASA WHITNEY

PRIMEIRO: A fábrica entrará em operação dez minutos antes do nascer do sol em todas as estações do ano. O portão será fechado dez minutos após o pôr do sol de 20 de março a 20 de setembro, e 30 minutos depois das 8 horas da noite de 20 de setembro a 20 de março. Sábados ao pôr do sol.

SEGUNDO: Será solicitado a cada pessoa contratada que esteja no local para o qual foi designada, na hora mencionada para que a fábrica comece a funcionar.

TERCEIRO: As mãos não têm permissão de deixar a fábrica nas horas de trabalho sem consentimento do seu capataz. Caso façam isso ficam passíveis de ter sua jornada prorrogada.

QUARTO: Qualquer pessoa que por negligência ou má conduta causar dano ao maquinário, ou impedir o progresso do trabalho, fica passível de reparar o dano causado.

QUINTO: Qualquer empregado contratado não importando por quanto tempo deve repor eventuais folgas para fazer jus ao salário estabelecido.

SEXTO: Qualquer pessoa empregada por tempo indeterminado será solicitada a dar pelo menos 4 semanas de aviso prévio de sua intenção de sair (exceto em casos de doença) Ou então pague multa de 4 semanas de salário, salvo casos de acordo mútuo.

SÉTIMO: Qualquer pessoa que se ausente por qualquer período de tempo deve obter permissão do capataz.

OITAVO: Espera-se que todos aqueles que tiverem que sair para ausência de qualquer duração voltem no período de tempo previsto; no caso de não voltarem e não darem uma razão satisfatória, deverão pagar uma multa de uma semana de trabalho ou menos, caso recomecem o trabalho. Do contrário será considerado como alguém que pode ser dispensado sem nenhum aviso prévio.

NONO: Nada pode impedir o progresso da fabricação durante as horas de trabalho, tais como conversas desnecessárias, leituras, comer frutas etc., etc., deve ser evitado.

DÉCIMO: Como temos sempre um capataz sensato, casos de dúvida seguirão sempre sua orientação.

DÉCIMO PRIMEIRO: Não se permitirá fumar na fábrica, pois isso é considerado muito inseguro e está particularmente mencionado nas cláusulas de seguro.

DÉCIMO SEGUNDO: Para conseguir avançar no trabalho, as mãos trabalhadoras seguirão os regulamentos acima da mesma maneira como todos os demais empregados.

DÉCIMO TERCEIRO: Fica entendido que o sino tocará cinco minutos antes que o portão seja levantado, para que todas as pessoas possam estar prontas a iniciar suas máquinas precisamente no tempo mencionado.

DÉCIMO QUARTO: Todas as pessoas que causarem danos à maquinaria, quebrarem os vidros das janelas até, deverão imediatamente informar ao capataz do ocorrido.

DÉCIMO QUINTO: As mãos tomarão café da manhã de primeiro de novembro até o último dia de março antes de irem para o trabalho – eles jantarão de primeiro de maio até o fim de agosto às cinco e meia da tarde – de 20 de setembro a 20 de março entre o pôr do sol e a noite – 25 minutos serão permitidos para o café da manhã, 30 para o almoço e 25 minutos para o jantar e nenhum tempo a mais. A porteira será fechada, até o novo reinício de trabalho.

DÉCIMO SEXTO: As mãos deixarão a fábrica para que as portas possam ser fechadas dentro de dez minutos depois do horário de saída.

AMASA WHITNEY
Winchendon, Mass. 5 de julho de 1830.

FIGURA 2-1 – Regras da fábrica em 1830.
Fonte: Samuel H. Adams. *Sunrise to Sunset*. Nova York: Random House, Inc., 1950.

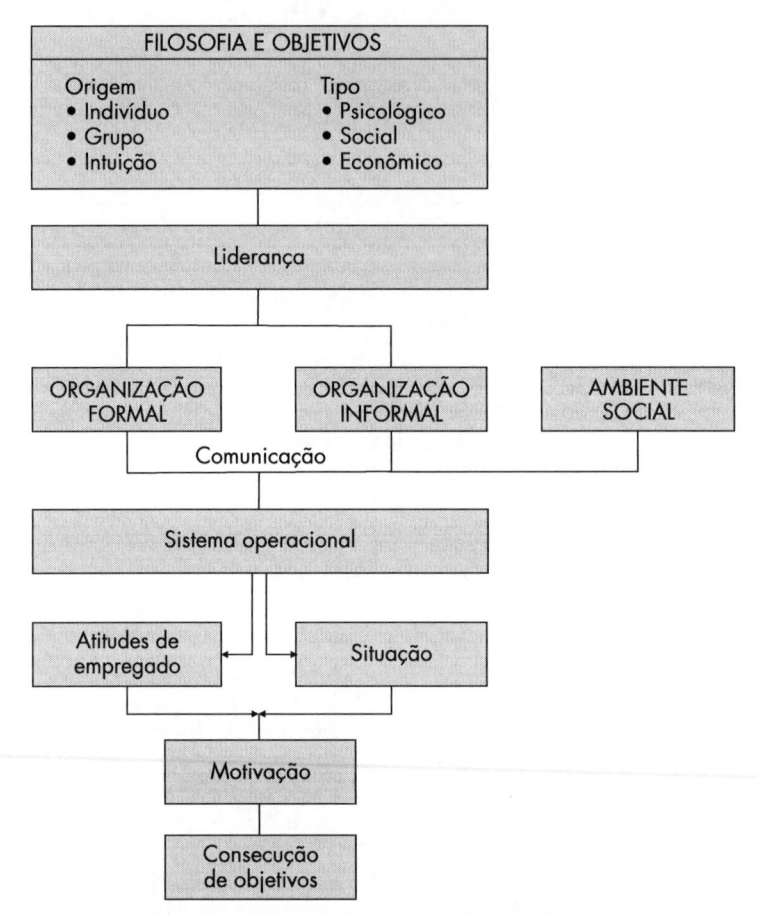

FIGURA 2-2 – Um sistema de comportamento organizacional.

FILOSOFIA E OBJETIVOS
Origem
- Indivíduo
- Grupo
- Intuição

Tipo
- Psicológico
- Social
- Econômico

↓

Liderança

↓

| ORGANIZAÇÃO FORMAL | ORGANIZAÇÃO INFORMAL | AMBIENTE SOCIAL |

Comunicação

↓

Sistema operacional

↓

Atitudes de empregado ↔ Situação

↓

Motivação

↓

Consecução de objetivos

MODELOS DE COMPORTAMENTO ORGANIZACIONAL

ELEMENTOS DO SISTEMA

Uma importante base para o sistema reside na filosofia e nos objetivos daqueles que se reúnem para criá-lo. A filosofia do comportamento organizacional sustentada pelo gerente deriva de ambas as premissas, fatos e valores. As *premissas dos fatos* representam nossa visão descritiva de como o mundo se comporta, e são delineadas tanto a partir das ciências comportamentais como das experiências humanas. Por exemplo, você não atiraria uma câmera fotográfica cara de um prédio de dez andares, porque você sabe que a gravidade a levaria para baixo e a esmagaria contra o solo, e você não quer que isso aconteça. As premissas de fatos são adquiridas através da aprendizagem ao longo da vida e são muito úteis para guiar o comportamento[3].

As *premissas de valores,* por outro lado, representam a visão da desejabilidade de certos valores. Caso você esteja muito aborrecido com o desempenho da sua câmera fotográfica, você optará por atirá-la de um prédio de dez andares. Você ainda admite a premissa do fato da gravidade, mas as suas premissas de valores mudaram. Como mostram esses exemplos, as crenças de valores são crenças variáveis que sustentamos, embora estejam sob nosso controle. Muitas organizações têm procurado identificar e estabelecer os valores que prezam, como o demonstrado no exemplo a seguir:

A um grupo de 800 profissionais staff da FMC Corporation foi dado o objetivo de criar a "satisfação do usuário" com os serviços oferecidos aos 28.000 empregados da empresa. O ponto-chave para atingir esse objetivo repousava numa reunião de quatro dias que produziu uma reconfiguração da filosofia (veja a Figura 2-3). Essa clarificação de valores juntou-se a outras mudanças organizacionais e a sessões de desenvolvimento de habilidade, resultando em sensível avanço na satisfação dos empregados e dos serviços prestados aos clientes e 50% de redução na rotatividade de funcionários de valor[4].

As pessoas trazem para a organização seus objetivos psicológicos, sociais e econômicos, os quais elas expressam individualmente e coletivamente. Todos esses diferentes interesses unem-se e se combinam formando o sistema social de trabalho.

A filosofia organizacional e os objetivos são implementados pela liderança, que se tornou crescentemente participativa nos anos atuais. Os líderes criam políticas formais, estruturas e procedimentos que os ajudam a atingir seus objetivos. Eles também precisam conhecer a organização informal e trabalhar com os seus membros para criar normas positivas. Juntas, as organizações formal e informal promovem o "amálgama" que liga a instituição a um grupo de trabalho eficaz.

Cada organização é afetada por outras instituições com as quais entra em contato, o que constitui o seu ambiente social. Na Figura 2-2, essas instituições são mostradas separadamente da instituição empregadora, mas podem estar muito envolvidas com ela através de leis, contratos e pressão pública. Por exemplo, o sindicato local tem 3.146 representantes que trabalham nas empresas A, B e C. Ele está isolado da organização legal mas está muito envolvido no sucesso de cada uma dessas três companhias. Semelhantemente, as leis municipais, estaduais e federais criam restrições para as organizações que também devem responder às solicitações de vários grupos de interesse público.

A filosofia, os objetivos, o estilo de liderança, os caráteres formal e informal das organizações são comunicados aos empregados de tal forma que eles conhecerão o que é esperado deles e podem receber *feedback* do seu desempenho. Essas influências levam a um sistema atuante que guia o comportamento dos empregados e empresta previsibilidade às organizações. Uma parte desse sistema está no processo de avaliação e compensação dos trabalhadores por suas contribuições (Parte 2).

- Estamos comprometidos com a excelência em termos de qualidade, economia de custos e excelência técnica.
- As pessoas devem tratar umas às outras com consideração, confiança e respeito.
- Cada pessoa tem valor, é única e faz contribuições.
- Todos os empregados deveriam estar irrestritamente comprometidos com a excelência no desempenho.
- O grupo de trabalho pode e deve produzir mais do que a soma dos esforços individuais. Os membros do grupo devem estar confiantes e comprometidos com ele.
- A inovação é essencial.
- As comunicações abertas são importantes para atingir o sucesso.
- As decisões deveriam ser alcançadas participativamente.

FIGURA 2-3 – Seleção de elementos de uma filosofia estabelecida.

Fonte: Adaptado da "Missão, Valores e Políticas" dos sistemas de informações gerenciais da FMC Corporation como o fornecido por Edmund J. Metz. *"Managing Change toward a Leading-Edge /Information Culture"*, outono 1986, pp. 28-40.

O sistema social no trabalho

O sistema operacional numa organização interage com as atitudes dos empregados e com fatores situacionais específicos para produzir uma motivação específica para cada empregado a um dado momento. Caso algum dos três – sistema operacional, atitudes ou situações-mude, a motivação será também diferente. Devido a essa interação, os líderes precisam aprender a administrar a motivação do empregado de forma contingencial. Por exemplo, se um procedimento é arbitrariamente modificado, mas as atitudes e a situação permanecem as mesmas, a motivação pode mudar e produzir resultados diferentes. O equilíbrio social foi comprometido e seus efeitos se demonstrarão cedo ou tarde.

> Alguns efeitos contrastantes de mudanças num sistema operacional foram observados em alguns dos esforços para revitalizar companhias aéreas nos anos 1980. Apesar das encampações hostis de invasores de outras companhias, os empregados em algumas empresas aceitaram a necessidade das ações de um drástico corte de custos e responderam com esforços crescentes para salvar sua empresa e empregos. Empregados de outras firmas temeram por seus empregos e se ressentiram das mudanças impostas resistindo fortemente a se adaptarem às regras de mudança de trabalho e ao sistema de pagamento.

O resultado de um sistema eficaz de comportamento organizacional é a motivação que, quando combinada com as habilidades e capacidades do empregado, resulta na produtividade humana (como foi visto nas fórmulas do capítulo anterior). A motivação bem-sucedida pode conseguir um desempenho humano acima da média. Ele constrói um relacionamento de mão dupla que se apoiam mutuamente, o que significa que a administração e o empregado se influenciam e se beneficiam mutuamente. Isso é o poder *com* as pessoas em lugar do poder *sobre* elas, e é consistente com os valores humanos atuais no que diz respeito ao como as pessoas querem ser tratadas.

MODELOS DE COMPORTAMENTO ORGANIZACIONAL

As organizações diferem umas das outras quanto à qualidade do comportamento organizacional que desenvolvem. Essas diferenças são substancialmente causadas pelos diferentes *modelos de comportamento organizacional* que dominam o pensamento administrativo em cada organização. O modelo que um gerente sustenta habitualmente começa com certas suposições sobre pessoas e leva a determinadas interpretações dos acontecimentos. A teoria subjacente, todavia, é um guia inconsciente mas poderoso do comportamento gerencial. Os gerentes têm tendência a agir conforme pensam. Eventualmente talvez isso signifique que o modelo subjacente que prevalece na administração de uma empresa (especialmente no caso do principal executivo da empresa) estende-se pela empresa toda. Por essa razão, os modelos de comportamento organizacional são altamente significativos.

Neste capítulo será salientada uma discussão sobre os quatro seguintes modelos: autocrático, protetor, de apoio e de colegiado. (Modelos antigos como os do feudalismo e escravatura estão superados.) Esses quatro modelos são resumidos na Figura 2-4. Na ordem como aparecem representam aproximadamente a evolução histórica na prática da administração durante os últimos cem anos ou mais. Cada modelo tende a dominar um período particular da história, mas ao mesmo tempo cada um dos outros modelos é praticado por algumas organizações.

Assim como as organizações diferem umas das outras, também sua prática pode variar dentro dos departamentos ou áreas de uma organização. O departamento de produção pode trabalhar dentro de um modelo protetor enquanto o modelo de apoio esteja sendo tentado pelo departamento de pesquisa. E, logicamente, as práticas individuais dos gerentes podem diferir do modelo que prevalece na organização por causa das suas preferências pessoais ou condições diferentes dos seus departamentos. O importante é que nenhum modelo de comportamento organizacional é suficiente para descrever tudo aquilo que acontece numa organização, mas pode ajudar a distinguir uma forma de viver da outra.

O modelo autocrático

Esse modelo tem profundas raízes históricas e seguramente tomou-se o modelo que prevaleceu na Revolução Industrial. Como mostra a Figura 2-4, ele apoia-se no *poder*. Aqueles que estão no comando devem ter força para exigir, "Faça isto – faça aquilo", significando que o empregado que não seguir as ordens será penalizado.

	AUTOCRÁTICO	DE PROTEÇÃO	DE APOIO	COLEGIADO
Baseado no modelo	Poder	Recursos econômicos	Liderança	Participação
Orientação gerencial	Autoridade	Dinheiro	Apoio	Grupos de trabalho
Orientação do empregado	Obediência	Segurança e benefício	Desempenho no cargo	Comportamento respondente
Resultado psicológico para o empregado	Dependência do chefe	Dependência da organização	Participação	Autodisciplina
Necessidades do empregado atendidas	Subsistência	Segurança	Status e reconhecimento	Autorrealização
Resultado do desempenho	Mínimo	Passivo cooperador	Impulsos despertados	Entusiasmo moderado

FIGURA 2-4 – Quatro dos modelos de comportamento organizacional.

Fonte: Os quatro modelos de comportamento organizacional foram originalmente publicados por Keith Davis. *Human Relations at Work: The Dynamics of Organizational Behavior*, 3ª edição, Nova York: McGraw-Hill Book Company, 1967, p. 480.

Num ambiente autocrático a orientação gerencial é formal, *autoridade* oficial. Essa autoridade é delegada pelo direito de comando sobre as pessoas às quais ela se aplica. A administração acredita que sabe o que é melhor para os empregados e que a obrigação dos empregados é seguir ordens. Ela parte do princípio que os empregados têm que ser dirigidos, persuadidos, forçados a produzir e essa é a tarefa da gerência. A administração pensa e os empregados obedecem ordens. Esse ponto de vista convencional de administração leva ao controle cerrado dos empregados no trabalho.

Sob condições autocráticas a orientação do empregado é de *obediência* ao patrão, não de respeito a um gerente. O resultado psicológico para os empregados é a *depen-*

dência do chefe, que tem o poder quase absoluto de admitir, demitir e fazê-los suar. O patrão paga o mínimo salário porque os empregados tem *desempenho* mínimo. Eles dão o mínimo de desempenho – embora algumas vezes sob protestos – pois têm que satisfazer às necessidades de subsistência para si e suas famílias. Alguns empregados oferecem um desempenho mais elevado devido a suas necessidades internas de realização, porque pessoalmente gostam do patrão, porque o patrão é "um líder nato" ou por causa de qualquer outro fator; mas a maioria deles apresenta apenas um desempenho mínimo.

O modelo autocrático é uma forma útil para conseguir que um trabalho seja feito. Ele não é um fracasso completo. O quadro do modelo autocrático que acaba de ser apresentado foi o de um caso extremo, mas realmente o modelo existe em todos os matizes desde o cinza escuro até o muito claro. Essa visão do trabalho construiu grandes sistemas de estradas de ferro, operou gigantes fábricas de aço e produziu a dinâmica da civilização industrial que desenvolveu os Estados Unidos. Ela consegue resultados, mas normalmente resultados moderados. *A sua principal fraqueza é o alto custo humano.*

O modelo autocrático foi um modelo aceitável para orientar o comportamento gerencial quando ainda não existiam outras alternativas conhecidas, e ainda pode ser útil sob algumas condições (tais como crises organizacionais)[5]. Todavia, a combinação do conhecimento emergente sobre as necessidades dos empregados e a mudança de valores sociais sugeriram que existem maneiras melhores de gerenciar os sistemas organizacionais. Um segundo passo na escada do progresso era necessário, e ele logo se aproximaria.

O modelo protetor

Os gerentes começaram a estudar os seus empregados e logo e reconheceram que embora autocraticamente gerenciados os empregados não respondiam a seus patrões, mas eles certamente "pensavam a respeito". Existia muita coisa que eles queriam dizer e algumas vezes realmente o faziam quando eram demitidos ou perdiam o controle! Os empregados estavam cheios de inseguranças, frustrações e agressividade com relação ao patrão. Uma vez que eles não podiam manifestar esses sentimentos abertamente, por vezes iam para casa e os manifestavam para suas famílias e vizinhos – dessa forma, a comunidade toda sofria com esse tipo de relacionamento.

> Um exemplo dos efeitos da frustração induzida pela administração no comportamento dos empregados ocorreu numa fábrica de artigos de madeira. Os administradores tratavam os trabalhadores cruelmente, chegando algumas vezes até a abusos físicos. Uma vez que os empregados não podiam revidar diretamente pelo medo de perderem seus empregos, encontraram um outro modo de fazê-lo. Eles simbolicamente puseram o supervisor numa máquina de triturar madeira! Fizeram isso propositalmente destruindo as boas folhas de revestimento, o que fez o supervisor ficar mal quando os relatórios mensais de eficiência foram preparados[6].

Parecia bastante óbvio aos empregadores mais progressistas que deveria haver uma forma melhor de desenvolver a satisfação e segurança do empregado. Caso as inseguranças, frustrações e agressões dos empregados pudessem ser dissipadas, eles poderiam se sentir mais aptos para o trabalho. De qualquer forma eles poderiam ter uma melhor qualidade de vida no trabalho.

Para satisfazer às necessidades de segurança dos empregados, um certo número de companhias deu início a programas de bem-estar nos anos 1890 e 1900. Na pior das hipóteses esses programas de bem-estar se tornaram mais tarde conhecidos como paternalismo. Nos anos 1930 os programas de bem-estar incluíam uma variedade de benefícios para promover a segurança do empregado. Os empregadores – sindicatos e governo – começaram a se preocupar com as necessidades de segurança dos trabalhadores. Eles estavam aplicando o modelo protetor de comportamento organizacional.

> A segurança do empregado permanece uma alta prioridade para milhões de trabalhadores no mercado de trabalho de hoje, no qual a estabilidade do emprego é frequentemente prometida a qualquer trabalhador. A IBM, todavia, vai além na sua maneira de estabilizar a sua força de trabalho e preservar empregos. Para evitar dispensas, ela constantemente retreina empregados, reduz horas extras, congela contratações, encoraja ambos, transferências e remanejamentos, oferece os incentivos de aposentadoria precoce e reduz a subcontratação para se ajustar às diminuições de velocidade na indústria de computadores[7].

Como o que mostra a Figura 2-4, um enfoque de proteção eficaz depende dos *recursos econômicos*. Se uma organização não tem o recurso para oferecer pensões e pagar outros benefícios, ela não pode seguir o enfoque de proteção. A orientação administrativa resultante orienta-se no sentido do *dinheiro* para pagar salários e benefícios. Desde que as necessidades físicas dos empregados já estejam razoavelmente atendidas, o empregador olha para as necessidades de *segurança* como uma força motivacional.

O enfoque de proteção leva o empregado a *depender da organização*. Em lugar de estar dependendo do patrão para o seu pão semanal, os empregados agora dependem da organização para a sua segurança em bem-estar. Talvez, mais exatamente dizendo, uma dependência organizacional é *adicionada* para reduzir a dependência pessoal do chefe. Se os empregados têm dez anos de antiguidade, estão sob um contrato sindical e têm um bom programa de pensão, eles não podem se permitir pedir demissão mesmo que a grama pareça mais verde em algum outro lugar.

> Um exemplo corrente de um programa consistente com o ambiente de proteção é o oferecimento de creches dentro do local de trabalho. Na Dominion Bankshares Corporation, os estudos mostraram que os empregados tinham enormes problemas para conseguir cuidados com qualidade para os filhos e isso resultava em absenteísmo, rotatividade e problemas de estresse. A companhia agora subsidia uma creche no local da fábrica, que está funcionando na sua plena capacidade. O programa requer recursos econômicos – de US$ 85.000 por ano – e cria a dependência organizacional, como exemplificado pela empregada que disse que seria necessária uma "irrecusável" oferta de trabalho para induzi-la a deixar a Dominion[8].

Empregados que trabalham num ambiente protetor tomam-se psicologicamente preocupados com suas recompensas econômicas e benefícios. Como um resultado do tratamento dado, eles se mantêm bem, felizes e contentes, mas eles não estão fortemente motivados; assim sendo podem dar apenas uma *cooperação passiva*. O resultado tende a ser que eles não produzem muito mais vigorosamente do que sob o velho sistema autocrático.

O modelo protetor é descrito de maneira extrema para mostrar a ênfase que dá a recompensas materiais, segurança e dependência organizacional. Na prática ele apresenta várias tonalidades. Seu maior benefício é que ele traz segurança e satisfação aos trabalhadores, mas ele tem falhas graves. O defeito mais evidente é o de que a maioria dos empregados não produz de acordo com suas capacidades, nem está motivada para se desenvolver no sentido de chegar ao uso pleno delas. Embora os empregados estejam felizes, a maioria deles realmente não se sente realizada ou motivada. Para confirmar essa condição, uma série de estudos da Universidade de Michigan nas décadas de 1940 e 1950 relataram que "o empregado feliz não é necessariamente o empregado mais produtivo"[9]. Consequentemente, administradores e expoentes acadêmicos começaram a se perguntar de novo. "Existe uma maneira melhor?"

A procura por uma maneira melhor não significa condenação do modelo protetor como um todo, mas sim a condenação da suposição que ele seja a "última palavra" – a melhor maneira de motivar empregados. O erro de raciocínio ocorre quando as pessoas percebem o modelo de proteção como tão benéfico que não veem necessidade de nada melhor. Uma certa quantidade do modelo protetor é desejável para promover segurança. Isso representa o fundamento para o crescimento até o próximo passo.

O modelo de apoio

Esse modelo de comportamento organizacional teve suas origens no "princípio dos relacionamentos de apoio" e como afirmou Rensis Likert,

> A liderança e outro processo organizacional deve ser tal que assegure a probabilidade máxima que em todas as interações e todos os relacionamentos com a organização cada membro vá à luz das suas experiências passadas, valores e expectativas ver a experiência como de apoio e sendo aquela que constrói e mantém seu sentido de valor pessoal e importância[10].

Ela é semelhante ao enfoque de recursos humanos mencionado no capítulo inicial.

O modelo de apoio depende da *liderança* em lugar do poder ou do dinheiro. Através da liderança a administração promove um clima de ajuda ao crescimento dos empregados e realização daquilo que são capazes no interesse da organização. O líder acredita que os trabalhadores não são por natureza passivos e resistentes às necessidades da organização, mas que se tornaram assim devido a um clima de trabalho de apoio inadequado. Eles assumirão responsabilidades, desenvolvendo sua necessidade de contribuir e desenvolver-se a si mesmos caso a administração lhes dê oportunidade. A orientação da administração, dessa forma, é a de *apoiar* o desempenho do empregado no trabalho, em lugar de simplesmente apoiar o empregado com benefícios salariais como o que acontece no enfoque de proteção.

Uma vez que a administração apoie os empregados no seu trabalho, o resultado psicológico é um sentimento de *participação* e envolvimento com o trabalho na organização. Eles podem dizer "nós" em lugar de "eles" quando se referem à organização. Estão mais fortemente motivados do que nos modelos anteriores, pois suas necessidades de *status* e reconhecimento foram mais bem atendidas. Dessa forma eles têm *viva necessidade* de trabalhar.

O comportamento de apoio não é do tipo que requer dinheiro. É muito mais um tipo de estilo de liderança do gerente no trabalho refletido na maneira pela qual ele lida com pessoas. O papel do gerente é ajudar os empregados a resolverem seus problemas e realizarem seu trabalho. Segue um exemplo de enfoque de apoio.

Juanita Salinas, uma jovem divorciada com um filho, tem apontamentos de frequentes atrasos na linha de montagem de uma fábrica de produtos eletrônicos. Sua supervisora Helen Ferguson repreendeu-a várias vezes por causa dos seus atrasos e a cada vez Salinas melhorava por duas ou três semanas mas depois voltava a se atrasar. Depois que Ferguson seguiu um programa de treinamento para supervisores na companhia, decidiu tentar o enfoque de apoio com Salinas.

Quando Salinas se atrasou, Ferguson aproximou-se dela preocupada a respeito do que poderia estar causando seus atrasos. Em lugar de repreendê-la, Ferguson mostrou um interesse genuíno pelos problemas de Salinas e perguntou: "Como posso ajudar?" e "Existe alguma coisa que se possa fazer por você aqui na empresa?" Quando a discussão abordou o tempo que levava para aprontar a criança para a escola de manhã cedo, Ferguson deu um jeito de Salinas conversar com outras mães com crianças no departamento.

Quando Salinas falou a respeito da distância que tinha que percorrer para pegar o ônibus, Ferguson trabalhou junto ao departamento pessoal para colocá-la num carro de transporte da companhia. Embora o novo carro da companhia indubitavelmente tenha ajudado, um ponto importante foi que Salinas pareceu apreciar o reconhecimento e a preocupação demonstrados, e ficou mais motivada para chegar ao trabalho na hora. Ela também ficou mais cooperadora e interessada no seu trabalho. Ficou evidente que o enfoque de apoio influenciou o comportamento de Salinas. Um importante sub-resultado foi que o trabalho de Ferguson tomou-se mais fácil devido ao melhor desempenho de Salinas.

o modelo de apoio funciona bem com ambos, empregados e gerentes, e foi amplamente aceito por gerentes nos Estados Unidos. Um levantamento junto a gerentes de nível médio relatou que 90 por cento concordavam com muitas das ideias básicas do enfoque de apoio do comportamento organizacional[11]. É lógico que a concordância verbal com as ideias de apoio não necessariamente significa que todos eles pratiquem essa orientação com regularidade e eficazmente. *A passagem da teoria para a prática é difícil.* Contudo existem cada vez mais relatos de companhias que tiram proveito dos benefícios da orientação de apoio, como mostrado neste exemplo:

Quando as vendas de computadores diminuíram na Hewlett-Packard, o CEO John Young ordenou a todos os trabalhadores das divisões afetadas que tirassem dois dias de folga sem pagamento cada mês. (Isso foi feito para evitar dispensas.) Muitos empregados continuaram trabalhando mesmo nos dias em que não eram pagos. Ainda mais dramático é que gerentes de outra divisão lucrativa voluntariamente tiraram 10 por cento do seu pagamento para mostrar solidariedade com os demais empregados da Hewlett-Packard[12]. Isso sugere que a orientação de apoio, se consistentemente praticada em tempos de lucro, representa um investimento que pode pagar altos dividendos quando a empresa precisar.

o modelo de apoio de comportamento organizacional tende a ser especialmente eficaz nas nações afluentes porque ele desperta os impulsos dos empregados no sentido de um amplo conjunto de necessidades. Tem menos aplicação imediata no desenvolvimento das nações, uma vez que as necessidades habituais dos empregados e suas condições sociais são com frequência muito diferentes. Todavia, conforme as necessidades de recompensa material e segurança forem sendo satisfeitas e os empregados passem a conhecer as práticas gerenciais em outras partes do mundo, podemos também esperar que empregados daqueles países solicitem uma orientação de maior apoio.

O modelo colegiado

Uma extensão útil do modelo de apoio é o modelo colegiado. O termo "colegiado" diz respeito a um corpo de pessoas que têm uma finalidade comum. É um conceito de grupo. O modelo colegiado foi útil especialmente em pesquisas de laboratório e ambientes de trabalho semelhantes e, gradualmente, foi evoluindo também para outras situações de trabalho[13].

O modelo de colegiado é menos útil em linhas de produção, devido ao rígido ambiente de trabalho que torna difícil o seu desenvolvimento. Existe um relacionamento contingencial no qual o modelo colegiado tende a ser mais útil num trabalho não programado, num ambiente intelectualizado em que se tenha considerável liberdade no cargo. Em outros ambientes, a administração frequentemente descobre que outros modelos podem ter maior sucesso. Como mostra a Figura 2-4, o modelo colegiado depende do fato de a administração criar um sentimento de *associação* com os empregados. Como resultado, os empregados sentem-se necessários e úteis. Eles sentem que os gerentes também estão contribuindo; assim, é fácil aceitar e respeitar os seus papéis na organização. Os gerentes são vistos como colaboradores associados em lugar de patrões.

> O sentimento de associação pode ser construído de muitas maneiras. Algumas organizações aboliram o uso de espaços reservados no estacionamento para executivos; assim cada empregado tem igual chance de encontrar a sua vaga perto do local de trabalho. Algumas empresas tentaram eliminar o uso de termos tais como "chefes" e "subordinados", sentindo que esses termos simplesmente criam percepções de distância psicológica entre gerentes e não gerentes. Outros empregadores retiraram os relógios de ponto, criaram "comitês de diversão", patrocinaram viagens de recreação para a companhia, ou solicitaram que os gerentes passassem anualmente uma semana ou duas trabalhando no campo ou no chão da fábrica![14] Todas essas abordagens são planejadas para construir um espírito de reciprocidade, no qual toda pessoa faz contribuições e aprecia as contribuições dos outros.

A orientação da administração se volta para o *grupo de trabalho*. O gerente é o treinador que constrói o melhor time. A resposta do empregado a essa situação é a *responsabilidade*. Por exemplo, os empregados produzem um trabalho de qualidade não porque a administração diz a eles para fazerem isso ou porque um inspetor vai pegá-los se não o fizerem, mas porque sentem dentro de si mesmos uma obrigação de dar aos outros essa alta qualidade. Eles também sentem obrigação de manter os padrões de qualidade que trarão crédito a seu trabalho e à companhia.

O resultado psicológico do enfoque colegiado para o empregado é a autodisciplina. Sentindo-se responsável, os empregados se disciplinam em relação ao seu desempenho no grupo da mesma maneira que os membros de um time de futebol se autodisciplinam em relação a padrões de treinamento e às regras de jogo. Nesse tipo de ambiente os empregados normalmente sentem algum grau de satisfação pessoal, de valorização da contribuição e autorrealização, mesmo que a quantidade possa ser modesta em algumas situações. Essa autorrealização levará a um *entusiasmo* moderado no desempenho.

> O modelo do colegiado tende a produzir melhores resultados em situações nas quais ele for apropriado. Um estudo abrangeu cientistas de três grandes laboratórios de pesquisa. Os laboratórios A e B funcionavam de maneira hierárquica relativamente tradicional. O laboratório C funcionava de maneira mais aberta, participativa e colegiada. Havia quatro medidas de desempenho: estima dos colegas cientistas, contribuição ao conhecimento, senso de realização pessoal e contribuição aos objetivos da administração. Todas essas medidas estavam mais altas no laboratório C, e as três primeiras eram significativamente mais elevadas[15].

Conclusões sobre os modelos

Inúmeras conclusões poderiam agora ser tiradas sobre os modelos de comportamento organizacional. Elas estão, na prática, sujeitas a uma mudança evolutiva; elas se acham baseadas em melhoria de valores; são função das necessidades dominantes dos empregados; existe uma tendência da busca de novos modelos; e qualquer um dos modelos pode ser bem-sucedido se aplicado a alguma situação. Além disso, os modelos têm sido modificados e ampliados de variadas maneiras.

EVOLUÇÃO DO USO. O uso administrativo desses modelos tende a evoluir no tempo, e isso também se verifica em uma maior escala de organizações. Como nossa compreensão individual ou coletiva do comportamento humano aumenta ou como novas condições sociais se desenvolvem, o avanço de modelos mais novos é lento[16]. É um erro pensar que um modelo particular seja o "melhor", que durará por longo prazo. Esse erro foi cometido por alguns gerentes sobre ambos, tanto o modelo autocrático quanto o de proteção; eles se tornaram psicologicamente presos a esses modelos e tinham dificuldade de modificar sua prática quando as condições o pediam. Eventualmente o modelo de apoio pode também cair na categoria de uso limitado. Não existe o "melhor" modelo permanente, porque aquilo que é melhor é contingente do que se conhece sobre o comportamento humano, para um determinado ambiente e naquele momento.

O desafio básico para a administração é *identificar o modelo que está sendo realmente usado e então avaliar sua eficácia corrente.* Alguns observadores sugerem que esse autoexame seja uma difícil tarefa para gerentes, que publicamente tendem a professar um determinado modelo (o de apoio ou de colegiado) ainda que pratiquem outro[17]. Com efeito, um gerente tem duas tarefas-chave – adquirir um novo conjunto de valores conforme os modelos evoluam e aprender a aplicar as habilidades comportamentais que sejam consistentes com esses valores.

> O desafio de mudar os valores e comportamentos de grupos administrativos foi conduzido com sucesso pelo Norwegian Center for Organizational Learning em Oslo[18]. Quinze administradores de cúpula de uma única instituição vivenciaram uma intensa experiência de simulação, com duração de uma semana, de uma relevante crise organizacional (por exemplo um vazamento de óleo no mar do norte). Por meio de um contínuo questionamento e *feedback,* os administradores descobriram como os seus colegas percebiam seus comportamentos e suas consequências. As ricas informações oferecidas a eles criaram um potente estímulo para reexame e mudança do seu modelo subjacente.

VALORES INCREMENTAIS. Os valores humanos que resultam dos modelos são muito diferentes dos valores econômicos numa organização. A economia lida com a alocação de recursos escassos – aqueles dos quais alguém deve abrir mão para que outro os possua. Por exemplo, se você tem um automóvel A, eu não posso tê-lo; se você tem um orçamento B, aqueles fundos não estão disponíveis para o meu departamento. Os valores econômicos são, todavia, *alocáveis* em sua maior parte, mas os valores humanos são na sua maioria *incrementais.* Assim como a educação, esses recursos se caracterizam pelo fato de que uma pessoa pode recebê-los sem que necessariamente a outra pessoa precise abrir mão deles. Valores incrementais são autogeráveis, sendo criados dentro dos indivíduos e grupos como resultado das suas atitudes e estilo de vida.

A diferença entre valores alocados e incrementais é ilustrada pela nota de um dólar e uma ideia. Se Maria tem a nota de um dólar L95484272A e a dá para você, você passa a tê-la e ela não. Tanto você quanto ela podem tê-la, mas não as duas pessoas ao mesmo tempo. Todavia, se você tem uma ideia e a transmite a Maria, ambas possuem essa ideia. Aquilo que era apenas uma unidade transformou-se em duas unidades e dessa forma foi transferida para ela, e ela não tomou nada de você. Você pode dar uma ideia sua, cinquenta vezes e não perdê-la. Tudo o que você faz é divulgá-la.

Valores humanos tais como realização e crescimento são do tipo incremental. Para conseguir a satisfação no trabalho de um empregado A, não é necessário tomá-la do funcionário B. Para chegar à satisfação no departamento C, não se precisa retirá-la do departamento D. Semelhantemente, a dignidade humana pode ser construída sem que seja tirada de ninguém.

Existem exceções à natureza incremental dos valores humanos porque muitos fatores numa organização são alocativos. No principal, todavia, os modelos de comportamento organizacional produzem efeitos incrementais. Por exemplo, existe suficiente satisfação no trabalho para todo mundo. Na realidade, algumas organizações atingiram alta cooperação e satisfação no trabalho para aproximadamente cada um dos seus membros por meio de uma cuidadosa aplicação do modelo de apoio ou colegiado.

RELAÇÃO DOS MODELOS COM AS NECESSIDADES HUMANAS. Uma segunda conclusão é que os quatro modelos discutidos neste capítulo relacionam-se muito de perto com as necessidades humanas. Novos modelos foram desenvolvidos para atender às diferentes necessidades que se tornam importantes a cada momento. Por exemplo, o modelo de proteção é dirigido ao atendimento das necessidades de segurança dos empregados. Ele representa um passo acima do modelo autocrático, que atende razoavelmente às necessidades de subsistência, mas não vai de encontro às necessidades de segurança. De forma semelhante, o modelo de apoio representa um esforço no atendimento de outras necessidades dos empregados, tais como afiliação e estima, para as quais o modelo de proteção não se aplica.

Um certo número de pessoas acreditou que a ênfase de um modelo de comportamento organizacional representa uma rejeição automática de outros modelos, mas a comparação sugere que *cada modelo é construído sobre os méritos dos outros*. Por exemplo, a adoção do modelo de apoio não significa abandono das práticas de proteção que atendem necessariamente às necessidades de segurança do empregado. O que isso realmente significa é que as práticas de proteção passam a ter uma ênfase secundária porque os empregados progrediram para condições nas quais novas necessidades são dominantes. Em outras palavras, o modelo de apoio é o modelo apropriado a ser usado, pois as necessidades de subsistência e segurança já estão razoavelmente atendidas por uma estrutura apropriada e um sistema de segurança. Caso um gerente moderno mal orientado abandone essas necessidades organizacionais básicas, o sistema involuirá rapidamente à procura da estrutura e da segurança para poder satisfazer essas necessidades para o seu pessoal.

AMPLIAÇÃO DO USO DE ALGUNS MODELOS. Uma terceira conclusão é que a tendência de modelos de apoio e colegiado provavelmente continuem. Apesar dos rápidos avanços dos computadores e dos sistemas informações gerenciais, os administradores de alto nível de organizações gigantes e complexas não podem ser autoritários da forma tradicional e assim serem eficazes[19]. Devido ao fato de eles não poderem saber tudo o que está acontecendo nas suas organizações, eles precisam aprender a depender de outros centros de poder mais próximos dos problemas operacionais. Além disso, muitos empregados não se encontram motivados em seus deveres criativos e intelectuais dentro do modelo autocrático. Somente novos modelos podem oferecer a satisfação das necessidades que eles têm de estima, autonomia e autorrealização.

O USO CONTINGENTE DE TODOS OS MODELOS. Uma quarta conclusão é que, embora um modelo possa ser o mais usado em um determinado momento, pode-se fazer uso adequado dos outros modelos. O conhecimento e as habilidades variam entre os gerentes. A expectativa de papel dos empregados varia dependendo da sua história cultural. Políticas e estilos de vida variam entre as organizações. Talvez o mais importante é considerar que as condições das tarefas são diferentes. Alguns trabalhos requerem rotina, baixa habilidade, trabalho altamente programado que será em sua maior parte determinado por grande autoridade e oferecerá maiores recompensas materiais e segurança (condições autocráticas e de proteção). Outros trabalhos serão não programados e intelectuais, requerendo um time de trabalho e automotivação. Eles geralmente respondem melhor aos enfoques de apoio e colegiado. Todavia, todos esses quatro modelos continuarão a ser utilizados, mas modelos mais avançados terão uso crescente à medida que o progresso é feito.

Em geral, cada novo modelo de comportamento organizacional abre a oportunidade para um modelo mais avançado, que é proposto como uma melhora. Não existe limite de possibilidades. Em 1969, por exemplo, Abraham Maslow publicou a Teoria Z, que ele apresentou como um quinto modelo para acompanhar os quatro modelos de comportamento organizacional de Davis, que foi explicado anteriormente neste capítulo[20]. Todavia o modelo de Maslow é teórico e filosófico, de tal forma que ele não chegou a ser amplamente utilizado. Uma Teoria Z mais aplicada, publicada num livro nacional muito vendido, *Teoria Z* (1981), será discutido na próxima parte.

UM MODELO HÍBRIDO: A TEORIA Z

Um modelo integrador de comportamento organizacional, proposto por William Ouchi, oferece um exemplo útil da maneira pela qual as prescrições comportamentais para a administração devem ser arroladas com o ambiente organizacional. O modelo da Teoria Z adapta elementos do sistema da administração japonesa eficaz à força de trabalho americana[21]. As características que distinguem as companhias que usam a Teoria Z, acham-se listadas na Figura 2-5; essas crenças fomentam de muito perto a cooperação, relacionamentos de confiança entre os trabalhadores, gerentes e outros grupos. A noção central é a criação de um grupo industrial dentro de ambiente de trabalho estável, onde as necessidades de afiliação do empregado, de independência e de controle são atendidas ao mesmo tempo que as expectativas de alta qualidade da empresa são atingidas. O primeiro passo nessa direção é criar e divulgar uma declaração humanista de filosofia corporativa, que guiará as políticas empresariais. Muitas corporações gigantes, tais como Eli Lilly, Rockwell International e Dayton-Hudson, adotaram o auxílio dos valores da Teoria Z.

- Emprego a longo prazo
- Carreiras não especializadas
- Responsabilidade individual
- Preocupação com a pessoa integral
- Controle de sistemas menos formais
- Consenso na tomada de decisões
- Níveis mais lentos de promoção

FIGURA 2-5 – Características típicas das organizações tipo Z.

Uma das ilustrações mais visíveis das práticas de administração japonesa em ação ocorreu na linha de montagem automobilística nos Estados Unidos na Toyota, Honda e Nissan. Acentuando a qualidade, o grupo de trabalho, a produção "just-in-time" e os relacionamentos no trabalho de não antagônicas, os gerentes japoneses na 'Toyota-General Motors, da coligação em Fremont, Califórnia, chegaram a resultados dramaticamente diferentes dos anteriores nas operações da GM. Os níveis de produção dos novos carros foi atingido com metade da força de trabalho anterior, queixas excepcionais caíram de 5000 para 2, e os níveis de absenteísmo despencaram de 20 por cento para menos de 2 por cento. "A filosofia japonesa é a de fazer das pessoas um item importante", concluiu o gerente geral de recursos humanos[22] e a evidência parece dar apoio a essa afirmação.

Avaliações dos enfoques da Teoria Z sugerem que haja tantos aspectos positivos como negativos. Do lado positivo, as organizações tipo Teoria Z fizeram um meritório esforço de adaptar *(não transplantar)* as ideias japonesas dentro de suas firmas. A Teoria Z está também baseada numa preocupação compartilhada das múltiplas necessidades dos empregados, e ela tipicamente caracteriza a tendência dos enfoques de apoio e colegiado devido ao uso das decisões orientadas para o consenso. Além disso, existe alguma evidência de que as empresas que usam a Teoria Z têm sido e podem ser produtivas (como foi visto no exemplo acima da fábrica de Fremont)[23].

A teoria Z de Ouchi não ficou imune a críticas[24]. Foi sugerido que a Teoria Z não é nova, mas é meramente uma extensão das teorias iniciais que receberam menos aclamação popular. Outras críticas concluíram que a pesquisa que serve de base é limitada. Talvez a crítica mais danosa seja a ideia de que a Teoria Z falha em oferecer critérios úteis (contingenciais) para ajudar os administradores a decidir quando usá-la e quando não usá-la. Algumas empresas como as indústrias em rápida transformação, tais como as eletrônicas, têm dificuldade de balancear o seu desejo de oferecer emprego estável com a necessidade de ajustarem as suas forças de trabalho às demandas de mercado. Finalmente, os empregados norte-americanos, acostumados a promoções frequentes em indústrias de crescimento rápido, podem tornar-se frustrados com os ritmos muito mais lentos de promoções nas firmas que usam a Teoria Z. Apesar desses problemas iniciais, a Teoria Z de Ouchi teve uma importante função, estimulando muitos gerentes a examinar a natureza e provável eficácia dos seus modelos habituais de comportamento organizacional.

RESUMO

Toda empresa tem um sistema de comportamento organizacional. Isso inclui uma filosofia e objetivos explícitos ou implícitos, qualidade de liderança, natureza das organizações formais ou informais e influências do ambiente social. Esses itens combinam-se num sistema de operação que interage com atitudes pessoais e fatores situacionais, para produzirem a motivação da sua força de trabalho.

Os quatro modelos de comportamento organizacional são o autocrático, o de proteção, o de apoio e os modelos colegiados. Os modelos de apoio e colegiado são mais consistentes com as necessidades do empregado contemporâneo; assim sendo, provavelmente obterão resultados mais eficazes em muitas situações. Os administradores precisam examinar o modelo que eles estão usando e determinar se ele é mesmo o mais apropriado.

A Teoria Z de Ouchi é um modelo híbrido que combina elementos da bem-sucedida prática gerencial japonesa com uma avaliação das necessidades dos trabalhadores norte-americanos.

Ela repousa pesadamente sobre uma filosofia humanística, sobre os grupos de trabalho e o consenso nas tomadas de decisão. Ela foi, no entanto, objeto de algumas críticas.

TERMOS E CONCEITOS PARA REVISÃO

Sistema de comportamento organizacional
Premissas de fato
Premissas de valor
Modelo autocrático
Modelo de proteção

Modelo de apoio
Modelo colegiado
Valores alocativos
Valores incrementais
Teoria Z

QUESTÕES PARA DISCUSSÃO

1. Faça a distinção entre promessas de fato e promessas de valor. Quais são as implicações para os administradores?
2. Considere uma organização onde você presentemente trabalha ou já trabalhou. Qual o modelo de comportamento organizacional que o seu supervisor segue ou seguiu? Era ele o mesmo modelo da administração de cúpula?
3. Discuta as semelhanças e diferenças entre os quatro modelos de comportamento organizacional.
4. Qual modelo de comportamento organizacional seria mais apropriado nas seguintes situações? (Admita que você deve usar os tipos de empregados e supervisores habitualmente disponíveis no mercado de mão de obra local.)
   a) Telefonistas de interurbano de um grande escritório.
   b) Contadores de uma pequena firma de contabilidade profissional.
   c) Servidoras de comida num restaurante local de uma grande cadeia de fast-food.
   d) Vendedores numa grande loja de departamento.
   e) Circenses temporariamente empregados para trabalhar durante a semana na qual o circo está na cidade.
5. Discuta por que os modelos de comportamento organizacional, apoio e colegiado são especialmente apropriados para uso nas nações mais desenvolvidas.
6. Entreviste um supervisor ou um gerente para identificar o modelo de comportamento organizacional no qual essa pessoa acredita. Explique por que você acha que o comportamento do supervisor ou do gerente reflete ou não aquelas crenças.
7. Examine as tendências de como os modelos de comportamento organizacional foram desenvolvidos através dos tempos. Por que essas tendências se orientaram nessas direções?

8. Imagine que um amigo seu discuta com você: "O modelo colegiado é obviamente 'melhor' para ser usado com todos os empregados". Como você responderia?
9. A Teoria Z parece ser um modelo híbrido de comportamento organizacional. Identifique as formas pelas quais ela parece ter se formado a partir de cada um dos outros modelos comportamentais apresentados.
10. Examine as características do modelo da Teoria Z. Admita que os empregados tenham sido anteriormente supervisionados sob uma orientação autocrática ou de proteção. Que tipo de satisfações e frustrações você prevê que resultarão quando o modelo da Teoria Z for implantado?

INCIDENTE

O NOVO GERENTE DA FÁBRICA

Toby Butterfield sempre fez sua escalada na Montclair Company até que ele se tornou assistente do gerente da fábrica em Illinois. Finalmente veio sua oportunidade de ser promovido. A fábrica de Houston estava tendo dificuldade de atingir seu orçamento e quotas de produção; dessa forma, ele foi promovido a gerente da fábrica e transferido para a fábrica de Houston com instruções de "endireitá-la".

Butterfield era ambicioso e um tanto orientado para o poder. Acreditava que a melhor forma de resolver problemas era assumir o controle, tomar decisões e usar sua autoridade para levar a efeito suas decisões. Depois de um estudo preliminar, ele deu ordens para que cada departamento cortasse o seu orçamento em 5 por cento. Uma semana mais tarde ele instruiu todos os departamentos a aumentarem sua produção em 10 por cento no mês seguinte. Solicitou vários novos relatórios e manteve uma vigilância cuidadosa das operações. No fim do segundo mês ele demitiu três supervisores que fracassaram em atingir suas quotas de produção. Cinco outros supervisores pediram demissão. Butterfield insistiu que todas as regras e orçamentos deveriam ser seguidos e ele não permitia exceções.

Os esforços de Butterfield produziram resultados impressionantes. A produção rapidamente excedeu ao padrão em 7 por cento e dentro de cinco meses a fábrica estava dentro do orçamento. Seu sucesso foi tão notável que ele foi promovido para o escritório central em Nova York perto do fim do seu segundo ano. Após um mês depois da sua partida a produtividade na fábrica de Houston caiu a 15 por cento abaixo do padrão e o orçamento estava outra vez com problemas.

PERGUNTAS

1. Discuta o modelo de comportamento organizacional que Butterfield usou e o tipo de clima organizacional que ele criou.
2. Discuta por que a produtividade caiu quando Butterfield deixou a fábrica de Houston.
3. Se você fosse o gerente de Butterfield em Nova York o que você diria a ele a respeito de sua orientação? Como ele responderia?

EXERCÍCIO EXPERIMENTAL

A RAPID CORPORATION

A Rapid Corporation é uma organização de serviços de refrigeração em uma grande cidade. Ela tem 70 empregados, a maioria representantes do serviço de refrigeração. Por muitos anos as políticas da companhia foram dominadas pelo seu presidente e dono principal, Otto Blumberg, que se sentia orgulhoso de ser um "homem que se fez sozinho".

Recentemente Otto e seu gerente do escritório assistiram a um seminário sobre comportamento organizacional no qual uma filosofia corporativa escrita para os empregados foi discutida. Ambos concordaram em fazer um rascunho e comparar seus esforços.

1. Divida a classe em dois tipos de grupos. Uma parte dos grupos deve rascunhar algumas afirmativas para a Rapid Corporation baseando-se no modelo autocrático; os outros grupos devem criar afirmativas comparativas usando como base o modelo de apoio.
2. Peça aos representantes de cada grupo (autocrático e de apoio) que leiam as suas frases para a classe. Discuta as suas principais diferenças. Deixe a classe debater a utilidade das afirmativas das políticas como orientadores do sistema de comportamento organizacional numa organização desse tipo.

REFERÊNCIAS

1. Richard-E. Walton. "From Control to Commitment in the Workplace". *Harvard Business Review,* março-abril 1985, p. 84.
2. D. William Childs é citado por Aaron Berstein *et al.* "The Difference Japanese Management Makes". *Business Week,* 14 de julho, 1986, p. 49.
3. Uma fascinante história, escrita em forma de romance, sobre o aprendizado de administradores para aperfeiçoarem completamente suas habilidades de observação e dedução em suas carreiras é apresentada por Eliyahu M. Goldratt e Jeff Cox. *The Goal: A Process of Ongoing Improvement,* rev. ed., Croton-on-Hudson, N. Y.: North River Press, 1986.
4. Edmund J. Metz. "Managing Change toward a Leading. – Edge Information Culture". *Organizational Dynamics,* agosto, 1986, pp. 28-40.
5. Para uma descrição da crise com que às vezes se confrontam as organizações, e sugestões administrativas para resolver tais eventos, veja Steven Fink. *Crisis Management: Planning for the Inevitable.* N. Y.: AMACOM, 1986.
6. "The Law of the Hog: A Parable about Improving Employee Effectiveness". *Training,* março, 1987, p. 67.
7. Aaron Berstein, Scott Ticer e Jonathan B. Levine. "IBM's Fancy Footwork to Sidestep Layoffs". *Business Week,* 7 de julho, 1986, pp. 54-55.
8. Cathy Trost. "Child-Care Center at Virginia Firm Boosts Worker Morale and Loyalty", *Wall Street Journal,* 12 de fevereiro 1987, sec. 2, p. 25.
9. Um exemplo desta nova pesquisa é um estudo do Prudential Insurance Company em Daniel Kantz, Nathan Maccoby e Nancy C. Morse. *Productivity, Supervision, and Morale in an Office Situation.* Parte 1, Ann Arbor, Mich.: Institute for Social Research, University of Michigan, 1950. A conclusão sobre satisfação no trabalho e produtividade é relatada na p. 63.
10. Rensis Likert. *New Patterns of Management.* N. Y.: McGraw-Hill Book Company, 1961, pp. 102-103. Itálico no original. (Tradução da Livraria Pioneira Editora, *Novos Padrões de Administração,* 1979.)
11. Joel K. Leidecker e James L. Hall. "The Impact of Management Development Programs on Attitude Formation". *Personnel Journal,* julho 1974, pp. 507-512.
12. Kathleen K. Wiegner. "John Young's New Jogging Shoes". *Forbes,* 4 de novembro, 1985, pp. 42-44.

13. Esta evolução em direção a modelos universitários é suportada pelo estudo conduzido pelo presidente do Council on Management Improvement, como relatado por L. James Harvey. "Nine Major Trends in HRM". *Personnel Administrator*. novembro, 1986, pp. 202 ss.
14. Um vasto grupo de meios experimentais para construir uma sociedade é discutido por Gene Stone e Bo Burlingham. "Workstyle". *Inc*, janeiro, 1986, pp. 45-54.
15. Frank Harrison. "The Management of Scientists: Determinants of Perceived Role Performance". *Academy of Management Journal*, junho, 1974, pp. 234-241.
16. Um movimento narrado sobre novos modelos de liderança é retratado por Robert Terry. "The Leading Edge". *Minnesota*, janeiro-fevereiro, 1987, pp. 17-22.
17. Chris Argyris. "The Executive Mind and Double-Loop Learning". *Organizational Dynamics*, outono, 1982, pp. 11-26.
18. Kjell R. Knudsen. "Management Subcultures: Research and Change". *Journal of Management Development*, vol. 1, n° 4, 1982, pp. 11-26.
19. "Some Chief Executives Bypass, and Irk, Staffs in Getting Information". *Wall Street Journal* (Midwest edition), 12 de janeiro, 1983, pp. 1, 24.
20. Abraham H. Maslow. "Theory Z". *Journal of Transpersonal Psychology*, vol. 2, n° I, 1969, pp. 31-47. Veja também A. H. Maslow. *The Farther Reaches of Human Nature*. N. Y.: Viking Press, 1971.
21. William Ouchi. *Theory Z: How American Business Can Meet the Japanese Challenge*. Reading, Mass.: Addison-Wesley Publishing Company, 1981.
22. Aaron Berstein, Dan Cook, Pete Engardio e Gregory L. Miles. "The Difference Japanese Management Makes". *Business Week*, 14 de julho, 1986, pp. 47-50. Para encontrar artigos similares sobre práticas administrativas japonesas em indústrias americanas, veja Bill Powell *et al.* "Where the Jobs Are". *Newsweek*, 2 de fevereiro, 1987, pp. 42-46.
23. Charles W. Joiner Jr., "Making the 'Z' Concept Work". *Sloan Management Review*, primavera, 1985, pp. 57-63. Uma interessante reflexão sobre a compatibilidade da Teoria Z e o esforço para a automação nos escritórios é apresentada por Paul S. Licker, "Will Office Automation Provide the Theory Z Organization?". *Human Systems Management*, primavera, 1985, pp. 11-20.
24. Veja, por exemplo, Jeremiah J. Sullivan. "A Critique of Theory Z". *Academy of Management Review*, janeiro, 1983, pp. 132-142; e Edgar H. Schein, "Does Japanese Management Style Have a Message for American Managers?", *Sloan Management Review*, outono, 1982, pp. 55-68.

PARA LEITURA ADICIONAL

Lewis, James Jr. *Excellent Organizations: How to Develop and Manage Them Using Theory Z.* São Francisco: Jossey-Bass Inc., Publishers, 1985.

Lombardo, Michael M. *Values in Action: The Meaning of Executive Vignettes* (Technical Report n° 28), Greensboro, Carolina do Norte: Center for Creative Leadership, 1986.

Ouchi, William. *Theory Z: How American Business Can Meet the Japanese Challenge.* Reading, Mass.: Addison-Wesley Publishing Company, 1981.

Pascale, Richard T. e Anthony G. Athos. *The Art of Japanese Management: Aplications for American Executives.* Nova York: Simon & Schuster, Inc., 1981.

Sethi, S. Prakash, Nobuaki Namiki e Carl L. Swanson. *The False Promise of the Japanese Miracle: Illusions and Realities of the Japanese Management System.* Marshfield, Mass.: Pitman Publishing Inc., 1984.

PARTE 2

MOTIVAÇAO E SISTEMAS DE RECOMPENSAS

CAPÍTULO 3

AS RAZÕES BÁSICAS DA MOTIVAÇAO

Motivação implica fazer aquilo que é muito significativo para mim.

FREDERICK HERZBERG[1].

Se você é como um carrinho de mão que só vai até onde lhe empurram, então não se candidate a trabalhar aqui.

CARTAZ NOS AVISOS DE EMPREGO À ENTRADA
DE UMA FÁBRICA, ALGUNS ANOS ATRÁS[2].

▼ OBJETIVOS DO CAPÍTULO

Compreender:

► Forças motivacionais

► Necessidades primárias e secundárias

► Sistemas de categorias de necessidades

► Fatores motivacionais e de manutenção

► Modificação de comportamento

► Tipos de programas de reforço

O presidente de uma cadeia de lojas de roupas tinha um problema. A rede estava para absorver 10 novas lojas às 90 já existentes como parte de um programa de expansão, fazendo com que ele tivesse muito com o que se preocupar. Então sua principal assistente-administrativa surge e avisa que detestava seu trabalho. "O que mais poderia ela desejar?", pensou ele, enquanto a convidava para sentar-se e falar sobre suas necessidades e aspirações. "Poderia ter segurança no cargo ou melhores condições de trabalho, ou então a oportunidade de aprender e desenvolver-se?", imaginava. Resolveu ouvir cuidadosamente as explicações e procurar um modo de motivar a sua funcionária.

Sob vários aspectos o livro todo refere-se a situações como essa. O presidente necessita examinar a cultura organizacional que foi criada; terá a oportunidade de testar sua capacidade e habilidade de ouvinte e precisará administrar as mudanças dramáticas pelas quais a organização está passando. Entretanto, sua tarefa imediata é compreender o que estaria motivando sua assistente administrativa. Os próximos dois capítulos o ajudarão a fazer isto. Como sugerido na frase de Herzberg no início deste capítulo, terá que descobrir que novas tarefas terão significado *para ela*.

UM MODELO DE MOTIVAÇÃO

Embora algumas atividades humanas aconteçam sem motivação, praticamente quase todos os comportamentos conscientes são motivados ou possuem uma causa. Não é necessário motivação para que o cabelo cresça, mas sim para cortá-lo. Eventualmente qualquer um pode adormecer sem motivação (embora pais que tenham crianças pequenas possam duvidar disto), mas ir dormir é uma ação consciente que requer motivação. O trabalho do gerente é identificar os impulsos e as necessidades dos empregados, canalizando o comportamento deles para o desempenho das tarefas.

De uma forma esquemática muito simples, o papel da motivação no desempenho é resumido no modelo de motivação da Figura 3-1. As necessidades internas e os impulsos criam tensões que são modificadas pelo ambiente. Por exemplo, a necessidade da comida produz a tensão fome. A pessoa faminta examina então seu ambiente para avaliar que alimentos (incentivos externos) estão disponíveis para satisfazer sua fome. Uma vez que o ambiente pode afetar o apetite de uma pessoa em função de um tipo particular de alimento, um nativo dos mares do sul irá preferir peixe assado, enquanto um vaqueiro do Colorado irá preferir um churrasco. Ambas as pessoas estão prontas para tentar atingir seus objetivos, mas irão procurar diferentes alimentos para satisfazer suas necessidades. Esse é um exemplo da influência tanto das diferenças individuais como dos aspectos culturais na escolha da ação.

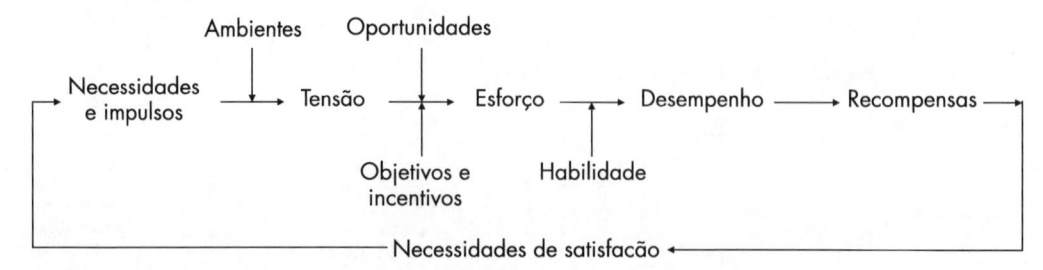

FIGURA 3-1 – Modelo de motivação.

Conforme foi visto nas fórmulas do Capítulo I, o desempenho (D) é produto do esforço (E) e da habilidade (H) dentro de um contexto de probabilidade (tais como meios adequados e objetivos apropriados) de desempenho. Quando o empregado é produtivo e a organização percebe isso, recompensas são distribuídas, resultando na satisfação das necessidades e dos impulsos do empregado. Embora não haja respostas simples para a questão da motivação, um importante ponto de partida reside na compreensão das necessidades do empregado. Várias abordagens tradicionais para classificar necessidades e impulsos são apresentadas, seguidas por uma discussão a respeito de uma forma sistemática de modificar o comportamento do empregado através do uso de recompensas que satisfaçam essas necessidades. O estabelecimento de objetivos será igualmente discutido.

FORÇAS MOTIVACIONAIS

Cada indivíduo tem tendência a desenvolver certas forças motivacionais como produto do ambiente cultural no qual vive, isso afeta a maneira pela qual as pessoas percebem seu trabalho e encaram suas vidas. Muito do interesse sobre estes padrões de motivação foi gerado pelas pesquisas de David C. McClelland da Universidade de Harvard[3]. Este autor desenvolveu um esquema de classificação destacando três das forças mais dominantes, demonstrando sua importância para a motivação. Seus estudos revelaram que as forças motivacionais das pessoas refletem elementos da cultura na qual elas cresceram – família, escola, religião e livros. Na maior parte das nações um ou dois dos padrões de motivação tendem a ser fortes entre os trabalhadores porque eles cresceram em ambientes semelhantes. Adicionalmente à discussão de McClelland sobre os impulsos para realização, afiliação e poder, o motivo competência (ver Figura 3.2) é um importante fator nas tentativas habituais para se atingir alta qualidade de produtos e serviços.

Motivação para a realização

A motivação para a realização é uma força que algumas pessoas têm para vencer desafios e obstáculos na busca de objetivos. Uma pessoa com esse tipo de impulso deseja desenvolver-se, crescer e progredir na escalada do sucesso. A realização é importante em si mesma, independente das recompensas que possam acompanhá-la.

Um certo número de características define empregados orientados para a realização. Eles trabalham com mais afinco quando percebem que irão ter um crédito pessoal por seus esforços, quando existe apenas um risco moderado de fracasso e quando recebem um retorno específico pelo desempenho passado. Enquanto administradores, tendem a confiar em seus subordinados, receber e compartilhar abertamente as ideias, propor objetivos mais desafiantes e esperam que seus subordinados também se orientem no sentido da realização[4].

REALIZAÇÃO:	Impulso para superar desafios, avançar e crescer
AFILIAÇÃO:	Impulso para relacionar-se eficazmente com pessoas
COMPETÊNCIA:	Impulso para realizar trabalho de alta qualidade
PODER:	Impulso para influenciar pessoas e situações

FIGURA 3-2 – Impulsos motivacionais.

Rod Auerbach, treinador, gerente-geral e presidente do time de basquete muitas vezes campeão mundial "Boston Celtics" tinha uma única resposta simples sempre que lhe perguntavam como motivava seus jogadores. Recorria ao orgulho pela excelência, ao orgulho da vitória e ao orgulho de fazer parte do maior time do mundo. Era o desafio de procurar e a alegria de usar o anel de campeão como símbolo da realização coletiva do grupos[5].

Motivação para a afiliação

A motivação para a afiliação é um impulso para o relacionamento com pessoas em bases sociais. Comparações entre empregados motivados para a realização e empregados motivados para a afiliação ilustram como os dois padrões influenciam o comportamento. Pessoas orientadas para a realização trabalham mais quando seus supervisores oferecem uma avaliação detalhada de seus comportamentos no trabalho. Entretanto, pessoas motivadas pela afiliação trabalham melhor quando elogiadas por atitudes favoráveis e cooperação. As pessoas motivadas pela realização escolhem colaboradores que sejam tecnicamente capazes sem se importar muito com os sentimentos pessoais que possam ter por eles; todavia, aqueles que estão motivados pela afiliação tendem a escolher amigos para estarem a sua volta. Experimentam satisfação interior quando estão com amigos e desejam liberdade no trabalho para desenvolver estes relacionamentos.

Motivação para a competência

A motivação para a competência é um impulso para fazer um trabalho de alta qualidade. Empregados motivados pela competência procuram o domínio do trabalho, o desenvolvimento das atividades de resolução de problemas e esforçam-se em ser inovadores. O mais importante é que tiram proveito das suas próprias experiências. Em geral executam um bom trabalho devido à satisfação interior que sentem ao fazer isso e à estima que recebem dos outros[6].

As pessoas motivadas pela competência também esperam trabalho de alta qualidade daqueles com quem interagem e podem tomar-se impacientes caso seus colaboradores desenvolvam um trabalho de qualidade inferior. Na realidade, sua preocupação por um trabalho de boa qualidade é tão grande que tendem a negligenciar a importância dos relacionamentos humanos no cargo ou a necessidade de manter níveis de produção razoáveis.

> Por exemplo, Joleen é uma estilista que se sente bem consigo mesma quando recebe o reconhecimento dos outros ao criar um excelente desenho. Entretanto, deixa seu supervisor furioso quando não atende seus prazos e antagoniza-se com seus colegas de trabalho, uma vez que não consegue interagir com eles. De modo bastante claro, sua orientação para a competência é mais forte do que a sua necessidade de afiliação.

Motivação para o poder

A *motivação para o poder* é um impulso para influenciar pessoas e mudar situações. Pessoas motivadas pelo poder querem criar um impacto em suas organizações e assumem riscos ao fazê-lo[7]. Uma vez obtido esse poder, ele pode ser usado tanto construtiva como destrutivamente.

As pessoas motivadas pelo poder se tornam excelentes administradores caso suas necessidades sejam de poder institucional em lugar de poder pessoal. Poder institucional é a necessidade de influenciar o comportamento dos outros para o bem de toda a organização. Em outras palavras, essas pessoas procuram o poder através de meios legítimos e ascendem a posições de liderança através de sucesso no desempenho, sendo por isso aceitas pelos outros. Todavia, caso as necessidades de poder sejam do tipo pessoal, esse indivíduo tende a ser um líder organizacional mal sucedido.

Aplicações gerenciais das necessidades

O conhecimento das forças motivacionais ajuda os administradores a compreender as atitudes de cada empregado no trabalho. Permite lidar com cada empregado de maneira particular, levando em consideração o impulso motivacional mais forte em cada caso. Por exemplo, o empregado orientado para a realização pode ser colocado em um determinado trabalho e receber explicações adicionais que ressaltem os desafios da atividade. Um empregado motivado pela competência deveria ser colocado em um trabalho semelhante e no qual fossem enfatizados os requisitos da alta qualidade. Neste sentido, o supervisor comunica-se com cada empregado de acordo com as necessidades particulares de cada um. É como afirmou certo empregado: "Meu chefe fala comigo em minha própria linguagem"

NECESSIDADES HUMANAS

Quando uma máquina funciona mal, as pessoas reconhecem que ela necessita de alguma coisa. Imagine que esta máquina não consiga tornear uma peça de metal adequadamente. Talvez esteja necessitando de óleo. Ou talvez alguma arruela tenha sido perdida. Em primeiro lugar, o operador procura encontrar o problema. Depois ele pede ajuda para o supervisor. Finalmente o supervisor pede ajuda ao mecânico de manutenção ou a um engenheiro e assim por diante, até que a causa do problema seja encontrada e a máquina volte a funcionar bem.

Todas as pessoas que tentaram encontrar as causas o fizeram (ou deveriam tê-lo feito) de maneira analítica, tomando por base os seus conhecimentos a respeito das operações e necessidades da máquina. Seria perda de tempo apertar porcas ou colocar óleo nas engrenagens ao acaso, na esperança de que se pudesse encontrar o problema. Esse tipo de ação poderia agravar o mau funcionamento da máquina.

Suponha que o operador da máquina demonstre uma "disfunção" comunicando-se com o supervisor de forma a incomodá-lo ou de forma a demonstrar insubordinação. O supervisor pode querer repreendê-lo sem analisar a situação, e isso é tão ruim quanto querer consertar uma máquina ao acaso. Como a máquina, o operador que apresenta uma disfunção no seu comportamento o faz a partir de uma determinada causa que pode estar relacionada a certas necessidades. Para que ocorra melhoria na atitude do operador, ele necessita ser tratado com habilidade e atenção profissional, exatamente como ocorre com a máquina. Se nós tratarmos (ou cuidarmos da manutenção) das pessoas tão bem quanto o fazemos com o maquinário caro, teremos trabalhadores mais satisfeitos e produtivos.

TIPOS DE NECESSIDADES

Existem várias formas de se classificar as necessidades. A mais simples delas é dividi-las em (1) necessidades físicas básicas, chamadas de necessidades primárias e (2) necessidades sociais e psicológicas, chamadas de necessidades secundárias. As necessidades primárias incluem alimento, água, sexo, repouso, ar e uma temperatura razoavelmente agradável. Essas necessidades nascem de requisitos básicos da vida e são importantes para a sobrevivência da espécie humana. São praticamente universais entre as pessoas, mas variam de intensidade de pessoa para pessoa. Por exemplo, uma criança necessita dormir mais do que um adulto.

As necessidades também se acham condicionadas pela prática social. Se for costume comer três vezes por dia, então a pessoa fica três vezes com fome, mesmo que comer duas vezes fosse suficiente. Caso o intervalo para o café seja fixado pela manhã, então isso se toma um hábito que pede satisfação da mesma forma como ocorre como uma necessidade social.

As necessidades secundárias são mais vagas porque representam necessidades da mente e do espírito, em lugar das necessidades físicas orgânicas. Muitas dessas necessidades desenvolvem-se à medida que as pessoas amadurecem. Alguns exemplos são rivalidade, autoestima, senso do dever, autoconfiança, fazer parte de um grupo e receber afeição. As necessidades secundárias são aquelas que complicam os esforços da administração em favor da motivação. Praticamente, qualquer atitude que a administração tome afetará as necessidades secundárias; *entretanto, o planejamento administrativo deve levar em consideração o efeito de qualquer ação proposta sobre as necessidades secundárias dos empregados.*

VARIAÇÕES NAS NECESSIDADES

As necessidades secundárias podem variar muito mais entre as pessoas do que as necessidades primárias. Elas até podem existir de forma oposta em duas pessoas diferentes. Uma pessoa tem necessidade de se autoafirmar e é agressiva com os outros. Outra prefere ser submissa e se rende à agressão dos outros. As necessidades também mudam de acordo com o tempo e as circunstâncias.

A análise do comportamento seria simples se as ações de uma pessoa, a um dado momento, fossem o resultado de uma só necessidade de alguém isolado, mas isso não ocorre com frequência. Necessidades de todos os tipos e intensidades influenciam-se mutuamente, assim a motivação de quem trabalha num único momento é a combinação de muitas forças diferentes. Muito mais que isso, algumas necessidades estão tão escondidas a ponto de o supervisor do trabalhador não conseguir reconhecê-las. Apenas esse único fato torna a motivação difícil. Por exemplo, trabalhadores insatisfeitos geralmente afirmam que sua insatisfação é causada por alguma coisa fácil de ser identificada, tal como baixos salários, mas o problema real vai além disso. Consequentemente, mesmo quando a administração paga o salário pedido, essas pessoas continuam insatisfeitas.

Em resumo, as necessidades secundárias:

- Estão fortemente condicionadas pela experiência.
- Variam quanto ao tipo e intensidade entre as pessoas.
- Estão sujeitas à mudança em uma mesma pessoa.

- Funcionam em grupo mais do que isoladamente.
- Estão frequentemente escondidas do reconhecimento consciente.
- São sentimentos vagos em lugar de serem necessidades físicas específicas.
- Influenciam o comportamento. (Afirma-se que "somos lógicos somente na medida em que nossos sentimentos nos permitem".)

Considerando que os quatro tipos de impulsos motivacionais anteriormente identificados não foram agrupados a partir de nenhum padrão em particular, três classificações principais das necessidades humanas pretenderam chegar a isso. Pelo menos implicitamente, Maslow, Herzberg e Alderfer construíram, cada um deles, suas teorias, sobre a distinção entre as necessidades primárias e secundárias. Existem também algumas semelhanças entre os três enfoques, assim como existem importantes diferenças que merecem ser registradas. Todas elas ajudam a criar uma importante base para modelos mais avançados sobre motivação que serão discutidas a seguir.

A HIERARQUIA DE NECESSIDADES DE MASLOW

As necessidades humanas não possuem força igual, mas geralmente emergem numa certa prioridade. À medida que as necessidades primárias se acham razoavelmente satisfeitas, a pessoa coloca mais ênfase sobre as necessidades secundárias. A hierarquia das necessidades de A. H. Maslow estabelece cinco níveis, conforme demonstrado na Figura 3-3. Essa teoria recebeu ampla atenção e suscitou consideráveis controvérsias[8]. As necessidades dos níveis 1 (físicas) e 2 (segurança) são tipicamente chamadas de necessidades de ordem mais baixa e os níveis 3 (sociais), 4 (estima) e 5 (autorrealização) são chamados de necessidades de ordem mais alta.

NECESSIDADES DE NÍVEL MAIS BAIXO. O primeiro nível de necessidades envolve a sobrevivência básica. Na situação típica de trabalho, raramente dominam, uma vez que já se encontram razoavelmente satisfeitas. Somente uma experiência especial, tal como dois dias sem dormir ou um bloqueio na traqueia, irá fazer com que seja evocada a natureza essencial das necessidades básicas do organismo.

5º
Autorrealização e satisfação
4º
Autoestima e reconhecimento
3º
Pertencimento ao grupo e necessidades sociais
2º
Proteção e segurança
1º
Necessidades físicas básicas

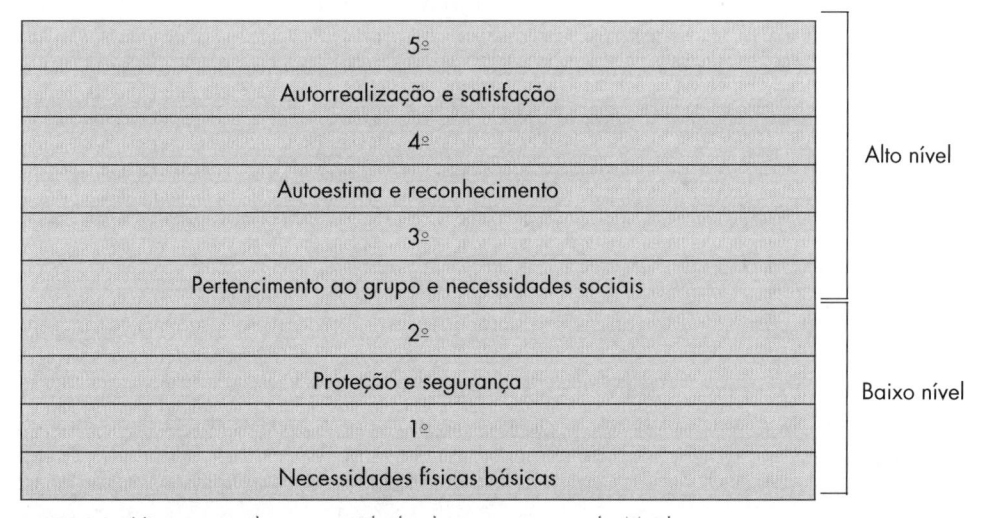

Alto nível (níveis 5, 4, 3)
Baixo nível (níveis 2, 1)

FIGURA 3-3 – Hierarquia das necessidades humanas segundo Maslow.

As pessoas precisam trabalhar para satisfazer suas necessidades fisiológicas, mas tão logo essas necessidades estejam em algum grau satisfeitas, as pessoas irão querer satisfazer outras necessidades. O próximo nível que tende a dominar é o do bem-estar e da segurança. As coisas se passam mais ou menos da maneira como se segue. Tendo satisfeito hoje suas necessidades físicas básicas, as pessoas querem alguma garantia de que essas necessidades também serão satisfeitas amanhã e assim por diante. Desse modo elas constroem muralhas em volta de cidades, armazenam comida em cilos e criam planos de pensão. Querem segurança econômica, tanto quanto física. A segurança garante essencialmente que as necessidades primárias sejam satisfeitas amanhã e sempre que preciso no futuro. Na verdade, as necessidades do segundo nível se acham relacionadas às do primeiro nível.

Devido às diferenças individuais, as pessoas buscam diferentes quantidades de segurança, mas virtualmente todas as pessoas têm alguma necessidade de segurança[9]. As pessoas também variam quanto às maneiras pelas quais procuram prover a sua segurança, conforme ilustrado pelos diferentes enfoques de dois representantes de vendas de um escritório de computação.

> Um dos empregados tentava obter sua segurança usando suas horas extras para escrever longos relatórios sobre controles de linhas analógicas com o objetivo de garantir que fosse considerado um especialista tão importante nesse campo que a companhia não pudesse viver sem ele. O outro reagia diferentemente, frequentando uma escola noturna para aprender sobre a teoria da digitação e suas aplicações, o que era tido como uma nova área de produto para a companhia. Sentiu que poderia estar mais seguro, tomando-se um grande conhecedor do novo equipamento de controle. Assim, pode ser observado como duas pessoas diferentes reagem também diferentemente sob as mesmas circunstâncias em relação às mesmas necessidades.

NECESSIDADES DE ALTO NÍVEL. De acordo com Maslow, existem três níveis de necessidades de alto nível. As necessidades de terceiro nível dizem respeito ao amor, à participação e ao envolvimento social. Uma vez que as pessoas passam uma grande parte de suas horas do dia no trabalho e no ambiente social, algumas das suas necessidades sociais podem (ou deveriam) estar atendidas em tais circunstâncias. As necessidades de quarto nível incluem aquelas que abrangem a autoestima e o reconhecimento do valor pessoal. Os empregados têm necessidade de sentir que têm valor e acreditar que os outros pensem que eles valem alguma coisa (o que lhes dá *status*). As necessidades de quinto nível são constituídas pela autorrealização, o que significa vir a ser tudo aquilo que a pessoa é capaz, servindo-se das próprias habilidades com plenitude e ampliando talentos ao máximo possível.

> Will Steger, um rude amante da natureza liderou um grupo de aventureiros em trenós puxados por cães até o polo norte sem reabastecimento durante uma viagem de cerca de mil milhas. Era perigoso devido aos cursos de água que deveriam ser atravessados; era também fisicamente exaustivo (os pacotes de suprimentos pesavam inicialmente 650 quilos cada um e deveriam ser descarregados e carregados várias vezes, à medida que o grupo encontrava dificuldades com o terreno). A viagem era emocionantemente desgastante (devido ao medo de acidentes, à escassez do alimento, à carência de sono e ao frio intenso). Quando os seis membros do grupo chegaram ao seu objetivo, eles estavam exultantes, pois sabiam que haviam usado seus recursos tanto pessoais quanto grupais até o limite máximo.

Mesmo depois de se ter atingido o quinto nível, ainda há lugar para um maior progresso. As necessidades de ordem mais alta, em particular, não estarão jamais completamente satisfeitas, porque as pessoas perpetuamente quererão mais. Os atletas mais bem pagos procuram renegociar seus contratos buscando mais dinheiro; os executivos procuram novos símbolos de status e os exploradores buscam novas e mais exigentes aventuras a serem perseguidas. As implicações disso no campo da administração são as seguintes: a necessidade de satisfação é um problema sem contínuo para as organizações. *O fato de se atender uma necessidade particular hoje não implica que tal necessidade esteja permanentemente resolvida.*

INTERPRETAÇÃO DA HIERARQUIA DAS NECESSIDADES. O modelo da hierarquia das necessidades de Maslow propõe essencialmente que as pessoas têm necessidades que desejam satisfazer e que aquelas que já foram atendidas não têm mais a força motivacional das necessidades não satisfeitas. Isso quer dizer que os *empregados estão mais entusiasticamente motivados por aquilo que eles estão buscando do que por aquilo que eles já têm.* Eles podem, é lógico, reagir de forma a proteger aquilo que já têm, mas se movimentarão com maior entusiasmo somente quando estiverem procurando alguma coisa a mais.

Interpretada dessa forma, a hierarquia de necessidades de Maslow teve um forte impacto na administração contemporânea e oferece algumas ideias úteis para ajudar os administradores a pensar a respeito da motivação dos seus empregados. Como resultado da sua mais ampla familiaridade com o modelo, eles estão mais aptos a identificar as necessidades dos empregados, reconhecendo que elas podem ser diferentes de uma pessoa para outra, oferecendo satisfação para necessidades em particular bem como reconhecer que dando maior quantidade da mesma recompensa isto pode diminuir o impacto sobre a motivação. Realmente, essas são contribuições muito significativas.

Apesar desses benefícios, o modelo de Maslow tem muitas limitações, e ele foi seriamente criticado. Como um esquema filosófico, tem sido difícil estudá-lo e não tem sido confirmado inteiramente. As pesquisas não confirmam a presença de todos os cinco níveis como sendo verdadeira, nem tampouco a progressão do nível mais baixo para o nível mais alto tem sido comprovada. Existe, todavia, alguma evidência que apesar dos dois níveis mais baixos (necessidades físicas e de segurança) estarem basicamente satisfeitos, os empregados não estão especialmente preocupados com as necessidades de níveis mais altos[10]. A evidência com relação a um número mais limitado de níveis parece ser consistente com cada um dos dois modelos que serão discutidos a seguir.

O MODELO DOS DOIS FATORES DE HERZBERG

Tomando por base uma pesquisa com engenheiros e contadores, Frederick Herzberg durante a década de 1950 desenvolveu o modelo de motivação dos dois fatores[11]. Ele pediu aos sujeitos da sua pesquisa que pensassem num momento de suas vidas em que se sentiram especialmente bem com relação ao seu trabalho e um outro momento no qual se sentiram especialmente mal. Ele também pediu a eles que descrevessem as condições que os levaram a esses sentimentos. Herzberg descobriu que os empregados citavam diferentes tipos de condições para os bons ou os maus sentimentos. Isso significa que se um sentimento de realização levava a um sentimento positivo, a falta de realização era raramente apontada como causa de más sensações. Em lugar disso, por exemplo, outro fator como as políticas administrativas da companhia eram apontadas como causa de maus sentimentos.

Herzberg concluiu que dois fatores diferentes influenciam a motivação. Anteriormente a essa descoberta, as pessoas assumiam que a motivação ou a falta simplesmente eram lados de motivação, opostos de um *continuum* de um mesmo fator. Herzberg desfez a visão tradicional afirmando que certos fatores de trabalho têm o poder principal de gerar insatisfação nos empregados quando certas condições se acham ausentes. Todavia, como mostrado na Figura 3-4, a sua presença geralmente traz aos empregados somente um sentimento neutro. Esses fatores não podem ser considerados fortemente motivadores. Os fatores poderosos em criar insatisfação são chamados *fatores de higiene ou fatores de manutenção,* porque são necessários para manter um razoável nível de motivação entre os empregados.

Outras condições de trabalho funcionam principalmente para se conseguir a motivação. Essas condições são conhecidas como fatores de motivação, motivadores ou fatores de satisfação. Durante muitos anos, os gerentes se perguntaram por que suas políticas salariais e de benefícios não aumentavam a motivação dos seus empregados. A ideia de separar fatores motivacionais e de manutenção ajudou a responder às perguntas deles, isto é, as políticas de benefícios e de pessoal são principalmente fatores de manutenção de acordo com Herzberg.

CONTEÚDO E CONTEXTO DO TRABALHO

A Figura 3-5 mostra os fatores de Herzberg. Fatores motivacionais, tais como realização e responsabilidade, estão diretamente relacionados ao trabalho em si, enquanto o desempenho do trabalhador, o seu reconhecimento e crescimento estão por ele assegurados. Os fatores de motivação na sua maior parte estão centrados no trabalho; eles estão ligados ao *conteúdo do trabalho.*

Por outro lado, os fatores de manutenção estão principalmente relacionados ao *contexto de trabalho,* porque eles estão mais ligados ao ambiente que envolve o trabalho. Essa diferença entre o conteúdo do trabalho e o contexto do trabalho é bastante significativa. Ela mostra que os empregados estão primária e fortemente motivados por aquilo que fazem para si mesmos. Quando eles assumem a responsabilidade ou ganham reconhecimento por seu próprio comportamento, eles se acham fortemente motivados.

A diferença entre o conteúdo do trabalho e o contexto do trabalho é semelhante à diferença entre os fatores de motivação intrínsecos e extrínsecos em psicologia. Os *fatores intrínsecos* são as recompensas internas que a pessoa sente quando desenvolve um trabalho; assim existe uma ligação direta entre o trabalho e as recompensas.

Sentimentos altamente negativos	Neutro	Sentimentos altamente positivos
← (Ausência) Fatores de manutenção (Presença)		
		(Ausência) Fatores de motivação (Presença) →

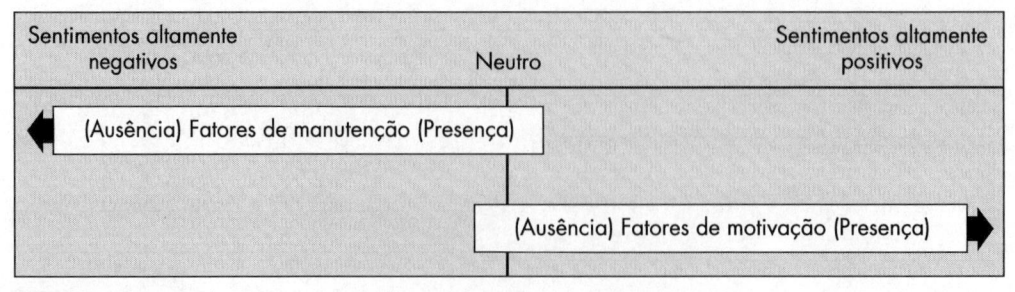

FIGURA 3-4 – Fatores de manutenção e de motivação.

FATORES DE MANUTENÇÃO	FATORES DE MOTIVAÇÃO
Fatores de insatisfação Fatores higiênicos Conteúdo do trabalho Fatores extrínsecos	Fatores de satisfação Motivadores Conteúdo do trabalho Fatores intrínsecos
Exemplos Políticas organizacionais e administração Qualidade da supervisão Relação com supervisores Relação com pares Relação com subordinados $ Segurança no trabalho Condições de trabalho *Status*	*Exemplos* Realização Reconhecimento Progresso Trabalho em si Possibilidade de crescimento Responsabilidade

FIGURA 3-5 – A classificação de Herzberg dos fatores motivacionais e de manutenção.

Um empregado nessa situação está automotivado. Motivadores extrínsecos são recompensas externas que ocorrem fora do trabalho, oferecendo satisfação indireta no momento em que o trabalho está sendo feito. Exemplo disso são os planos de aposentadoria, assistência médica e férias.

INTERPRETAÇÃO DO MODELO DOS DOIS FATORES. Como em todas as teorias motivacionais, o modelo dos dois fatores merece tanto críticas como aplausos. Em primeiro lugar, segundo a pesquisa de Herzberg, os administradores que tendem a focalizar sua atenção sobre os fatores extrínsecos (manutenção) geralmente contam com resultados pobres. A distinção entre fatores de motivação e de manutenção ampliou suas perspectivas pelo fato de mostrar o papel potencialmente poderoso das recompensas intrínsecas oriundas do trabalho em si mesmo. (Isso se liga a um grande número de outros importantes desenvolvimentos comportamentais, tais como enriquecimento do trabalho e qualidade da vida de trabalho, que serão discutidos nos capítulos posteriores.) Entretanto os gerentes foram também advertidos de que não poderiam negligenciar o provimento de uma ampla gama de fatores que criassem pelo menos um ambiente de trabalho neutro.

Da mesma forma que o modelo de Maslow, o de Herzberg foi amplamente criticado[12]. Ele não é universalmente aplicável, e tem melhor adequação para os níveis gerenciais e de pessoal administrativo. O modelo reduz, de forma aguda, o impacto motivacional aparente do salário, *status* e relacionamento com as pessoas, uma vez que esses sejam identificados como fatores de manutenção. Parece ser também uma limitação decorrente do método entender que somente o enfoque de Herzberg (pedir depoimentos pessoais a respeito das experiências favoráveis e desfavoráveis de trabalho) possa dar origem ao modelo dos dois fatores. O ego dos respondentes levava-os a reproduzir relatos viesados com o resultado de que *aparentemente* existam dois fatores; quando na realidade pode ser que haja somente um.

Apesar dessas críticas, o modelo fornece uma distinção útil entre os fatores de manutenção, que são necessários mas não suficientes, e os fatores de motivação que têm o potencial de aumentar o esforço do empregado. Os administradores deveriam reconhecer que o modelo evidencia apenas uma tendência geral, uma vez que os fatores de manutenção podem ser motivadores para algumas pessoas que sinceramente estejam desejando essas recompensas. Inversamente, alguns motivadores podem ser apenas fatores de manutenção para outras pessoas. A Figura 3-4 mostra que não existe distinção absoluta; nenhum fator é totalmente unidimensional em sua influência para um grupo específico de empregados. Consequentemente um gerente deve avaliar particularmente cada resposta do empregado aos diferentes fatores contidos nesse esquema genérico.

MODELO ERC (E-R-G) DE ALDERFER

Baseado em modelos anteriores de necessidades (principalmente no de Maslow) e procurando superar algumas falhas desses modelos, Clayton Alderfer propôs uma hierarquia modificada de necessidades que apresenta somente três níveis[13]. Sugere que os empregados acham-se, inicialmente interessados em satisfazer suas *necessidades de existência,* as quais combinam fatores fisiológicos e de segurança. Salário, condições físicas do ambiente de trabalho, segurança no cargo e planos de benefícios relacionam-se com essa categoria de necessidade. As *necessidades de relacionamento* acham-se no próximo nível e envolvem ser compreendido e aceito por pessoas acima, abaixo e colaterais ao empregado no trabalho e fora dele. As *necessidades de crescimento* acham-se na terceira categoria e envolvem tanto o desejo de autoestima como o de autorrealização.

> O diálogo entre o presidente e a assistente administrativa descrito no início deste capítulo pode ser estruturado segundo o modelo E-R-G de Alderfer. O presidente pode primeiro querer identificar qual nível parece dominar os pensamentos da assistente naquele momento e qual o nível ou níveis que parecem estar satisfeitos. Por exemplo, uma grande disparidade entre seus salários poderia levá-la a frustrar-se com relação às suas necessidades de existência, apesar do plano objetivo e significativo de salário. Ou então a imersão dela em seu trabalho durante longas horas e o problema das constantes viagens poderiam ter comprometido suas necessidades de relacionamento. Finalmente, presumindo que a assistente tivesse dominado todas as atuais atribuições de seu cargo, poderia estar então experimentando a necessidade de desenvolver suas capacidades e crescimento em outras áreas.

Adicionalmente à tentativa de condensar os cinco níveis de necessidades de Maslow em três que sejam mais consistentes com dados de pesquisa, necessidades diferentes tornam-se visíveis. Por exemplo o modelo E-R-C não assume com rigor uma progressão de nível para nível. Ao contrário, aceita a possibilidade de que os três níveis estejam ativos a qualquer momento. Também sugere que uma pessoa insatisfeita em qualquer um dos dois níveis mais altos pode voltar a concentrar-se no nível mais baixo. Finalmente, uma vez que os dois primeiros níveis são um tanto limitados em suas demandas por satisfação, as necessidades de crescimento são, não somente ilimitadas, mas também, na realidade, despertadas um pouco mais cada vez que algum grau de satisfação é atingido.

COMPARAÇÃO ENTRE OS MODELOS DE MASLOW, HERZBERG E ALDERFER

As semelhanças entre os três modelos das necessidades humanas estão bastante evidentes, conforme demonstrado na Figura 3-6. Entretanto, existem também importantes contrastes. Maslow e Alderfer centram-se nas necessidades internas do empregado,

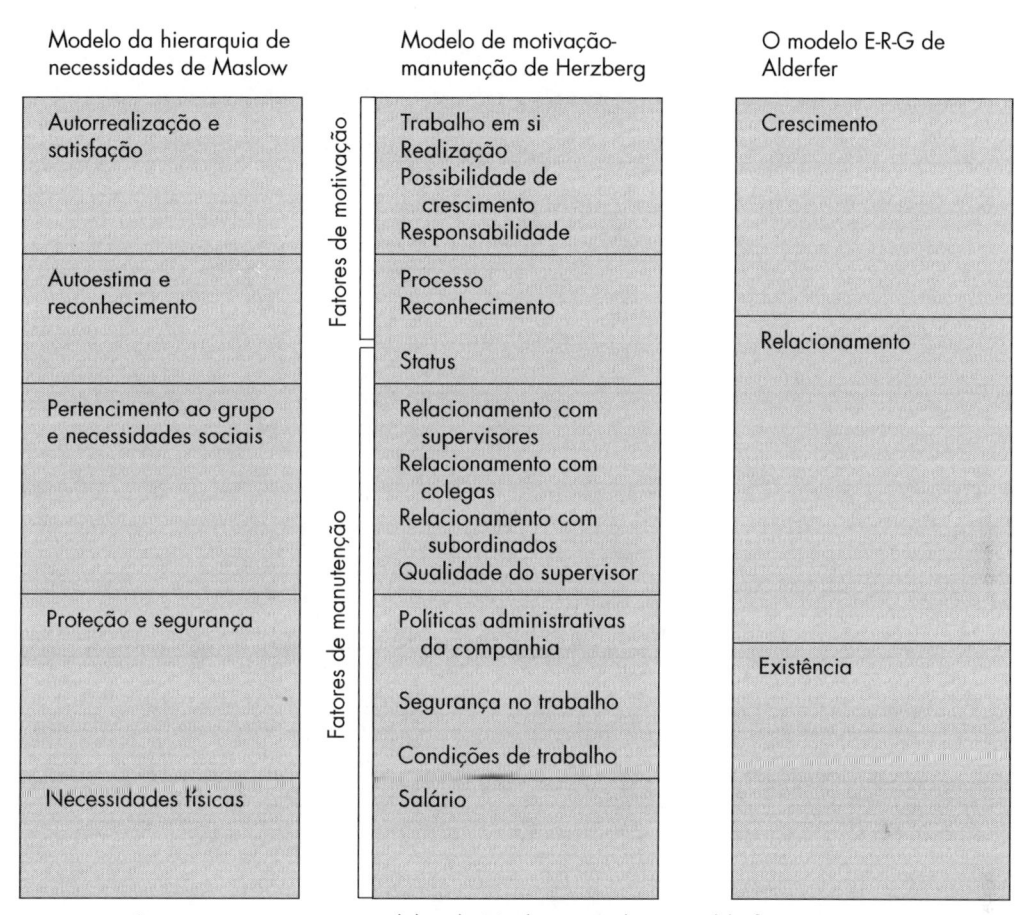

Modelo da hierarquia de necessidades de Maslow	Modelo de motivação-manutenção de Herzberg	O modelo E-R-G de Alderfer
Autorrealização e satisfação	**Fatores de motivação**: Trabalho em si / Realização / Possibilidade de crescimento / Responsabilidade	Crescimento
Autoestima e reconhecimento	Processo / Reconhecimento	
	Status	Relacionamento
Pertencimento ao grupo e necessidades sociais	**Fatores de manutenção**: Relacionamento com supervisores / Relacionamento com colegas / Relacionamento com subordinados / Qualidade do supervisor	
Proteção e segurança	Políticas administrativas da companhia / Segurança no trabalho / Condições de trabalho	Existência
Necessidades físicas	Salário	

FIGURA 3-6 – Comparação entre os modelos de Maslow, Herzberg e Alderfer.

enquanto Herzberg diferencia as condições do cargo (conteúdo ou contexto) que podem ser promovidas para a satisfação de necessidades. As interpretações populares dos modelos de Maslow e Herzberg, sugerem que em sociedades modernas a maioria dos trabalhadores já satisfez suas necessidades de ordem mais baixa, estando então motivados principalmente por necessidades de ordem mais alta ou reais fatores de motivação. Alderfer sugere que o fracasso na satisfação de necessidades de relacionamento ou de crescimento irá causar interesse renovado pelas necessidades de existência. Finalmente, os três modelos indicam que antes de um administrador tentar aplicar uma recompensa, seria útil descobrir qual a necessidade particular do empregado naquele momento. Neste sentido, todos os modelos fornecem fundamentos para a compreensão e aplicação de modificação comportamental, tema discutido a seguir.

MODIFICAÇÃO COMPORTAMENTAL

Os modelos de motivação que foram discutidos até aqui são conhecidos como *teorias cognitivas* (ou de conteúdo) *da motivação* porque estão baseados no pensamento e no sentimento (isto é, na cognição). Relacionam a pessoa ao seu eu íntimo e ao modo como seu estado interno de necessidades determina o comportamento.

A maior dificuldade com os modelos cognitivos de motivação reside no fato de que as necessidades das pessoas não podem ser diretamente observadas pelos administradores ou medidas com precisão para facilitar o direcionamento das ações. É difícil por exemplo medir as necessidades de estima do empregado ou saber como elas mudam com o passar do tempo. Ainda mais, simplesmente conhecer as necessidades do empregado não indica de forma direta aos administradores aquilo que deveriam fazer com essas informações. Como resultado, tem havido considerável interesse no modelo de motivação que esteja mais intensamente ligado à avaliação cuidadosa e aplicação sistemática de incentivos. A *modificação do comportamento organizacional* (O. B. Mod.) é a aplicação dos princípios de modificação do comportamento na organização que se originam do trabalho de B. F. Skinner[14].

Lei do efeito

O O. B. Mod. está baseado na ideia de que o *comportamento depende das suas consequências* e é possível para os administradores controlar (ou pelo menos afetar) um certo número de comportamentos do empregado através da manipulação das suas consequências. O modelo repousa fortemente sobre a *lei do efeito* para a qual uma pessoa tende a repetir um comportamento que tenha sido acompanhado de consequências favoráveis (reforçamento) e *não* tenderá a repetir aquele comportamento que tenha sido acompanhado de consequências desfavoráveis. Duas condições básicas são necessárias para a aplicação bem-sucedida do O. B. Mod. – o administrador deve estar apto a identificar algumas consequências fortes (enquanto percebidas pelo empregado) e a partir daí deve ser capaz de administrá-las de tal forma que o empregado possa ver a ligação entre o comportamento e suas consequências.

> Alguns profissionais do esporte desenvolveram sistemas de recompensa que parecem ter tomado por base tais princípios. Por exemplo, na Associação Profissional Feminina de Golf, somente as jogadoras que completam os quatro rounds de um torneio e têm os melhores escores totais recebem cheques ao final. Mais ainda, o cheque da vencedora é praticamente o dobro daquele que recebe a segunda colocada. A APFG identificou o dinheiro como uma consequência favorável e vinculou a sua distribuição diretamente ao nível de desempenho a curto prazo de seus membros. Esse sistema presumivelmente encoraja as jogadoras a participar de numerosos torneios, jogar em todos os rounds e buscar a excelência.

A lei do efeito baseia-se na teoria da aprendizagem, que sugere que nós aprendemos melhor sob condições agradáveis do meio ambiente. Enquanto as teorias cognitivas argumentam que as necessidades *internas* levam ao comportamento, o Modelo de Modificação do comportamento afirma que as consequências *externas* tendem a determinar o comportamento. A vantagem desse modelo é que ele coloca maior grau de controle (e responsabilidade) nas mãos do administrador. Muitas empresas têm usado várias formas de modificação de comportamento, incluindo Frito-Lay, Weyerhaeuser e B. F. Goodrich.

CONSEQUÊNCIAS ALTERNATIVAS

O comportamento é principalmente encorajado pelo reforço positivo. *Reforço positivo* fornece uma consequência favorável que encoraja a repetição de um comportamento. Por exemplo, um empregado pode descobrir que quando executa um trabalho de alta qualidade, seu supervisor lhe dá uma recompensa como reconhecimento. Uma vez que o empregado goste do reconhecimento, o comportamento é reforçado. O esforço deveria ser sempre contingente ao comportamento correto do empregado.

Como exemplo de reforçamento positivo, vamos pensar em uma empresa com operações de despacho de containers15. São reunidos pequenos pacotes em grandes contêineres para reduzir os custos de manipulação e despacho. O padrão seria que 90% de pequenos pacotes fossem despachados em grandes containers, mas uma auditoria mostrou que o uso real era de 45%. A empresa constatou que seus funcionários estavam bem treinados e cooperavam na maioria dos casos, porém lhes faltava motivação para atingir os padrões. Então, para melhorar o desempenho, foi aplicado um programa de reforçamento positivo. Esse programa treinou os supervisores a darem diariamente o feedback a respeito do desempenho, com reconhecimento e outras recompensas. Num primeiro momento, o nível de desempenho subiu 95% no primeiro dia. Nos outros escritórios o desempenho também subiu para 90%, sendo que a maior parte da elevação do padrão ocorreu no decorrer de um único dia. Os bons resultados continuaram pelos quatro anos cobertos pelo estudo. A regularidade do feedback e o reconhecimento geraram consequências que influenciaram fortemente o comportamento deles.

A *modelagem* ocorre quando os reforçamentos são sucessivamente oferecidos à medida que alguém se aproxima dos comportamentos desejados. Mesmo que o comportamento completamente correto não ocorra, ele é encorajado dando-se reforço a ele na direção desejada. A modelagem é especialmente útil para ensinar tarefas complexas.

> Uma ilustração de modelagem comportamental é dada pelos procedimentos de treinamento usados por um supervisor numa loja de varejo. A loja era tão pequena que não possuía programas de treinamento centralizados para vendedores e caixas, e dessa forma todo o treinamento de vendas era de responsabilidade do supervisor. Ao iniciar, um vendedor-caixa não sabia como lidar com os clientes de forma eficiente e por isso o supervisor explicava o procedimento correto de venda. O supervisor observava o comportamento do vendedor e de tempos em tempos quando ele melhorava seu comportamento em algum aspecto, ele expressava sua aprovação e encorajava o empregado. Isso era um reconhecimento favorável para o empregado e assim ele ajudou a modelar o comportamento na direção correta.

Reforço negativo ocorre quando o comportamento é acompanhado pela remoção de uma consequência desfavorável; isso não é o mesmo que uma punição, a qual normalmente adiciona alguma coisa de desfavorável. De acordo com a lei do efeito, o comportamento responsável pela remoção de alguma coisa desfavorável é repetido quando aquele estado desfavorável volta a ser encontrado. Um exemplo de reforço negativo é a experiência da mecânica de aviões a jato que aprendeu que se ela usasse os supressores de ruído sobre os ouvidos poderia evitar o desconforto do barulho do motor a jato; esse reforçamento a encorajou o uso do equipamento adequado para barulho.

A *punição* ocorre quando uma consequência *desfavorável* acompanha e desencoraja um determinado comportamento. Embora a punição possa ser necessária para desencorajar comportamentos indesejáveis, ela tem certas limitações. A maior delas é que a punição somente *desencoraja* um comportamento indesejável; ela não encoraja diretamente qualquer tipo de comportamento desejável[16]. Além disso, uma vez que aquele que pune é também a pessoa que oferece reforço positivo em outros momentos, os dois papéis se tornam confusos, o que pode reduzir a eficácia do punidor quando oferecer futuros reforçamentos. A pessoa que é punida também pode se tornar confusa sobre que aspecto específico do seu comportamento está sendo punido e dessa forma é possível que alguns comportamentos desejáveis sejam desencorajados.

Extinção pode ocorrer quando não existem consequências significativas para um comportamento. O comportamento aprendido necessita ser reforçado a fim de que ocorra no futuro. Se o reforçamento não ocorre, o comportamento tende a diminuir por causa da falta de reforço. Certa vez um empregado fez três sugestões ao seu supervisor durante um período de várias semanas. O supervisor nem rejeitou nem aceitou tais sugestões ou fez alguma coisa a respeito. As sugestões apenas desapareceram em meio à burocracia. É desnecessário dizer que o comportamento de dar sugestões do funcionário foi extinto por falta de consequências. Neste caso, o supervisor provavelmente não pretendia causar a extinção, mas, em outros casos, a extinção é utilizada como uma estratégia consciente. Assim, respostas alternativas que são desejadas podem ser reforçadas para mudar o comportamento.

Seria ingênuo concluir que os supervisores podem ter benefícios com a extinção por simplesmente ignorarem comportamentos indesejáveis do subordinado. Existem muitas outras fontes de satisfação de necessidades dentro e fora do ambiente de trabalho e muitas delas escapam ao controle do supervisor. Os administradores podem geralmente chegar a resultados mais favoráveis ao manipularem ativamente as consequências favoráveis ou desfavoráveis de um comportamento.

ESQUEMAS DE REFORÇAMENTO

Antes que os vários tipos de consequências possam ser aplicados, os administradores deveriam monitorar o comportamento do empregado para que possam verificar de cada comportamento. A frequência do comportamento cria uma *linha básica*, ou padrão, com relação a qual as melhorias podem ser comparadas. Dessa forma os gerentes podem selecionar um esquema de reforçamento, que é a frequência com a qual a consequência escolhida acompanha o comportamento desejado.

O reforçamento pode ser contínuo ou parcial, como mostra a Figura 3-7. O *reforçamento contínuo* ocorre quando o reforçador acompanha cada comportamento correto do empregado. Algumas vezes, esse nível de reforçamento pode ser desejável para encorajar a rapidez de aprendizagem, mas numa situação típica de trabalho não é habitualmente possível recompensar o empregado a cada comportamento correto. Um exemplo de reforçamento contínuo é o pagamento oferecido aos empregados para cada peça correta que produzem.

O *reforçamento parcial* ocorre somente quando alguns comportamentos corretos são reforçados. A aprendizagem é mais lenta com reforçamento parcial do que com reforçamento contínuo. Todavia a principal utilidade do reforçamento parcial é que a aprendizagem tende a ser retida por mais tempo quando é assegurada sob essas condições de reforçamento parcial.

PROGRAMA DE REFORÇAMENTO	EXEMPLO
1. *Contínuo.* Reforçamento que acompanha cada comportamento correto	Pagamento por peça: a cada peça aceitável produzida são pagos 10 centavos.
2. *Parcial.* O reforçamento acompanha apenas alguns comportamentos corretos a) Intervalos de tempo ■ Intervalo fixo: Reforçamento depois de um certo período de tempo	O cheque de pagamento chega regularmente a cada duas semanas.
■ Intervalo variável: Reforçamento após uma variedade de períodos de tempo. b) Proporções	O departamento de segurança emite cheques de segurança de todos os departamentos quatro vezes ao ano tomando por base amostragens.
■ Proporções fixas: Reforçamento depois de um certo número de respostas corretas	É dado aos vendedores um bônus depois de cada 50 automóveis vendidos.
■ Proporções variáveis: Reforçamento dado após um número variável de respostas corretas	Existe um sorteio para os empregados que não faltaram durante o período de uma semana.

FIGURA 3-7 – Tipos de esquemas de reforçamento.

Existem quatro tipos de programas de reforçamento parcial: com intervalos fixos, com intervalos variáveis, em proporções fixas e programas de proporções variáveis. Eles oferecem uma boa variedade de abordagens de reforçamento.

INTERVALOS FIXOS. Um programa com intervalos fixos prove reforçamento depois de um certo período de tempo. Um exemplo típico é o cheque do pagamento que chega a cada duas semanas. Exceto em condições muito especiais, os empregados podem contar com a chegada do pagamento num determinado dia a cada duas semanas.

> Outro exemplo é dado a partir da experiência de uma grande companhia de aviação[17]. Ela tinha cinco escritórios de reserva de passagens por telefone, com mais de 1.500 empregados e necessitava motivar esses empregados a encorajar aqueles que telefonavam a efetivar uma reserva de voo. A companhia escolheu o reforço por intervalos fixos a ser usado durante o desenvolvimento da supervisão. Ela passou a manter registros da porcentagem daqueles que telefonavam e que faziam reservas de voo e então devolvia essa informação diariamente a cada empregado. Os resultados foram excelentes. A proporção de reservas por chamada telefônica aumentou de somente 1 em quatro para 1 em 2.

INTERVALO VARIÁVEL. Os programas com intervalos variáveis oferecem reforço depois de uma variedade de intervalos de tempo. Habitualmente as variações são agrupadas em torno de algum alvo ou média por período de reforço. Um exemplo é o de uma empresa policial que fazia inspeções de segurança de cada departamento quatro vezes por ano, a fim de encorajar o engajamento com as normas de segurança. As inspeções eram feitas com base aleatória e com isso os intervalos entre elas eram variáveis.

PROPORÇÕES FIXAS. Programas de proporções fixas ocorrem quando existe reforço depois de um certo número de respostas corretas. Um exemplo é o pagamento de comissões de venda após o registro de determinado volume vendido (como acontece com as vendas de automóveis). Em uma agência de automóveis, o pessoal de vendas ganha uma porcentagem adicional, depois do quinto carro vendido. Esse bônus é um encorajamento para vender mais carros, especialmente quando os empregados atingem um ponto em que já venderam 3 ou 4 carros e precisam de 1 ou 2 a mais para ganhar o bônus.

PROPORÇÕES VARIÁVEIS. Um programa de proporções variáveis é um reforço dado depois de um número variável de respostas corretas, tal como um reforçamento vindo após 19, 15, 12, 24 e 17 respostas. Esse tipo de programa de reforço provoca muito interesse e é preferido pelos empregados em determinados tipos de tarefas. Esse esquema tende a ser o mais poderoso de todos os programas de reforço. Um fato interessante é que os caça-níqueis e outros tipos de máquinas de azar operam numa programação de proporções variáveis, fazendo com que os jogadores experimentassem o poder desse esquema de reforço, antes mesmo que tivesse sido isolado e estudado pelos cientistas comportamentais.

INTERPRETAÇÃO DA MODIFICAÇÃO DE COMPORTAMENTO

O maior benefício da modificação de comportamento é que ela encoraja os administradores a analisar o comportamento dos empregados, pesquisando motivos e frequência e identificando consequências específicas, isso os ajudará quando os esquemas de modificação forem aplicados de maneira sistemática. A aplicação desses processos frequentemente encoraja supervisores eficientes a dedicarem mais tempo ao monitoramento do comportamento do empregado[18]. Avaliação de desempenho e reconhecimento fazem parte dessa estratégia, uma vez que são instrumentos amplamente desejados, constituindo, além disso, fortes reforçadores. Orientadores gerais para uma estratégia de modificação de comportamento são mostrados na Figura 3-8. Quando comportamentos específicos podem ser identificados e reforçadores desejados são adequadamente aplicados, a modificação de comportamento pode levar a melhorias substanciais em áreas específicas, tais como ausências, atrasos e porcentagem de erros.

> A Collins Food International utilizou esquemas de modificação de comportamento com empregados administrativos em seu departamento de contabilidade[19]. Um dos itens selecionados para ser modificado foi a porcentagem de erros nas contas de cobrança. A administração mediu a quantidade média de erros cometidos e então marcou uma reunião com os empregados para discutir e fixar metas de aprimoramento. Além disso, procurou não só despertar um sentimento de orgulho nos empregados pela redução dos erros, mas também informar regularmente a eles o número de erros. Os empregados do departamento responderam a este programa reduzindo os níveis de erro de mais de 8% para menos de 0,2%.

Modificação de comportamento também funciona adequadamente em cargos das atividades hospitalares, tal como no caso da admissão de pacientes, arquivo de registros médicos e cobrança de contas dos pacientes. Por exemplo, o tempo utilizado para admitir um paciente foi reduzido de 44 para 14 minutos e os custos administrativos por admissão caíram de US$ 15,05 para US$ 11,73[20].

- Identificar o exato comportamento a ser modificado.
- Usar reforço positivo sempre que possível.
- Usar punições somente em casos excepcionais e para comportamentos específicos.
- Ignorar os pequenos comportamentos indesejáveis para permitir a respectiva extinção.
- Usar procedimentos modeladores para desenvolver comportamentos corretos complexos.
- Minimizar o lapso de tempo entre a resposta correta e o seu reforço.
- Prover reforço frequente.

FIGURA 3-8 – Diretrizes gerais para aplicação da modificação de comportamento.

A modificação comportamental tem sido criticada sob vários aspectos, incluindo a própria filosofia, os métodos e a aplicabilidade. Devido à grande força das consequências desejáveis, a modificação comportamental pode efetivamente forçar as pessoas a mudarem seus comportamentos. Neste sentido, ela manipula as pessoas e é inconsistente com os pressupostos do enfoque humanístico, discutido anteriormente, para o qual as pessoas querem ser autônomas e autorrealizadas. Alguns críticos também temem que a modificação de comportamento dê excessivo poder aos administradores, levantando a seguinte questão: quem irá controlar os controladores?

Outra crítica diz que a modificação de comportamento insulta a inteligência das pessoas. Em última análise as pessoas poderiam ser tratadas como ratos dentro de caixas de treinamento, quando, na realidade, são indivíduos inteligentes, podem pensar e controlar a si mesmas, sendo capazes de fazer suas próprias escolhas e talvez motivar a si mesmas. Outro problema reside em que a modificação de comportamento tem aplicabilidade limitada em trabalhos complexos. Por exemplo, é difícil identificar comportamentos específicos nas atividades de advogados de conglomerados, comissários de bordo ou executivos de alto escalão para então reforçar esses comportamentos. Esse desafio pode apresentar dificuldade crescente na medida em que a economia dos Estados Unidos torna-se cada vez mais baseada na prestação de serviços.

A modificação de comportamento nas organizações tem basicamente simplificado as habilidades cognitivas das pessoas (julgamento e escolha) e considerado de modo mínimo a influência das experiências passadas (indicadores) no comportamento das pessoas. Isso levou a uma adaptação mais recente do processo, baseada na *teoria social do aprendizado*[21]. A teoria social do aprendizado sugere que os empregados ganham substancial informação sobre o modo pelo qual se desempenham através da observação e imitação dos que se acham à sua volta. Similarmente, influenciam outros em seu ambiente que os estejam observando. A importância da teoria social do aprendizado para a motivação é que ela lembra aos administradores que os empregados não reagem mecanicamente ao ambiente, mas cuidadosamente observam outras pessoas e símbolos à sua volta. Como resultado, muito dos seus comportamentos são conscientemente escolhidos. Isso faz com que seja necessário considerar o papel da fixação de objetivos na motivação como fator que oferece importantes indicadores aos empregados sobre aquilo que é relevante na organização.

FIXAÇÃO DE OBJETIVOS

Objetivos são alvos e metas para desempenho futuro. Locke e outros demonstraram sua importância tanto antes como depois do comportamento desejado[22]. Quando envolvidos na fixação de objetivos, os empregados percebem como seus esforços irão levar ao bom desempenho, a recompensas e à satisfação pessoal. Neste sentido, os objetivos efetivamente orientam os empregados para as direções aceitáveis. Além disso, a consecução de objetivos é recompensadora, já que ajuda a satisfazer o impulso de realização, as necessidades de estima e o uso integral das próprias potencialidades. Necessidades de crescimento também são estimuladas, uma vez que a consecução de objetivos frequentemente leva os indivíduos a estabelecerem objetivos ainda mais desafiantes para o futuro.

Elementos da fixação de objetivos

A fixação de objetivos enquanto instrumento motivacional é mais eficaz quando quatro elementos se acham presentes. Tais elementos são aceitação dos objetivos, especificidade, desafio e *feedback*, conforme demonstrado na Figura 3-9. Cada elemento será resumidamente descrito.

ACEITAÇÃO DOS OBJETIVOS. Analogamente ao processo de comunicação, os objetivos necessitam não somente ser compreendidos, mas também aceitos[23]. Os supervisores devem, no mínimo, aplicar o propósito que existe por trás dos objetivos, bem como a própria necessidade deles. Entretanto, estabelecer objetivos para os empregados pode não resultar em comprometimento, especialmente se o objetivo for difícil de ser atingido. Pode ser necessário ao administrador envolver os empregados no processo de fixação de objetivos para obter aceitação.

ESPECIFICIDADE. Os objetivos precisam ser, tanto quanto possível, específicos, claros e mensuráveis, de tal modo que os empregados saibam quando um determinado objetivo foi alcançado. Não é de grande ajuda pedir a eles que melhorem, que trabalhem mais ou que "caprichem", porque este tipo de objetivo não dá a eles um alvo central para perseguir. Objetivos específicos permitem saber o que atingir, além de permitirem a eles medir o seu próprio progresso.

> Em certa ocasião a fixação de objetivos foi utilizada junto a motoristas de carretas de madeira para encorajá-los a transportarem cargas próximas à capacidade legal de seus caminhões[24]. Sob instruções de "façam o melhor" os motoristas passaram a transportar cerca de 60% do limite legal. Depois que os objetivos foram mais especificamente estabelecidos, o desempenho aumentou para um pouco acima dos 90% do limite legal, pemanecendo nesse nível durante os 12 meses seguintes. Os motoristas não receberam nenhuma recompensa extra, a não ser o reconhecimento por sua maior produção. Entretanto pareciam experimentar um sentimento de realização ao atingirem seus objetivos específicos carregando os caminhões dentro do limite legal, razão pela qual seu desempenho foi melhor.

DESAFIO. Talvez, surpreendentemente, muitos empregados trabalhem melhor quando têm objetivos difíceis a atingir do que quando lhes são propostos objetivos fáceis. Objetivos difíceis apresentam um desafio que se relaciona com o impulso de realização junto a muitos empregados. Entretanto, esses objetivos devem ainda ser atingíveis, dada a experiência do indivíduo e os recursos disponíveis.

AS RAZÕES BÁSICAS DA MOTIVAÇÃO

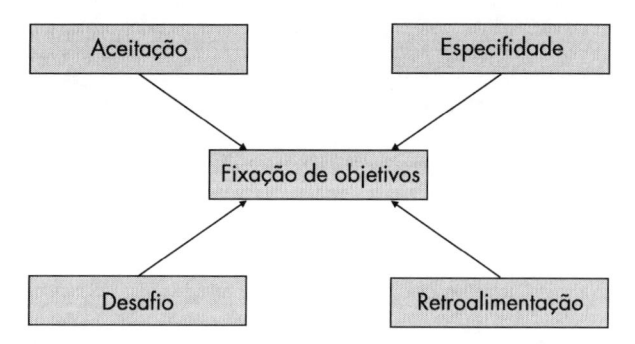

FIGURA 3-9 – Elementos de uma fixação de objetivos eficaz.

O valor motivacional de um desafio é demonstrado pelo proprietário de um motel em uma pequena cidade. Richard Fann estava preocupado com o tempo exigido das camareiras para mudar as camas enquanto limpavam um quarto. O tempo médio usado era de cerca de 7 minutos, incluindo numerosas voltas em torno da cama para esticar os lençóis e recolocar os cobertores. Sugestões feitas às camareiras para reduzirem os movimentos inúteis foram apenas marginalmente eficazes para acelerar o processo. Finalmente Richard decidiu realizar um concurso fazendo com que as camareiras competissem entre si. A estratégia não só funcionou, como os resultados surpreenderam. A empregada vencedora foi capaz de mudar a cama em menos de um minuto, fazendo isso a partir de um único lado da cama!" Porque vocês não fizeram isso antes?" perguntou Richard "Porque você não nos desafiou" responderam.

FEEDBACK PELO DESEMPENHO. Uma vez que os empregados tenham participado do estabelecimento de objetivos bem definidos e desafiadores, eles ainda necessitam de informações sobre como estão se desempenhando. Caso contrário, estarão "trabalhando no escuro", não tendo meios de saber qual o grau de sucesso atingido. Um time de futebol necessita saber o placar do jogo, um atirador precisa ver os buracos de bala no alvo e o lenhador necessita ver as lascas de madeira voando e a pilha de madeira para o fogo crescendo. O mesmo é válido para uma equipe na linha de produção ou um funcionário de escritório. O *feedback* pelo desempenho tende a encorajar uma melhor performance e gera uma realimentação que representa um instrumento motivacional especialmente poderoso[25].

RESUMO

Quando as pessoas entram numa organização, trazem consigo certas forças e necessidades que afetam seu desempenho na situação de trabalho. Algumas vezes são facilmente perceptíveis, mas frequentemente tais forças e necessidades são difíceis de determinar e satisfazer, além de variarem enormemente de uma pessoa para outra. Toma-se útil então entender como as necessidades criam tensões que estimulam o esforço de desempenho, gerando assim a satisfação via recompensas.

Quatro diferentes abordagens para entender as forças internas e as necessidades interiores dos empregados foram examinadas. Cada modelo traz uma contribuição para compreender a motivação e todos os modelos compartilham de algumas semelhanças. Em geral, encorajam os administradores a considerarem não apenas os fatores de baixo nível, de manutenção e extrínsecos, mas também a usarem os fatores de alto nível, motivacionais e intrínsecos.

A modificação de comportamento focaliza o ambiente externo, afirmando que um grande número de comportamentos do empregado pode ser afetado pela manipulação de suas consequências. Várias alternativas para se conseguir isso incluem o reforço positivo e negativo, a punição e a extinção. O reforço pode ser aplicado tanto com programações contínuas como parciais.

A combinação dos enfoques internos e externos é obtida através da teoria social da aprendizagem. Os gerentes são encorajados a usar artifícios tais como objetivos aceitos, específicos e desafiadores para estimularem um comportamento desejado por parte do empregado. Dessa forma, o estabelecimento de objetivos combinado com o reforço e o *freedback* pelo desempenho propõem um enfoque balanceado a respeito da motivação.

TERMOS E CONCEITOS PARA REVISÃO

Impulsos
Necessidades primárias e secundárias
Hierarquia de necessidades de Maslow
O modelo dos 2 fatores de Herzberg
O modelo E-R-C de Alderfer
Conteúdo do trabalho e contexto do trabalho
Motivação intrínseca e extrínseca
Modificação de comportamento

Lei do efeito
Reforço positivo
Modelagem
Reforço negativo
Punição
Extinção

Teoria social da aprendizagem
Fixação de objetivos

QUESTÕES PARA DISCUSSÃO

1. Pense em alguém que no passado fez um excelente trabalho para motivar você. Descreva como isso foi feito. Quais dos enfoques que se seguem foram utilizados por essa pessoa (tanto explícitos quanto implícitos)?
   a) Necessidades de baixo nível ou alto nível?
   b) Fatores de manutenção ou motivação e qual(is) foi(ram)?
   c) Necessidades de existência, relacionamento ou crescimento?
   d) Modificação de comportamento?
   e) Fixação de objetivos?
2. Em seu papel de estudante, você se sente mais motivado pelos fatores de baixo nível ou de alto nível de Maslow? Explique. Descreva o que você espera mudar a respeito disso tão logo você esteja formado?
3. Qual dos fatores no modelo de Herzberg é o mais motivador para você no momento atual? Explique. Trata-se de um fator de motivação ou de manutenção?
4. É relativamente fácil para o administrador manipular recompensas extrínsecas. Descreva, algumas formas pelas quais ele poderia afetar a satisfação intrínseca de um empregado.
5. Indique as principais semelhanças e diferenças entre os modelos de Maslow, Herzberg e Alderfer.

6. Discuta como a modificação de comportamento funciona para motivar pessoas. Por que ainda é importante compreender as necessidades das pessoas quando se usa esse enfoque?
7. Explique as diferenças entre o reforço negativo e a punição.
8. Discuta os tipos de programas de reforço de diferentes formas de jogo como os usados no bingo e no *blackjack*. Identifique duas situações de trabalho nas quais algum programa de reforço poderia ser aplicado.
9. Divida a classe em dois grupos (um a favor e outro contra) e debata a seguinte proposição "A modificação de comportamento manipula as pessoas".
10. Você pode pensar em alguma situação na qual o oposto das características recomendadas para um objetivo (por exemplo ser específico, vago e fácil) podem funcionar para motivar alguém? Explique.

INCIDENTE

O FABRICANTE DE PIANO[26]

Waverly Bird fabrica pianos sob encomenda. Ele é consultor de uma fábrica de pianos. Atende mediante chamado e trabalha cerca de uma semana por mês, incluindo algumas viagens para resolver problemas de clientes. Ele também reforma cerca de uma dúzia de grandes pianos a cada ano para clientes especiais, mas de acordo com Bird o aspecto mais motivador de sua vida é o seu *hobby* de construir pianos desde o início. "É a parte que mantém um homem vivo", acrescenta. O desafio é o que encanta mais Bird. Retira satisfação da precisão e qualidade e comenta a respeito: "São os detalhes que fazem a diferença. Quando você corta um cantinho aqui e outro lá, é como se você tivesse feito uma grande coisa. O piano é como o corpo humano; todas as partes são importantes".

Bird sente um grande desafio ao fazer o piano todo. Seu trabalho requer habilidades de marceneiro, serralheiro e engenheiro, com conhecimento de acústica e ouvidos afiados para a música. Requer grande precisão, porque um pequeno desalinhamento arruinaria a afinação do piano. Esse trabalho também requer versatilidade e capacidade de acertar um teclado de forma equilibrada, tanto para responder ao toque de um dedo, quanto para responder quando 20 tonalidades diferentes são pressionadas. Bird teve que fazer muitas das suas próprias ferramentas para construir seus pianos.

Bird construiu quarenta pianos nos seus trinta e quatro anos de carreira. Embora a construção de um piano leve praticamente um ano, ele os vende por preços baixos como os de pianos comerciais. O que ele busca não é dinheiro, mas desafio e satisfação. Ele diz: "O negócio como um todo é como uma série de portas fechadas. Você aprende uma coisa e daí aparece outra porta fechada esperando para ser aberta". Bird diz que o seu maior sonho é construir um grande piano: "É uma coisa que ainda não fiz e pretendo fazê-lo".

PERGUNTAS

1. Discuta a natureza da motivação de Bird na construção de pianos. Quais são os seus impulsos e necessidades? Será que um programa de modificação de compor-

tamento afetaria sua motivação? (por que sim ou por que não?) Qual seria o efeito de fixar o objetivo de construir dois pianos por ano para ele?
2. Como poderia um fabricante de pianos conseguir a mesma motivação de Bird para seus empregados?

EXERCÍCIO ESPECIAL
O ESTUDANTE NÃO PARTICIPATIVO

Alguns professores acreditam que seja muito indicado que seus alunos participem ativamente das discussões em classe e os convidam a fazer isso. Todavia nem todos os membros da classe tiram vantagens dessa oportunidade. Como consequência da sua participação limitada, não apenas seus colegas se veem privados das suas contribuições nas discussões, como também os alunos inativos perdem a chance de desenvolver e demonstrar suas habilidades de pensar e comunicar-se.

1. Organize-se em pequenos grupos. Conscientize-se que você faz parte de um grupo-tarefa atuando como consultores do seu professor. Você foi solicitado a desenvolver um programa de motivação que será aplicado a alunos não participativos na sua classe para conseguir grande quantidade de contribuições verbais (em ambos os aspectos quantitativo e qualitativo). Concentre-se nisso e esteja pronto para apresentar o seu relatório ao resto da classe.
2. Identifique um meio de desenvolver uma linha básica de medida do comportamento atual do aluno. Com que frequência e quão bem o aluno está participando desse grupo?
3. Analise por que o aluno está fazendo contribuições limitadas, a partir de um ponto de vista de sistemas. Considere tanto os fatores de ordem interna quanto de ordem externa ao estudante. Seu desempenho é um problema de falta de habilidade ou de motivação?
4. Crie um plano integrado para motivar o aluno (assumindo que seja essa a causa). Especificamente, inclua pontos-chave, necessidades e consequências na sua discussão.
5. Critique o seu próprio plano, explicando por que ele pode ainda não ser eficiente em atingir seus objetivos, apesar dos seus melhores esforços.

REFERÊNCIAS BIBLIOGRÁFICAS
1. Frederick Herzberg. "Managers or Animal Trainers?". *Management Review*, julho, 1971, p. 9. As palavras "para mim" estão em itálico no original.
2. Adaptado de uma ilustração em Mark B. Roman. "Beyond the Carrot and the Stick". *Success*, outubro 1986, pp. 39-43.
3. O trabalho original sobre motivação para a realização é de David C. McClelland. *The Achieving Society*. Nova York: Van Nostrand Company, 1961.
4. Tamao Matsui, Akinori Okada e Takashi Kakuyama. "Influence of Achievement Need on Goal Setting, Performance, and Feedback Effectiveness" *Journal 01 Applied Psychology*, outubro, 1982, pp. 645-648. A pesquisa completa é publicada em Andre Kukla e Hal Scher, "Varieties of Achievement Motivation". *Psychological Review*, julho 1986, pp. 378-380; e Aharon Tziner e Dov Elizur. "Achievement Motive: A Reconceptualization and New Instrument". *Journal of Occupational Behavior*, julho, 1985, pp. 209-228.

5. Alan M. Webber. "Red Auerbach on Management". *Harvard Business Review*, março-abril, 1987, pp. 84-91.
6. O motivo de competência pode ser um dos impulsos mais fortes na motivação de pessoas que já estão do meio para o fim de suas carreiras. Veja por exemplo, Judith Bardwick. *The Plateauing Trap*, Nova York: AMACOM, 1986.
7. Entre outras características, a nova geração de empregados de corporações é descrita como "imploradores de autonomia e poder". Veja Teresa Carson e John Byrne. "Fast-Track Kids". *Business Week*, nov., 1986, pp. 90-92.
8. A. H. Maslow. "A Theory of Human Motivation". *Psychological Review*, vol. 50, 1943, pp. 370-396; e A. H. Maslow. *Motivation and Personality*, Harper & Row Publishers Inc. 1954. Veja também A. H. Maslow. *The Farther Reaches of Human Nature*. Nova York: The Viking Press, Inc., 1971. A necessidade de os estudantes de comportamento organizacional lerem o trabalho original publicado de clássicos como esses é enfatizada em W. Dennis Patzig e Barry L. Wisdom. "Some Words of Caution about Having Students Read the Classics" em Dennis Ray (ed.), *Southern Management Association Proceedings*, Mississippi State, Miss.: Southern Management Association, 1986.
9. Para discussões que falem sobre segurança no trabalho e experimentos a respeito de "garantia" no emprego, veja Robert B. Tucker, "You, Inc.", *Success*, abril 1987, pp. 58-59; e Diane Riggan. "Employement Security Revisited in the 80's". *Personnel Administrator*, dezembro de 1985, pp. 67-74.
10. Para uma discussão mais completa, veja Richar M. Steers e Lyman W. Porter. *Motivation and Work Behavior*, 4ª ed., Nova York: McGraw-Hill Book C., 1987.
11. Frederick Herzberg, Bernard Mausner e Barbara Snyderman. *The Motivation to Work*. Nova York: John Wiley & Sons, Inc., 1959; Frederick Herzberg. *Work and the Nature of Man*. Cleveland Ohio: World Publishing Company, 1966; e Frederick Herzberg. *The Managerial Choice: To be Efficient or to be Human*, rev. ed., Salt Lake City, Utah: Olympus, 1982.
12. As primeiras críticas estavam em Martin G. Evans. "Herzberg's Two-Factor Theory of Motivation: Some Problems and a Suggested Test". *Personnel Journal*, janeiro, 1970, pp. 32-35; e Valerie M. Bockman. "The Herzberg Controversy". *Personnel Psychology*, verão, 1971, pp. 155-189. O último artigo fala a respeito dos primeiros dez anos de pesquisa com o modelo.
13. Clayton P. Alderfer. "An Empirical Test of a New Theory of Human Needs". *Organizational Behavior and Human Performance*, vol. 4, 1969, pp. 142-175.
14. B. F. Skinner. *Science and Human Behavior*, Nova York: MacMillan Company (Free Press), 1953; e B. F. Skinner, *Contingencies of Reinforcement*. Nova York: Appleton-Century-Croffs, Inc., 1969. O Modelo O. B. é discutido em Fred Luthans e Robert Kreitner. *Organizational Behavior Modification and Beyond: An Operant and Social Learning Approach*. Glenview, III.: Scott, Foresman and Company, 1985.
15. "At Emery Air Freight: Positive Reinforcement Boosts Performance". *Organizational Dynamics*, inverno, 1973, pp. 41-50. Um estudo mais recente indicando que o O. B. Mod pode também afetar comportamentos fora da organização é de Mark J. Martinko. "An O. B. Mod. Analisys of Consumer Behavior". *Journal of Organizational Behavior Management*, primavera-verão 1986, pp. 19-43.
16. A evidência de que os trabalhadores que observam um colega sendo punido aumenta sua própria produtividade está em Mel Schnake, "Vicarious Punishment in Work Setting". *Journal of Applied Psychology*, maio, 1986, pp. 343-345; para discutir as limitações da punição veja Philip M. Podsakoff, William D. Todor e Richard Skov, "Effects of Leader Contingent and Noncontingent Reward and Punishment Behaviors on Subordinate Performance and Satisfaction". *Academy of Management Journal*, dezembro, 1982, pp. 810-821.
17. "Productivity Gains from a Pat on the Back". *Businnes Week*, janeiro, 23, 1978, pp. 56-62.
18. Judith L. Komaki. "Toward Effective Supervision: An Operant Analysis and Comparison of Managers at Work" *Journal of Applied Psychology*, maio, 1986, pp. 270-279.

19. "Productivity Gains from a Pat on the Back". *Op cit.,* pp. 56-62.
20. Charles A. Snyder e Fred Luthans. "Using OB Mod to Increase Hospital Productivity". *Personnel Administrator,* agosto, 1982, pp. 67-73.
21. Explicações sobre a teoria social da aprendizagem estão em Phillip J. Decker. "Social Learning Theory and Leadership". *Journal of Management Development,* vol. 5, n° 3, 1986, pp. 46-58; e Robert Kreitner e Fred Luthans. "A Social Learning Approach to Behavioral Management: Radical Behaviorists 'Mellowing Out'" . *Organizational Dynamics,* outono 1984, pp. 47-65.
22. Um resumo de muitos estudos em definição de objetivos é relatado em Gary P. Latham e Edwin A. Lock. "Goal Setting – A Motivational Technique that Works". *Organizational Dynamics,* outono 1979, pp. 68-80; uma atualização compreensiva é encontrada em Mark E. Tubbs. "Goal Setting: A Meta-Analytic Examination of the Empirical Evidence". *Journal of Applied Psychology,* agosto, 1986, pp. 474-483.
23. Para pesquisa sobre aceitação do objetivo, veja Miriam Erez e Revital Arad. "Participative Goal-Setting: Social Motivational and Cognitive Factors". *Journal of Applied Psychology,* novembro de 1986, pp. 591-597.
24. Gary P. Latham e J. James Baldes. "The Practical Significance of Locke's Theory of Goal Setting". *Journal of Applied Psychology,* fevereiro, 1975, pp. 122-124.
25. John M. Ivancevick e J. Timothy McMahon, "The Effects of Goal Setting, External Feedback, and Self-Generated Feedback on Outcome Variables: A Field Experiment". *Academy of Management Journal,* junho, 1982, pp. 359-372.
26. Desenvolvido de um artigo escrito por Liz Roman Gellese. "Stephen Jellen Builds Pianos Not for Money, but for Satisfaction". *Wall Street Journal* (Pacific Coast Edition), 6 de setembro de 1973, pp. 1-12.

PARA LEITURA ADICIONAL

Bandura, Albert. *Social Learning Theory.* Englewood Clifts, N. J.: Prentice-Hall, 1977. Blanchard, Kenneth e Spencer Johnson. *The One Minute Manager.* La Jolla, Calif., Blanchard: Johnson Publishers, 1981.

Brockner, Joel, *Self-Esteem and Organizational Behavior: Research, Theory and Pratice.* Lexington, Mass.: Lexinton Books, 1986.

Cox, Allan. *The Making of the Achiever.* Nova York: Dodd, Mead and Co., 1985.

Goldratt, Eliyahu M., e Jeff Cox, *The Goal: A Process of Ongoing Improvement* (rev. ed.) Cronton-on--Hudson: North River Press Inc., 1986.

Herzberg, Frederick, Bernard Mausner e Barbara Snyderman. *The Motivation to Work.* Nova York: Wiley & Sons, Inc. 1959.

Lawler, Edward E. *High Involvement Management: Participative Strategies for Improving Organizational Performance.* San Francisco: Jossey-Bass Publishers, Inc., 1986.

Luthans, Fred e Robert Kreitner. *Organizational Behavior Modification and Beyond: An Operant and Social Learning Theory Approach.* Glenview, Ill.: Scott Foresman and Company, 1985.

Maslow, A. H. *Motivation and Personality.* Nova York: Harper & Row, Publishers, Inc., 1954.

McClelland, David C. *The Achievement Society.* Nova York: Van Nostrand and Company, 1961.

Pinder, Craig C., *Work Motivation: Theory, Issues and Applications.* Glenview, Ill.: Scott, Foresman and Company, 1984.

Skinner, B. F. *Science and Human Behavior.* Nova York: MacMillan Company (Free Press), 1953.

CAPÍTULO 4

A MOTIVAÇÃO DOS EMPREGADOS

> *Os psicólogos concordam que as pessoas estão motivadas para trabalhar em função de uma inacreditável gama de fatores.*
>
> FORD. S. WORTHY[1]

> *As pessoas que controlam o comportamento dos outros não dão a eles crédito pelo trabalho que fazem.*
>
> DAVID KIPNIS[2]

▼ OBJETIVOS DO CAPÍTULO

Compreender:

- ▶ O modelo de expectância da motivação.
- ▶ Como os empregados percebem as suas necessidades.
- ▶ Comparações de equidade.
- ▶ O processo da atribuição.
- ▶ O papel da profecia da autorrealização.
- ▶ O relacionamento entre os modelos motivacionais.

Marsha Donner, uma especialista em publicidade, trabalhou em muitos projetos no escritório de propaganda de uma grande cadeia de lojas de departamento. Certa ocasião, seu gerente destacou-a para a coordenação do Project Symposium, que deveria consumir quase um terço do seu tempo nos próximos seis meses ou mais. O projeto requeria que ela trabalhasse com várias organizações de negócios e serviços na região abrangida pela loja de departamento. Donner sentiu que tinha qualificações para lidar com um projeto como o Project Symposium e também achou que o projeto seria interessante, mas ela não estava realmente entusiasmada por ele. Sentiu que ele interferiria em algumas outras das suas obrigações que eram mais importantes.

O chefe de Donner reconheceu sua atitude e em várias ocasiões discutiu o projeto com ela esperando motivá-la. Depois de muitas discussões ele sentiu que não estava conseguindo fazer nenhum progresso, mas um dia ele assinalou a Donner: "Marsha, você se dá conta de que o Project Symposium lhe dará a oportunidade de se encontrar com a maioria dos líderes desta região? Você sabia que o seu conhecimento dessas pessoas poderá ser-lhe útil para o Projeto Mainstream, caso algum dia decidamos tocá-lo em frente? Donner tinha desenvolvido a principal ideia do Project Mainstream, e ela queria fortemente que ele fosse aprovado. Quando ela viu que seu trabalho com o Project Symposium poderia ajudá-la com o Projeto Mainstream, imediatamente sentiu-se motivada pelo Symposium. Ela trabalhou com afinco nele durante os oito meses seguintes e ambos, tanto ela quanto seu chefe, sentiram-se contentes com os resultados.

A situação com Marsha Donner diz respeito ao problema da motivação. Embora Donner fosse cooperadora e estivesse interessada pelo seu trabalho, ela realmente não estava motivada até que seu supervisor explicou-lhe a ligação entre o seu trabalho atual e um futuro projeto desafiante que ela desejava. Ela sentiu-se motivada quando percebeu que o seu trabalho estava ligado a alguma coisa importante para *ela*. Esse relacionamento é a essência da motivação. *Os empregados motivados são aqueles que percebem que o seu trabalho os ajuda a atingir seus importantes objetivos.* Neste capítulo serão discutidos alguns enfoques atuais de motivação, que incluem os modelos da expectância, equidade, atribuição e a macromotivação.

O MODELO DA EXPECTÂNCIA

Um enfoque amplamente aceito sobre motivação é o *modelo da expectância*, também conhecido como a *teoria da expectância*, que foi desenvolvida por Victor H. Vroom e ampliada e refinada por Porter e Lawler e outros[3]. Vroom explica que a motivação é um produto de três fatores: do quanto uma pessoa deseja uma recompensa (valência), sua estimativa da probabilidade de que o esforço resultará num desempenho bem-sucedido (expectância) e a estimativa de que aquele desempenho resultará no recebimento da recompensa (instrumentalidade). Esses relacionamentos são apresentados na seguinte fórmula:

$$\text{Valência} \times \text{Expectativa} \times \text{Instrumentalidade} = \text{Motivação}$$

Valência

Refere-se à preferência de uma pessoa por receber uma dada recompensa. É uma expressão do montante de desejo de uma pessoa por um objetivo. Por exemplo, se um empregado deseja fortemente uma promoção, então essa promoção tem alta valência para ele. A valência de uma recompensa é única para cada empregado; está condicionada à sua experiência e pode variar substancialmente durante um período de tempo, uma vez que quando necessidades antigas são satisfeitas, outras novas emergem.

É importante compreender a diferença entre as implicações dos modelos de motivação baseados nas necessidades (discutidos no Capítulo 3) e a ideia da valência dentro do modelo da expectância. No primeiro tipo amplas generalizações são utilizadas quando um grupo de empregados pode ter os mais fortes impulsos ou as maiores necessidades não satisfeitas. No modelo da expectância, os gerentes devem juntar informações específicas sobre as preferências de um *empregado* em meio a um conjunto de recompensas e monitorar as mudanças em relação a essas preferências.

Desde que as pessoas possam ter preferências positivas ou negativas por um determinado resultado, a valência pode ser tanto negativa como positiva. Quando uma pessoa prefere não atingir um resultado em lugar de chegar a ele, a valência representa uma figura negativa. Se a pessoa é indiferente a um dado resultado a valência é 0. A variação total vai de −1 a + 1 como mostrado na Figura 4-1.

Alguns empregados encontrarão valência intrínseca no trabalho em si mesmo, particularmente se eles têm uma forte ética de trabalho ou motivação pela competência. Eles tiram satisfação diretamente do seu trabalho por meio da vontade de terminá-lo, ou pelo fato de trabalharem corretamente, ou ainda por criarem alguma coisa. Nesse caso, os resultados encontram-se amplamente dentro do próprio controle do empregado e estão menos sujeitos ao sistema de recompensas de que dispõe a administração.

Expectância

Trata-se da força na crença de que o esforço relacionado ao trabalho resultará na conclusão da tarefa. Por exemplo, uma pessoa que vende inscrições de revistas de porta em porta pode saber, a partir da experiência, que o volume de vendas está diretamente relacionado ao número dos pedidos concluídos. Expectâncias são formuladas em termos de probabilidades – o empregado estima até que ponto o desempenho será determinado pelo total de esforço despendido. Desde que a expectância é a probabilidade de uma conexão entre o esforço e o desempenho, seu valor pode variar de 0 a 1. Caso um empregado não veja chance que um dado esforço leve a um desempenho desejado, a expectância é 0. Num outro extremo, caso o empregado tenha alta confiança de que a tarefa seja completada, a expectância tem o valor 1. Normalmente o empregado estima que a expectância esteja em algum ponto entre esses dois extremos.

Uma das forças que podem contribuir em termos das expectativas para o esforço no desempenho é a eficácia pessoal[4] do indivíduo. Esta representa a crença de que uma pessoa tem necessariamente capacidades para desempenhar a tarefa, preencher as expectativas do seu papel ou enfrentar uma situação desafiante com sucesso. Os empregados com alto nível de autoeficácia estão mais aptos a acreditar que o uso do esforço resultará em desempenho satisfatório. Isso cria uma alta avaliação da expectância.

Em contraste com a alta autoeficácia, alguns empregados sofrem do *fenômeno da fraudes*[5]. Os fraudadores acreditam que eles não são realmente capazes como parecem ser e consequentemente temem que sua incompetência seja revelada aos outros. Eles duvidam de si mesmos, temem os riscos e frequentemente pedem ajuda. Pelo fato de acreditarem na sua falta de competência, também estão prontos a duvidar de que qualquer quantidade de esforço possa resultar em aumento de desempenho.

```
                    Forte                              Forte
                   evitação       Indiferença       preferência
                   |_____|_____|
   Valência        -1                0                +1

                              Baixa probabilidade   Alta probabilidade
                                      |_____|
   Expectância                        0                +1

                              Baixa probabilidade   Alta probabilidade
                                      |_____|
   Instrumentalidade                  0                +1
```

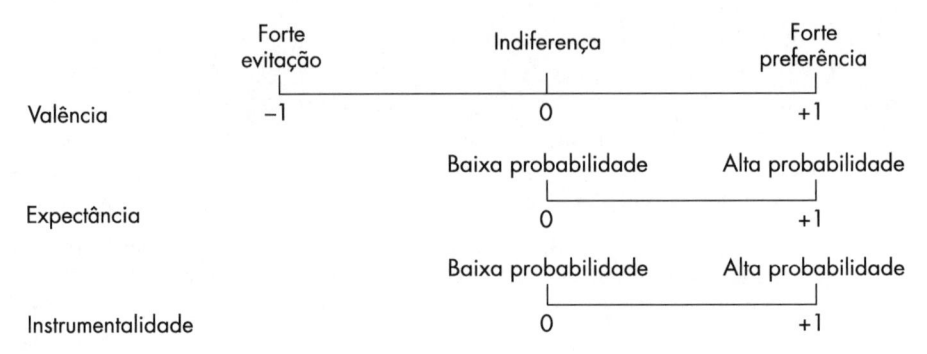

FIGURA 4-1 – Classificação da valência, expectância e instrumentalidade.

Os fraudadores (impostores) portanto terão previsões de baixa expectativa de desempenho para si mesmos.

INSTRUMENTALIDADE

Representa a crença do empregado de que uma recompensa será recebida tão logo a tarefa seja cumprida. Aqui o empregado faz outro julgamento subjetivo a respeito da probabilidade de que a organização valorize o desempenho e administre recompensas em bases contingentes. O valor da instrumentalidade efetivamente varia de 0 a 1[6]. Se um empregado vê que as promoções estão baseadas nos dados da avaliação de desempenho, a instrumentalidade será altamente classificada. Todavia, caso as bases dessas decisões não estejam claras, uma baixa estimativa será feita.

COMO FUNCIONA O MODELO

O produto da valência, expectância e instrumentalidade é a *motivação*[7]. Ela é definida como a força do impulso no sentido da ação. Abaixo segue um exemplo do modelo da expectância em atividade.

> Marty Fulmer, de trinta e um anos, trabalha como soldador numa grande fábrica. Fulmer tem forte desejo (alta valência) de se tornar um empregado administrativo em lugar do seu trabalho atual, que ele não aprecia mais.
> Fulmer reconhece que fazer bem o seu trabalho de soldador resultará em boas avaliações de desempenho por parte do seu supervisor (alta expectância). Todavia um posto administrativo na fábrica requer nível universitário e Fulmer tem apenas o diploma de colegial. Devido a essa barreira, a instrumentalidade estimada é baixa. Ser um bom soldador não resultará em promoção para a posição desejada. Apesar do seu forte desejo por alguma coisa ele vê como inviável o caminho para chegar a isso; assim ele não está motivado para desempenhar o seu trabalho da melhor forma.

Os três fatores no modelo da expectância podem existir em número infinito de combinações, oito das quais são ilustradas na Figura 4-2. A combinação de fatores que produz a mais forte motivação está na alta valência positiva, alta expectância e alta instrumentalidade (situação 1 na figura). Se o desejo de uma recompensa é alto, tanto quanto a probabilidade estimada é baixa, então a motivação também se mostrará moderada na melhor das hipóteses (situação 2 ou 3). Se ambas, expectância e instrumentalidade, são baixas, então a motivação será fraca mesmo que a recompensa tenha alta valência (situação 4).

SITUAÇÃO	VALÊNCIA	EXPECTÂNCIA	INSTRUMENTALIDADE	MOTIVAÇÃO
1	Alta positiva	Alta	Alta	Motivação forte
2	Alta positiva	Alta	Baixa	Motivação moderada
3	Alta positiva	Baixa	Alta	Motivação moderada
4	Alta positiva	Baixa	Baixa	Fraca motivação
5	Alta negativa	Baixa	Baixa	Fraca motivação
6	Alta negativa	Alta	Baixa	Evitação moderada
7	Alta negativa	Baixa	Alta	Evitação moderada
8	Alta negativa	Alta	Alta	Forte evitação

FIGURA 4-2 – Algumas combinações entre valência, expectância e instrumentalidade.

Um caso especial ocorre quando a valência é negativa (situações 5 a 8). Por exemplo, um empregado preferiria não ser promovido por causa do estresse, da perda do pagamento de horas extras ou por causa de receber responsabilidades adicionais que deveria suportar. Quando a promoção tem uma valência negativa, o empregado evitará obtê-la. A força do comportamento de evitação depende não somente da valência negativa, mas também dos fatores expectância e instrumentalidade.

Através da experiência, as pessoas aprendem a dar um valor diferente às recompensas que estão disponíveis e também o fazem com relação à variação dos níveis de recompensas oferecidas. Elas também desenvolvem estimativas de expectância e instrumentalidade através de experiências diretas e observações. Como consequência, os empregados desenvolvem uma análise do tipo custo-benefício do seu próprio comportamento no trabalho. Caso o benefício estimado represente um custo que valha a pena, então o empregado está pronto a aplicar maior esforço.

O PAPEL DA PERCEPÇÃO. A reação às recompensas é filtrada pela *percepção*, que é a maneira pela qual o indivíduo vê o mundo. As pessoas percebem o ambiente a partir de um esquema organizado, que foi construído por elas com base nas suas próprias experiências e valores. Seus próprios problemas e interesses e suas experiências passadas controlam sua percepção em cada situação. Essencialmente, cada indivíduo está se dizendo: "Comporto-me de acordo com os fatos como são vistos por mim, não como você os vê. *Minhas* necessidades e desejos me são supremos, não os seus. Ajo com base na minha percepção sobre mim mesmo e sobre o mundo no qual vivo. Reajo não a um mundo objetivo, mas a um mundo regido por minhas próprias crenças e valores".

Desde que as percepções sejam fortemente influenciadas pelos valores pessoais, os gerentes não podem simplesmente fazer afirmativas racionais sobre os valores das recompensas e o significado que têm ao serem recebidas. As pessoas insistem em agir como seres humanos e não como máquinas racionais. Precisamos aceitá-las como seres emocionais que são e entender que se sentem motivadas de formas individuais. Não se pode facilmente persuadi-las a adotarem padrões motivacionais que queremos que tenham. Só motivamos as pessoas em termos das suas *próprias necessidades*, não das nossas.

DIFERENÇAS PERCEPTIVAS. Uma vez que a percepção seja uma experiência individual, podem existir dois ou mais pontos de vista a respeito da mesma situação. Como mostra a Figura 4-3, duas pessoas podem ver a profundidade da neve de duas formas diferentes. A profundidade da neve é um fato objetivo que pode ser medido, mas a maioria das situações humanas são complexas e não mensuráveis.

FIGURA 4-3 – Duas percepções da mesma situação.

Esse fato torna a motivação especialmente difícil, a menos que se tente compreender as percepções que as pessoas têm. O resultado de nossas considerações são algumas vezes surpreendentes, como o ilustrado a seguir:

> Um dos autores estava investigando as reações de um empregado a um novo horário de trabalho que dava aos trabalhadores grande folga para fixar suas horas de atividade diária. A maioria das respostas à questão relativa à nova flexibilidade era altamente positiva. Uma mulher, no entanto, relatou que ela não tinha qualquer flexibilidade. Quando solicitada a explicar sua curiosa resposta, ela afirmou que tinha que estar em casa às 3h20 da tarde, todos os dias, para receber seus filhos que chegavam da escola. Consequentemente, o novo sistema não lhe ofereceu flexibilidade, sendo isso verdade para ela.

O IMPACTO DA INCERTEZA. Caso se aceite o modelo da expectância, segue-se que, para motivar uma pessoa, é possível seguir dois caminhos. Primeiro, é possível reconhecer e procurar afetar a percepção do empregado a respeito das recompensas – a valência e a probabilidade daquilo que é recebido. Segundo, pode-se fortalecer ambos, o valor real das recompensas e as conecções entre o esforço e o desempenho, assim como o desempenho e as recompensas.

A ligação entre o esforço e a principal recompensa é frequenternente incerta. Existem tantas causas e efeitos numa situação que raramente um empregado pode ter certeza que uma recompensa desejada virá após uma dada ação. Além disso, os resultados primários e secundários. Os *resultados primários* surgem diretamente de uma ação. Assim, os *resultados secundários* são aqueles que vêm após os primários. Por exemplo, como mostrado na Figura 4-4, um empregado obtém mais treinamento e eventualmente ganha o resultado primário de uma promoção e do salário que acompanha essa promoção. Aí, então, segue-se o resultado secundário. A promoção traz mais *status* e reconhecimento por parte dos colegas. O salário mais alto permite ao empregado e sua família comprar maior quantidade dos produtos que eles desejem. A consequência é uma série complexa e variável de resultados que podem advir de quase toda ação principal.

A outra causa da incerteza dos resultados é que muitas consequências são controladas por outras pessoas e o empregado não pode ter certeza de como elas agirão. No caso do empregado que está procurando uma promoção, ambos, a promoção e o aumento de salário, são dados pela administração e o maior *status* é dado pelos colegas. Esse segundo aspecto do relacionamento frequentemente cria grande incerteza.

Uma vez que o modelo da expectância depende da visão do empregado sobre o relacionamento entre esforço, desempenho e recompensas, frequentemente, um simples e honesto incentivo é mais motivador do que um complexo. O complexo pode envolver tanta incerteza que o empregado não conecta suficientemente o comportamento desejável no trabalho à recompensa valorizada. Um incentivo simples, por outro lado, oferece um curso prático de ação que o empregado pode ver e compreender; todavia ele leva consigo altos valores de expectância e instrumentalidade.

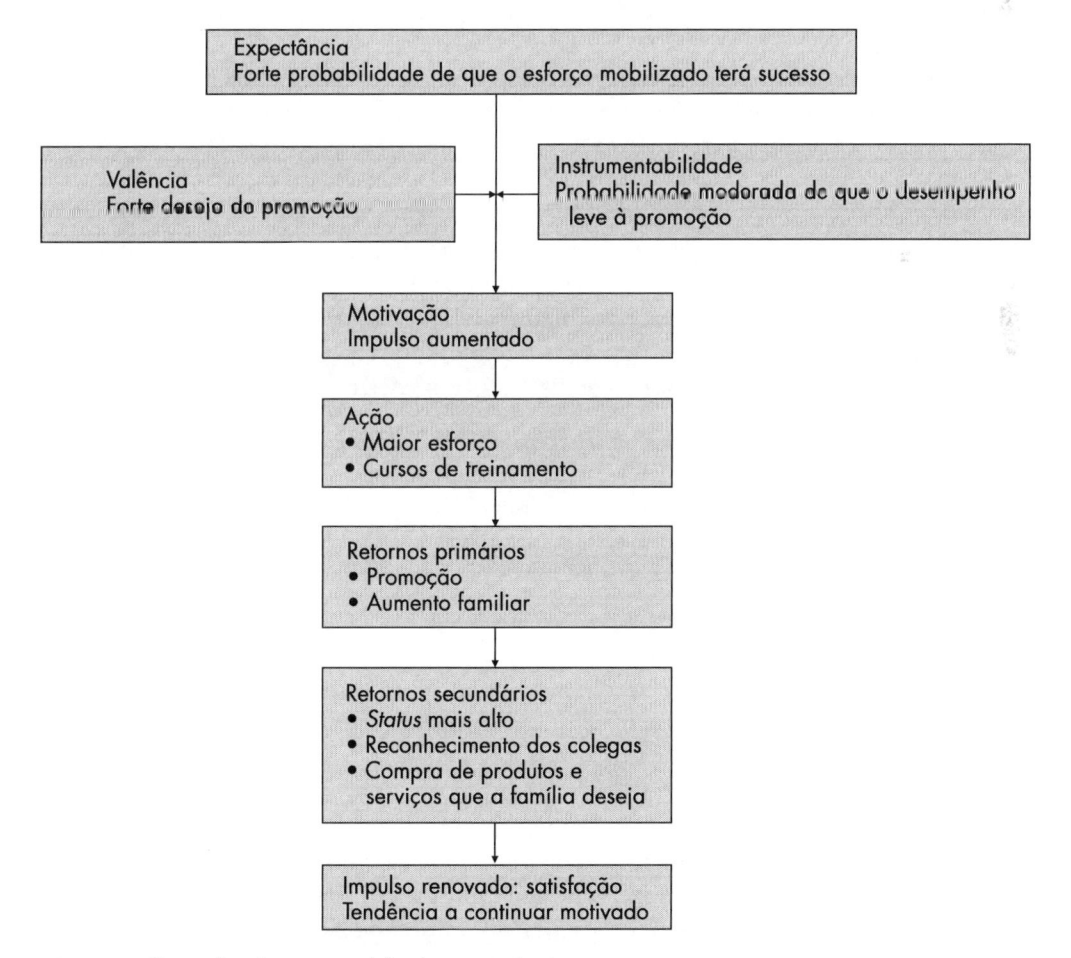

FIGURA 4-4 – Como funciona o modelo da expectância.

INTERPRETANDO O MODELO DA EXPECTÂNCIA. O modelo da expectância é uma ferramenta útil para ajudar os gerentes a pensarem no processo mental que gera a motivação. Nesse modelo, os empregados não agem somente por causa dos seus fortes impulsos interiores, das necessidades não atendidas ou devido à aplicação de recompensas ou punições. Em lugar disso, as pessoas devem ser vistas como indivíduos pensantes cujas crenças, percepções e estimativas de probabilidades influenciam fortemente seus comportamentos. Trata-se de um modelo que valoriza a dignidade humana.

O enfoque da expectância também encoraja os gerentes a planejarem um clima motivacional que estimulará comportamentos apropriados do empregado. Os gerentes são encorajados a se comunicar com os empregados fazendo a eles três tipos de perguntas: "Qual tipo de recompensas você valoriza? Você acredita que seu esforço resultará num desempenho bem-sucedido? Quão próximo você acredita estar de receber suas desejadas recompensas?" Assim algumas tarefas difíceis podem ser enfrentadas pelos administradores, tais como dizer ao empregado por que certas recompensas desejáveis não estão disponíveis ou explicar a eles por que outros fatores podem ser restritivos ao desempenho apesar de seus vigorosos esforços.

Apesar do seu apelo geral, o modelo da expectância tem alguns problemas. Como qualquer modelo mais novo, ele necessita ser testado para se saber o quanto da evidência pesquisada oferece de apoio. Por exemplo, a análise combinatória dos três elementos permanece ainda uma questão aberta. É também importante descobrir que tipos de comportamento o modelo explica e a quais situações ele não se aplica muito bem.

Além disso, medidas confiáveis de valência, expectância e instrumentalidade devem ser desenvolvidas. Existe uma necessidade especial de criar medidas que os administradores possam utilizar em situação real de trabalho. Se possível, os administradores necessitam aprender ambos: *o que* o empregado percebe e *por que* eles sustentam suas crenças naquelas valências, expectâncias e instrumentalidades.

> Um estudo de pesquisa examinou as recompensas que o pessoal de vendas valoriza e descobriu que um procedimento em duas etapas consistia num método útil de criar valências[8]. Os respondentes da pesquisa primeiro classificaram as recompensas oferecidas de 1 a 12 e então valorizaram-nas todas em escalas de termômetros (que chegava ao máximo a 100 pontos). Comparadas com outros dois métodos, essa técnica requeria menor tempo e era mais aceita pelos respondentes. Isso indica que medidas úteis estão sendo criadas para dar apoio ao modelo da expectância.

O modelo também precisa ser mais elaborado, ao mesmo tempo em que permaneça suficientemente prático para que os administradores possam utilizá-lo. Indicações recentes mostram que alguns fatores adicionais podem ser acrescidos tendo em vista uma melhor explicação do comportamento do empregado. Por exemplo, existem frequentemente muitas recompensas diferentes que estão disponíveis aos empregados. A valência de cada uma deve ser fixada e combinada com as outras para estimar a força motivacional total para cada empregado. Um outro exemplo de uma possível complementação é que os empregados motivados devem ser providos da *oportunidade* de terem bom desempenho (ver Figura 3-1).

Além disso, outros fatores podem complicar o processo de predição da motivação[9]. Alguns empregados podem procurar por alguma coisa a mais além das recompensas a curto prazo para futuras retribuições; outros podem se sentir em dúvida com seus empregadores por tratamentos favoráveis passados e desempenharem-se bem, fora do sentido de obrigação. A outros pode faltar alternativas de trabalho e desempenhar-se aceitavelmente por causa do medo de perder seus empregos. Outros podem simplesmente ter altos níveis de energia ou ser muito talentosos.

O modelo levanta algumas questões fundamentais: ele é tão complexo que os administradores tenderão a usar somente as linhas gerais e não explorar seus detalhes e implicações? Será que outros gerentes não ignoram todo o modelo? Muitos administradores em áreas operacionais não têm tempo ou recursos para utilizar um sistema motivacional complexo no trabalho. Todavia, se eles começarem a aprender sobre ele, talvez possam usá-lo em parte.

Entretanto, o modelo da expectância mistura-se facilmente com modificação de comportamento. Um administrador pode usar as informações adquiridas sobre as percepções do subordinado ou valência para selecionar aquelas recompensas que, quando sistematicamente aplicadas, terão um efeito previsível sobre o comportamento do empregado. O modelo também está relacionado com um bom número de outras importantes práticas gerenciais, incluindo gerência por objetivos e fixação de objetivos.

MODELOS DE COMPARAÇÃO

As discussões anteriores sobre os modelos motivacionais viam o empregado como um indivíduo, virtualmente independente dos outros empregados. Como foi apontado no Capítulo 1, todavia, os empregados trabalham em sistemas sociais nos quais cada um, de certa maneira, depende dos demais. Os empregados interagem uns com os outros em suas atividades e em ocasiões sociais. Eles observam uns aos outros, julgam uns aos outros e fazem comparações. Os outros dois modelos a serem discutidos foram construídos sobre essa noção de comparação e adicionam novas dimensões à compreensão geral da motivação do empregado. Eles são, respectivamente, o modelo da equidade e o da atribuição.

O MODELO DA EQUIDADE

A maioria dos empregados está preocupada com alguma coisa a mais do que ter suas necessidades satisfeitas; eles também querem que o sistema de recompensas seja justo. Esse aspecto de justiça aplica-se a todos os tipos de recompensas – psicológicas, sociais e econômicas e torna a tarefa da gerência com relação à motivação muito mais complexa. *A teoria da equidade* de J. Stacy Adams afirma que os empregados tendem a julgar a justiça comparando os *inputs* e contribuições relevantes no trabalho com as recompensas que recebem, e também comparando essa relação para outras pessoas tomadas como parâmetro (veja Figura 4-5)[10]. De forma consistente como o contrato de trabalho, eles analisam a justiça do seu próprio "contrato" comparando-o ao contrato de outros trabalhadores e ainda com aquele firmado com outros na comunidade e na sociedade. A justiça das recompensas pode até mesmo ser julgada em comparação com critérios relativamente arbitrários, por exemplo, idade, como mostra o exemplo.

Outputs
(Comparados com outros)

- Pagamento real e benefícios
- Recompensas sociais
- Recompensas psicológicas

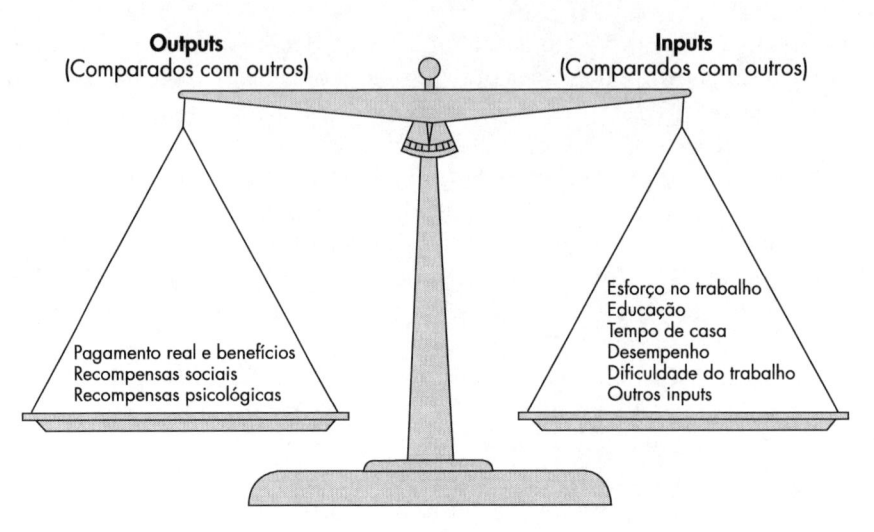

Inputs
(Comparados com outros)

- Esforço no trabalho
- Educação
- Tempo de casa
- Desempenho
- Dificuldade do trabalho
- Outros inputs

FIGURA 4-5 – Fatores-chave do estabelecimento da equidade.

Irene Nickerson é uma supervisora numa grande empresa de utilidade pública. Por muitos anos, seus amigos lhe disseram que ela deveria considerar-se um sucesso quando seu salário (em milhares de dólares) ultrapassasse sua idade. Na idade de trinta e quatro anos, recebeu um substancial aumento de salário que colocou o seu rendimento em US$ 33.865 dólares. Ela ficou frustrada, com raiva e desmoralizada por semanas por causa disso! Por uns US$ 135 dólares a mais a companhia poderia ter atingido a sua expectativa de equidade e produzido uma funcionária motivada.

O pagamento era um recurso simbólico a partir do qual Nickerson comparou sua produção com suas contribuições (uma vez que ela tenha incluído idade junto às suas outras contribuições, tais como educação, experiência e esforço). Sua reação é apenas uma das três combinações que podem ocorrer nas comparações sociais – equidade, super-recompensa e sub-recompensa. Se os empregados percebem a equidade, eles continuarão a contribuir no mesmo nível que antes. De outra forma, eles sentirão a tensão que criará a motivação para reduzir a iniquidade. As ações resultantes podem ser tanto físicas como psicológicas, tanto internas quanto externas.

Caso um empregado se sinta super-recompensado, a teoria da equidade prevê que ele se sentirá em desequilíbrio no seu relacionamento com o empregador e procurará restaurar o balanceamento. Ele pode trabalhar com mais afinco como o que foi mostrado como respostas interna e física na Figura 4-6, ele sente que deve descontar o valor das recompensas recebidas (internas e psicológicas), ele pode convencer outros empregados a pedirem mais recompensas (externa e física) ou ele pode simplesmente escolher alguém mais para fazer a comparação (externa e psicológica).

Os trabalhadores que se sentem inadequadamente recompensados procuram reduzir os seus sentimentos de iniquidade através dos mesmos tipos de estratégias, mas algumas das suas ações específicas apresentam-se agora revertidas. Eles podem diminuir a quantidade ou a qualidade da sua produção, eles podem aumentar o valor percebido das recompensas recebidas, ou eles podem barganhar por mais recompensas reais. Novamente eles podem encontrar alguém mais para compararem a eles

TIPO DE REAÇÃO DE INIQUIDADE	POSSÍVEIS REAÇÕES DE COMPORTAMENTO SUPER--RECOMPENSADO	POSSÍVEIS REAÇÕES DE COMPORTAMENTO SUB-RECOMPENSADO
Interna, física	Trabalho muito	Baixa produtividade
Interna, psicológica	Descontentamento com a recompensa	Aumenta o valor da recompensa
Externa, física	Encoraja a pessoa em obter mais	Pede mais, possibilidade de demitir-se
Externa, psicológica	Muda a pessoa de referência	Muda a pessoa de referência

FIGURA 4-6 – Possíveis reações à equidade percebida.

(mais favoravelmente) ou podem simplesmente pedir demissão. Em qualquer dos casos, eles estão reagindo à iniquidade colocando aquilo que recebem na balança junto com aquilo que produzem. Isso permite aos administradores predizerem parte do comportamento dos seus empregados através da compreensão de quando e sob que condições eles experimentarão um sentimento de equidade.

> Por exemplo, um hóspede, num hotel de descanso, deixou sua câmera no balcão de informações enquanto foi fazer compras durante a tarde. O mensageiro colocou a câmera sob o balcão para garantir um lugar seguro. Quando o hóspede voltou, a câmera tinha desaparecido. O mensageiro chamou o gerente, que deu ao hóspede um crédito de US$ 275 para pagar a câmera. Sob investigação, o gerente chamou os 27 empregados que tiveram acesso ao lugar onde estava a câmera durante o tempo em que estivera lá. Ele então anunciou que iria deduzir US$ 10 dos seus cheques de pagamento para ajudar a pagar a câmera, embora ele concordasse em devolver esse montante caso o ladrão confessasse e pagasse US$ 275.
>
> Os empregados afetados ficaram com raiva e aborrecidos. Eles sentiram que estavam sendo tratados injustamente porque não tiraram a câmera e ainda estavam sendo solicitados a pagar pelo roubo cometido por outra pessoa. A maior parte deles estava ressentida pelo fato de sua honestidade ter sido questionada. Três empregados pediram demissão imediatamente por causa do incidente, e dois deles disseram que iriam embora tão logo pudessem encontrar outro emprego. A insatisfação e as atitudes contra a administração cresceram e o desempenho diminuiu visivelmente. É como afirmou um dos empregados: "Se eles vão nos dar um tratamento desprezível então é isso que iremos dar aos hóspedes". Os empregados estavam sentindo a iniquidade e então surgiu uma forte (e infelizmente negativa) tensão no meio deles.

INTERPRETAÇÃO DO MODELO DA EQUIDADE. O entendimento da equidade deveria lembrar os gerentes que seus empregados trabalham em meio a muitos sistemas sociais. Estudos indicam que os empregados realmente selecionam um número de grupos de referência, tanto dentro como fora da organização![11]. Os empregados estão também inclinados a mudar a base de suas comparações para o padrão que seja mais favorável a eles. Pessoas educadas frequentemente aumentam o valor da sua educação, enquanto os empregados com muito tempo de trabalho dão mais peso à antiguidade. Outros empregados escolhem alguma coisa como grupos de um nível mais alto (econômico) como referência. Muitos empregados têm egos reforçados e altas considerações a respeito de si mesmos. Consequentemente, todos esses fatores (múltiplos grupos de referência, mudança de padrões, orientação de cima e egos pessoais) tornam de certa forma complexa a tarefa de predizer quando a iniquidade irá ocorrer.

De forma geral, a teoria da equidade gerou uma extensa pesquisa, que tem como apoio muitos resultados[12]. Em particular, a sub-recompensa parece produzir tensão motivacional com consequências previsíveis, sendo os resultados a respeito da condição de super-recompensa menos consistentes. Isso pode ser ajustado pelo conceito de *sensibilidade para a equidade,* que sugere que os indivíduos têm diferentes preferências pela equidade, com alguns preferindo a super-recompensa, alguns agindo de acordo com o modelo tradicional de equidade e outros preferindo ser sub-recompensados[13]. Identificar em que classe está o empregado deveria ajudar os gerentes a predizer quem experimentaria equidade e quão importante ela seria em afetar o comportamento.

Elementos semelhantes – esforço (*inputs*) e recompensas (*outputs*) – podem ser vistos quando se comparam os modelos da equidade e da expectância. Em ambos os enfoques, a percepção tem um papel-chave, sugerindo mais uma vez quão importante é para o gerente colher informações *junto* aos empregados em lugar de tentar impor a eles suas próprias percepções. O maior dos desafios para o administrador que usa o modelo da equidade é medir a valorização do empregado dos *inputs* e *outputs* feita por ele, identificando suas escolhas de referências e avaliando suas percepções.

O MODELO DA ATRIBUIÇÃO

O modelo da atribuição representa uma recente adição à literatura motivacional. *Atribuição* é o processo pelo qual as pessoas interpretam as causas dos seus próprios comportamentos e dos comportamentos dos outros. Ele nasceu do trabalho de Fritz Heider e foi ampliado e aperfeiçoado por outros[14]. Seu valor se liga à crença de que se nós pudermos compreender como as pessoas atribuem causas àquilo que elas vêm, será possível ter maior capacidade de prever e afetar o seu comportamento futuro.

Duas distinções básicas estão subjacentes a esse modelo, como mostrado na Figura 4-7. A primeira consiste na medida pela qual as pessoas tendem a focalizar o ambiente (situação) ou as características pessoais como fatores causais de seu desempenho. A segunda requer uma avaliação de como esses fatores são percebidos tornando-se relativamente estáveis ou instáveis. A combinação dessas duas avaliações resulta em quatro diferentes explicações potenciais para o desempenho da tarefa pelo empregado no trabalho – habilidade, esforço, dificuldade da tarefa, sorte[15].

> Por exemplo, depois de cada jogo de futebol profissional, o treinador se senta com os treinadores-assistentes e avalia o desempenho de cada jogador. Depois de fazer isso, o treinador deve também determinar de que forma o desempenho foi o resultado de uma habilidade superior ou inferior, de um maior ou menor esforço, da experiência ou falta de experiência do adversário ou da boa ou má sorte. Como essas são avaliações subjetivas, o interesse está em saber o que afeta a escolha das explicações.

Um fator importante é saber o quanto se está avaliando o próprio comportamento ou interpretando o comportamento do outro. No geral as pessoas tendem a superestimar a influência dos traços pessoais quando estão avaliando o seu próprio sucesso e atribuindo às conquistas dos outros a sorte ou facilidade de tarefas[16]. O processo é o inverso no caso das falhas, como mostrado na Figura 4-8. Nesse caso, as pessoas tendem a atribuir a causas situacionais a limitação do seu próprio desempenho, mas assumem que alguém mais falhou ao tentar com maior vigor ou porque simplesmente faltou sobretudo habilidade para ter sucesso. Essas tendências atributivas são a base da existência das grandes diferenças entre os gerentes e empregados[17].

A MOTIVAÇÃO DOS EMPREGADOS

	Pessoais	Situacionais
Estável	Habilidade	Dificuldade da tarefa
Instável	Esforço	Sorte

(Estabilidade × Características)

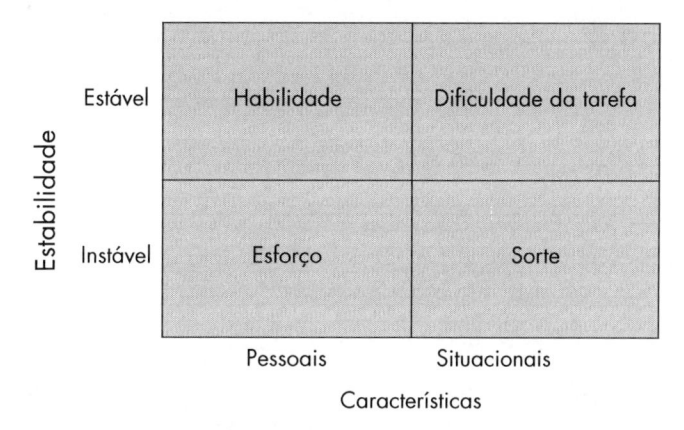

FIGURA 4-7 – Situações que levam a diferentes atribuições.

Considere mais uma vez o caso de Marsha Donner apresentado no começo deste capítulo. Na conclusão do projeto, ela deve considerar o seu trabalho como bem-sucedido, vê-lo como consistente com o seu desempenho no trabalho e, sobretudo, concluir que tem habilidade excepcional (reforçando assim seu impulso para a competência). Seu gerente pode estar igualmente satisfeito com a qualidade do Project Symposium, concorda que ele reflete seu nível habitual de desempenho, mas conclui que as tarefas atribuídas a ela têm sido muito fáceis (e assim não a agradam). O que acontecerá com relação à futura motivação dela?

Atribuições tais como as feitas por Marsha e seu gerente ilustram os efeitos do *sistema perceptivo,* isto é, as pessoas tendem a perceber aquilo que esperam perceber. Por essa razão o sistema perceptivo algumas vezes nos causa a leitura falha de uma situação e somente "vemos" aquilo que esperamos ver. Os gerentes, portanto, necessitam estar cientes dos seus próprios sistemas perceptivos e dos efeitos desses sistemas nas suas interações com os outros. De forma semelhante eles precisam estar cientes dos sistemas perceptuais dos seus subordinados para poderem compreendê-los melhor.

A ideia relativamente passiva do sistema perceptivo estende-se ao comportamento dos indivíduos quando se testemunhar a força da *profecia da autorrealização* ou do "Efeito Pigmalião". A profecia da autorrealização sugere que as expectativas que um gerente tem com relação a um subordinado levará o gerente a tratá-lo de maneira diferente e que o subordinado responderá de forma a confirmar as expectativas

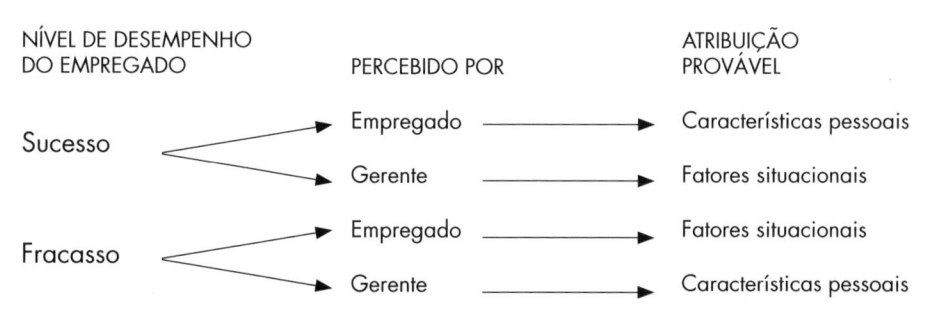

NÍVEL DE DESEMPENHO DO EMPREGADO	PERCEBIDO POR	ATRIBUIÇÃO PROVÁVEL
Sucesso	Empregado	Características pessoais
	Gerente	Fatores situacionais
Fracasso	Empregado	Fatores situacionais
	Gerente	Características pessoais

FIGURA 4-8 – Diferentes atribuições do comportamento de um empregado.

iniciais[18]. Por exemplo, caso seja dito ao supervisor que o novo subordinado é competente, ele estará mais inclinado não somente a perceber a competência, mas também a oferecer oportunidades para que o empregado demonstre competência no trabalho. Isso mostra como o sistema perceptivo é importante e como a profecia da autorrealização pode converter as tendências naturais atributivas discutidas anteriormente[19].

> A experiência de um supervisor mostra os papéis que os sistemas perceptivos e as expectativas de autorrealização podem desempenhar. Um dos seus mecânicos desejava ardentemente três dias de férias para poder caçar veados. Como o departamento estava tão assoberbado de trabalho e havia mesmo necessidade de horas extras de trabalho aos sábados, o chefe não lhe concedeu a dispensa. O mecânico tinha também um recorde de atrasos. Certa manhã, ele chegou trinta minutos atrasado. O supervisor atribulado, sem dar muito ouvido às suas palavras, ameaçou o empregado com três dias de suspensão sem pagamento caso ele atrasasse outra vez naquele mês.
>
> Adivinhe quem chegou atrasado na manhã seguinte? Você acertou. O mecânico percebeu a "ameaça" como uma oportunidade de ir para a sua tão desejada caça de veados. O supervisor não viu outra alternativa a não ser dar a ele uma penalidade disciplinar de três dias de suspensão sem pagamento. Assim sendo, as políticas administrativas foram aplicadas e o mecânico atingiu seu objetivo de caçar veados, mas o trabalho necessário não foi feito dentro da programação.

APLICAÇÕES DA ATRIBUIÇÃO. O modelo da atribuição pode ser facilmente integrado às discussões anteriores de outros enfoques motivacionais. Por exemplo, as pessoas orientadas para a realização podem dizer que seus êxitos são o resultado direto do seu alto nível de esforço. Empregados orientados para a competência estão mais propensos a acreditar que eles têm alto nível de habilidade geral. Embora os objetivos sejam mais motivacionais quando são desafiadores, os empregados os examinarão de perto para determinar se eles não são difíceis *demais* para ser atingidos.

Em conjugação com o modelo da expectância, um empregado que falha numa tarefa pode sentir que o ambiente impede o sucesso e pode, então, reduzir o nível de esforço futuro. Aqueles que utilizam a modificação de comportamento são cautelosos em considerar com cuidado as respostas que dão ao desempenho bem-sucedido de um subordinado. Um gerente pode pressupor que foi sorte ou facilidade da tarefa e não manter o reconhecimento adequado. O empregado que acredita que o sucesso foi o resultado de habilidade ou esforço pessoal pode experimentar um declínio de motivação devido a falta de recompensa.

Os gerentes também podem auferir grandes benefícios ao estarem conscientes de seu próprio progresso de atribuição e de como ele afeta os seus comportamentos frente aos empregados[20]. Eles poderiam, também, reforçar entre os empregados a crença de que o sucesso é devido ao esforço dos próprios trabalhadores (expectativas de esforço-desempenho) e de suas habilidades, ao mesmo tempo que desencorajam a atribuição do fracasso à dificuldade da tarefa ou à sorte. A atribuição pura e simples deveria ser evitada, uma vez que o comportamento do empregado é em parte determinado pela tarefa, pelo contexto social e por variáveis ambientais conforme evidenciado no Capítulo 1[21].

INTERPRETAÇÃO DOS MODELOS MOTIVACIONAIS

Vários modelos de motivação foram apresentados no capítulo anterior e neste. Todos os modelos têm pontos fortes e pontos fracos, defensores e críticos. Nenhum modelo é perfeito, mas todos eles adicionam alguma coisa à compreensão do processo motivacional. Outros modelos estão sendo desenvolvidos e tentativas têm sido feitas no sentido de integrar os modelos existentes[22].

Os modelos cognitivos estão mais aptos a continuar dominando a prática organizacional por algum tempo, como aquilo que foi apontado pela atenção atual ao modelo da atribuição. Eles são mais consistentes com a visão holística e com relação ao respeito às pessoas. No entanto, a modificação de comportamento também tem alguma utilidade, especialmente em situações estáveis com um mínimo de complexidade, na qual parece haver ligação direta entre o comportamento e suas consequências. Em situações mais complexas e dinâmicas, os modelos cognitivos serão usados com mais frequência. Em outras palavras, o modelo motivacional usado deve ser adaptado à situação da mesma forma que precisa ser combinado com outros modelos.

Micromotivação

A ênfase dos dois últimos capítulos foi a da motivação no trabalho e dentro da empresa. Esse tipo de motivação é denominado *micromotivação,* ou motivação tipo A. Focaliza a motivação dentro de uma organização particular. A ideia é a de modificar as condições dentro da empresa para se conseguir aumentar a produtividade do empregado, isto é, motivá-lo melhor. Todavia, não se pode ignorar o fato de o empregado da empresa ser um todo que vive e se diverte fora do seu trabalho. Ele traz ao seu trabalho muitas atitudes que são condicionadas pelo seu ambiente, e essas atitudes influenciam o seu desempenho no trabalho.

O modelo da macromotivação

A área de interesse que focaliza as condições ambientais fora da empresa que influenciam o desempenho no trabalho é basicamente aquilo que se propõe com o modelo da *macromotivação,* a motivação do tipo B[23]. Esse ambiente externo pode ter uma grande influência no desempenho. Por exemplo, a sociedade na qual vive o empregado apoia o trabalho ou enfatiza o divertimento como um valor central? Essa sociedade percebe o empregado de fábrica como um assalariado alienado ou como importante contribuinte da sociedade? Será quer ela eleva as *taxas de impostos* à medida que alguém ganha mais dinheiro por causa de uma promoção, restringindo assim a margem do uso? Todas essas condições ambientais afetam as recompensas que alguém tira do trabalho.

> Considere como a macromotivação se aplica ao modelo da expectância. Os empregados habitualmente buscam retornos primários em lugar dos secundários, tais como estima social e a compra de produtos e serviços. Essas recompensas secundárias são frequentemente controladas pelo ambiente macromotivacional, não pela empresa. Se o sistema de impostos penaliza com pesadas taxas o empregado que ganha um aumento de salário, então a expectância ou a recompensa que aparece é reduzida. Outros modelos motivacionais aplicam-se de maneira semelhante. Usando o exemplo anterior de altas taxas que acompanham os aumentos salariais, o modelo de modificação de comportamento prevê que o reforço de um de-

sempenho melhor é reduzido. Em outras circunstâncias, a sociedade pode não penalizar os trabalhadores, mas falha em recompensá-los dando a eles reconhecimento ou demonstrando apreço pelos seus esforços. Nesse caso não existe reforço e o comportamento se extingue.

Uma vez que existem dois ambientes (dentro e fora da empresa) que afetam a motivação ambos devem ser desenvolvidos para que a motivação seja mais alta. Se as condições de trabalho não são recompensadoras, a motivação está pronta para se enfraquecer não importa o quanto o ambiente externo seja de apoio. Todavia, o inverso também se aplica. Se as condições ambientais não incentivam um melhor desempenho no trabalho, a motivação tende a se enfraquecer, mesmo quando as condições do trabalho são favoráveis. Sozinha, a administração não pode resolver os problemas de motivação. Ela deve contar com o apoio da sociedade.

RESUMO

Três novos enfoques sobre motivação são apresentados neste capítulo: da expectância, da equidade e da atribuição. O modelo da expectância afirma que a motivação é o produto de quanto uma pessoa quer alguma coisa e da probabilidade que aquele esforço leve à realização da tarefa e à recompensa. A fórmula é valência × expectância × instrumentalidade = motivação. Valência é a força da preferência de uma pessoa por um resultado. Expectância é a força da crença de que o esforço de uma pessoa será bem-sucedido em vencer uma tarefa. Instrumentalidade é a força da crença de que o desempenho bem-sucedido será seguido de recompensa.

Os outros modelos motivacionais estão especificamente relacionados com o processo intelectual do empregado. O modelo da equidade tem uma dupla comparação na qual há confrontação entre a percepção que o empregado possui sobre as contribuições e os resultados face à comparação com alguma pessoa tomada como referência em termos das recompensas que recebe o seu nível de contribuições. O processo de atribuição examina a forma pela qual as pessoas interpretam o comportamento e atribuem causas a ele. As atribuições diferem dependendo de quem faz o julgamento e de como o comportamento tenha sido ou não bem-sucedido. Quatro atribuições gerais são feitas. Habilidades e esforço são fatores pessoais, enquanto duas explicações situacionais envolvem a dificuldade da tarefa e a sorte.

Os modelos cognitivos que focalizam os estados internos do processo mental dominam o pensamento sobre a motivação, mas a modificação de comportamento, discutida no capítulo anterior, também é útil. Muita atenção tem sido dada à motivação do tipo A (micromotivação), mas para que se consiga construir um ambiente totalmente motivacional, crescente relevância deve ser dada a motivação do tipo B (macromotivação).

TERMOS E CONCEITOS A SEREM REVISTOS

Modelo da expectância
Valência
Expectância
Instrumentalidade
Percepção
Resultados primários e secundários

Equidade
Atribuição
Sistema perceptivo
Profecia da autorrealização
Micromotivação (tipo A)
Macromotivação (tipo B)

QUESTÕES PARA DISCUSSÃO

1. Pode o modelo da expectância ser aplicado à sua própria motivação pessoal enquanto estudante?
2. Como você usaria o modelo da expectância nas situações que se seguem?
   a) Como você conseguiria que dois subordinados passassem suas férias de verão para a primavera de tal forma que as solicitações de trabalho estejam preenchidas durante o verão?
   b) Você acredita que um dos seus empregados tenha excelente potencial para ser promovido e quer encorajá-lo a se preparar para isso.
   c) Você está com torcicolo e quer que um amigo vá a pé até um restaurante de pratos rápidos para lhe trazer um hambúrguer.
3. Cite dois resultados obtidos no seu trabalho ou em classe que têm valência negativa para você pessoalmente. De que forma o conhecimento deles poderia ajudar alguém que está tentando motivar você?
4. Aplique o modelo da equidade para você mesmo como estudante. Como você avalia suas contribuições e resultados? Quem você escolheu como os indivíduos de referência? Você sente equidade? Caso contrário, como você chegará a ela?
5. O texto sugere que as percepções de equidade de um indivíduo podem estar distorcidas. Nesse caso, o que você faria para corrigi-las ou ajustá-las?
6. Pense em uma experiência de sucesso e uma experiência de fracasso em sua vida. Será que a atribuição das causas desses fatos estão de acordo com a predição do modelo da atribuição? Explique
7. Volte aos quatro tipos de impulsos apresentados no capítulo anterior. Será que um gerente orientado para a realização estaria propenso a atribuir o fracasso de um empregado a causas diferentes daquelas que um gerente orientado para o relacionamento estaria? Discuta.
8. Quais são as semelhanças e diferenças entre o modelo da expectância e a modificação de comportamento?
9. O que pode ser feito para se criar um melhor clima macromotivacional para:
   a) um administrador?
   b) uma organização?
   c) uma entidade pública?
10. Crie um conjunto de dez diretrizes orientadas para a ação (baseando-se no capítulo anterior e neste) que diga aos administradores aquilo que podem fazer para motivarem os empregados.

INCIDENTE

JACOB ARNOLD

Jacob Arnold é um engenheiro que trabalha num grande escritório de desenho de engenharia. Jacob vem de origem rural, sua família tinha baixos ganhos e severas regras. Para fazer o ginásio, ele teve que trabalhar e pagou quase tudo por conta própria.

Jacob é um trabalhador inteligente e capaz. Seu maior defeito é que ele não gosta de arriscar. Ele hesita em tomar decisões para si mesmo, trazendo ao seu supervisor e aos outros engenheiros problemas pequenos e rotineiros antes de tomar decisões. Sempre que faz um desenho, traz o esboço no rascunho para a aprovação do supervisor antes que o termine.

Uma vez que Jacob seja uma pessoa competente, seu supervisor deseja motivá-lo a ser mais independente no trabalho. O supervisor acredita que esse enfoque melhorará o desempenho de Jacob, aliviará seu supervisor de uma rotina a mais e dará a Jacob maior autoconfiança. Todavia, o supervisor não tem certeza de como fazer para motivar Jacob a melhorar o seu desempenho.

PERGUNTA

No papel do supervisor, explique como você motivaria Jacob, usando pelo menos três modelos motivacionais. Seja tão específico quanto possível.

EXERCÍCIO EXPERIMENTAL

SÃO AS NOTAS MOTIVADORES?

1. Cada estudante deveria individualmente avaliar a valência de receber um A no seu curso. Avaliar se A está em algum lugar entre –1 e + 1, usando graduações de décimos (por exemplo: 0,8, 0,9, 1,0).
2. Agora os estudantes devem individualmente avaliar a probabilidade (entre 0,0 e 1,0) no qual o nível de esforço que eles esperam utilizar nesse curso resultará num desempenho alto suficiente para merecer uma letra A como nota. Isso constitui o resultado numérico da expectância do estudante.
3. Então, os estudantes devem individualmente avaliar a probabilidade (entre 0,0 e 1,0) que o seu melhor desempenho está em curso, e A melhorará substancialmente a maior nota possível de toda a escala. Isso representa a instrumentalidade do resultado numérico de cada estudante.
4. Eles devem agora multiplicar os resultados de V, E, e I para produzir a medida geral da sua predisposição à motivação (nessa tarefa específica e com relação à "recompensa"). Esse resultado geral deve cair entre –1 e + 1.
5. Agora os membros da classe devem compartilhar os seus quatro resultados uns com os outros num gráfico como o mostrado a seguir, anotando cada nota em separado para cada item.

NOME DO ESTUDANTE	VALÊNCIA	EXPECTÂNCIA	INSTRUMENTALIDADE	MOTIVAÇÃO
1				
2				
3				
4				
5				
etc.				

6. Os estudantes devem discutir as possíveis razões para a variação dentro de cada classe em cada um dos quatro escores. Quais são as implicações da diferença de resultados numéricos para cada uma das variáveis? Aceitando que você seja o professor desse curso, o que você poderia fazer para elevar o nível da média motivacional dos estudantes?
7. Agora leve a classe a obter estimativas individuais no número total de horas que cada estudante devotará a esse curso durante esse semestre para aqueles que querem uma nota B. Identifique a pessoa que está no grau mais baixo e aquela que está no mais alto estimando as horas trabalhadas. Agora entreviste ambos em termos dos seus sentimentos de equidade ou iniquidade. Quais são as implicações positivas e negativas de uma experiência de equidade desse tipo? Como poderiam ser resolvidos os sentimentos de iniquidade?

REFERÊNCIAS BIBLIOGRÁFICAS

1. Ford S. Worthy. "You're Probably Working Too Hard". *Fortune*, 27 de abril de 1987, p. 140.
2. David Kipnis. "The View from the Top". *Psychology Today*, dezembro 1984, p. 34.
3. Victor H. Vroom. *Work and Motivation*, Nova York: John Wiley & Sons, Inc., 1964; Lyman W. Porter e Edward E. Lawler III. *Managerial Attitudes and Performance*. Homewood, III.: Dorsey Press and Richard D. Irwin, Inc., 1968.
4. A ideia da autoeficácia foi introduzida por Albert Bandura. "Self-Efficacy: Toward a Unifying Theory of Behavioral Change". *Psychological Review*, vol. 84, 1977, pp. 191-215. A aplicação da autoeficácia ao treinamento é proposta por Raymond A. Noe. "Trainee's Attributes and Attitudes. Neglected Influences on Training Effectiveness". *Academy of Management Review*, outubro, 1986, pp. 736-749.
5. Madeline Hirschfeld. "Is There an Imposter in Your Office?" *Management Review*, setembro, 1985, pp. 44-47.
6. O sentido original de instrumentalidade, como oferecido por Victor Vroom, refletiu o nível de *associação* entre o desempenho e a recompensa, sendo uma correlação que poderia variar entre −1 e + 1. Todavia interpretações posteriores e modificações do modelo de expectância feitas por outros autores limitaram, de maneira geral, a real variação da instrumentalidade para incluir apenas associações positivas de 0 a + 1. Para uma discussão mais específica, veja Craig C. Pinder, "Valence-Instrumenrality-Expectancy Theory", em Richard M. Steers e Lyman W. Porter (editores). *Motivation and Work Behavior*, 4ª ed. Nova York: McGraw-Hill Book Company, 1987, pp. 69-89.
7. Hugh J. Arnold. "A Test of the Predictive Validity of Multiplicative Hypothesis of Expectancy-Valence Theories of Motivation". *Academy of Management Journal*, março, 1981, pp. 128-141.
8. Gilbert A. Churchill e Anthony Pecotich. "Determining the Rewards Salespeople Value: A Comparison of Methods". *Decision Sciences*, julho, 1981, pp. 456-470.
9. Veja, por exemplo, Terence R. Mitchell. "Motivation: New Directions for Theory, Research, and Pratice". *Academy of Management Review*, janeiro, 1982, pp. 80-88.
10. Para uma revisão detalhada da teoria da equidade, veja Richard T. Mowday. "Equity Theory Predictions of Behavior in Organizations", em Richard M. Steers e Lyman W. Porter (editores). *Motivation and Work Behavior*, 4ª ed. Nova York: McGraw-Hill Book Company, 1987. Uma apresentação anterior a respeito da teoria da equidade está em J. S. Adams. "Inequity in Social Exchange", em L. Berkowitz (editor). *Advances in Experimental Social Psychology*, vol. 2, Nova York: Academic Press, 1965, pp. 267-299.

11. Simcha Ronen. "Equity Perception in Multiple Comparisons: A Field Study". *Human Relations,* abril, 1986, pp. 333-346; e Richard W. Scholl, Elizabeth A. Cooper e Jack F. McKenna. "Referent Selection in Determining Equity Perceptions: Differential Effects on Behavioral and Attitudinal Outcomes". *Personnel Psychology,* primavera 1987, pp. 113-124.
12. Por exemplo, veja Joel Brockner *et al.* "Layoffs, Equity Theory, and Work Performance: Further Evidence of the Impact of Supervisor Guilt". *Academy of Management Journal,* junho 1986, pp. 373-384.
13. Richard C. Huseman, John D. Hatfield e Edward W. Miles. "A New Perspective on Equity Theory: The Equity Sensitivity Construct". *Academy of Management Review,* abril, 1987, pp. 222-234.
14. O processo da atribuição foi primeiramente apresentado em Fritz Heider. *The Psychology of Interpersonal Relations.* Nova York, John Wiley & Sons, Inc., 1958. Foi elaborado em H. H. Kelley. "The Process of Causal Attribution". *American Psychologist,* fevereiro, 1973, pp. 107-128. Ele também foi relacionado com os processos autoexplicativos usados para explicar "impossibilidades de aprendizagem" dos indivíduos; veja Robert J. Trotter. "Stop Blaming Yourself'. *Psychology Today,* fevereiro, 1987, pp. 31-39.
15. As mesmas quatro células da atribuição foram estendidas para muitos outros domínios, tais como relatórios corporativos anuais e explicações dos executivos para o desempenho inferior da organização. Por exemplo, veja Jeffrey D. Ford. "The Effects of Casual Attributions on Decision Makers' Responses to Performance Downtums". *Academy of Management Review,* outubro 1985, pp. 770-786.
16. Vandra L. Huber, Philip M. Podsakoff e William D. Todor. "A Dimensional Analysis of Supervisor and Subordinate Attributions of Success and Failure". *Journal of Occupational Behavior,* abril, 1985, pp. 131-142.
17. Um modelo desse conflito de atribuições está em Mark J. Martinko e William L. Gardner. "The Leader/Member Attribution Process". *Academy of Management Review,* abril, 1987, pp. 235-249.
18. A profecia da autorrealização foi inicialmente apresentada em Robert K. Merton. ''The Self-fulfilling Profecy". *Antioch Review,* vol, 8, pp. 193-210. Revisões recentes e aplicações estão em Lee Jussim. "Self-fulfilling Prophecies: A Theoretical and Integrative Review". *Psychological Review,* outubro 1986, pp. 429-445; e Dov Eden. "OD and Self Fulfilling Prophecy: Boosting Productivity by Raising Expectations". *Journal of Applied Behavioral Science,* vol. 22, n° 1, 1986, pp. 1-13.
19. Uma ilustração do aparelho perceptivo sobre o tratamento subsequente dos empregados pelo supervisor está em Robert Vecchio. "Are You *In* or *Out* with your Boss?" *Business Horizons,* novembro-dezembro, 1986, pp. 76-78.
20. Uma pesquisa relacionada é relatada em James R. Meindl e Sanford B. Ehrlich. "The Romance of Leadership and the Evaluation of Organizational Performance". *Academy of Management Journal,* março, 1987, pp. 91-109; e Hugh J. Arnold. "Task Performance, Perceived Competence, and Attributed Causes of Performance as Determinantes of Intrinsic Motivation" . *Academy of Management Journal,* dezembro, 1985, pp. 876-888.
21. Dean Tjosvold. "The Effects of Attribution and Social Context on Superiors' Influence and Interaction with Low Performing Subordinates". *Personnel Psychology,* verão, 1985, pp. 361-376.
22. Por exemplo, veja Martin G. Evans. "Organizational Behavior: The Central Role of Motivation", *1986, Yearly Review of Management of the Journal of Management,* verão, 1986, pp. 203-222.
23. Por exemplo, veja George F. Dreher. "The Impact of Extra- Work Variable on Behavior in Work Environments". *Academy of Management Review,* abril, 1982, pp. 300-304.

PARA LEITURA ADICIONAL

Harvey, John H., William Ickes e Robert F. Kidd (eds.). *New Directions in Attribution Research,* voI. 3. Hilsdale, N. J.: Lawrence Erlbaum, 1981.

Jacques Elliott. *Equitable Payment.* Nova York: John Wiley & Sons, Inc., 1961.

Korman, Abraham. *The Psychology of Motivation.* Englewood Cliffs, N. J.: Prentice-Hall, Inc., 1974.
  Lawler, Edward E., III. *Motivation in Work Organizations.* Monterey, Calif.: Brooks/Cole Publishing Co., 1973.

Pinder, Craig C. *Work Motivation.* Glenview, 111.: Scott, Foresman and Company, 1984.

Rosental, Robert. *Pygmalion in Classroom.* Nova York: Holt Rinehart and Winston, 1968.

Steers, Richard M., e Lyman W. Porter (eds.). *Motivation and Work Behavior,* 4ª ed. Nova York: McGraw-Hill Book Company, 1987.

Vroom, Victor H. *Work and Motivation.* Nova York: John Wiley & Sons, Inc., 1964.

Weiner, B. (ed.) *Achievement Motivation and Attribution Theory.* Morristown, N. J.: General Leaming Press, 1974.

CAPÍTULO 5

AVALIAÇÃO E COMPENSAÇÃO DO DESEMPENHO

> *Como já se sabe há muito tempo, as pessoas nas organizações tendem a se comportar em função do modo pelo qual veem as demais sendo recompensadas.*
>
> PETER F. DRUCKER[1]

> *Nossos estudos indicam que organizações onde a participação nos lucros é abordada de maneira estratégica e incorporada como uma filosofia de gestão apresentam maiores possibilidades de terem sucesso.*
>
> MICHAEL SCHUSTER[2]

▼ OBJETIVOS DO CAPÍTULO

Compreender:

- ▶ Papel do dinheiro como meio econômico e social de troca.
- ▶ Papel do salário nos modelos motivacionais.
- ▶ Considerações comportamentais na avaliação de desempenho.
- ▶ Tipos de incentivos que associam salário e desempenho.
- ▶ Usos de programas de participação nos lucros.
- ▶ Salário baseado em habilidades.
- ▶ Benefícios flexíveis.

Durante 24 anos Mark McCann trabalhou como contador bancário em uma pequena cidade. Era o mais antigo de três contadores e em algumas ocasiões, na ausência do gerente, ficava responsável pelo banco. Em sua comunidade era um cidadão bastante respeitado. Pertencia a um clube de executivos do centro da cidade, além de ser presbítero na igreja local.

Confidenciou recentemente a um amigo estar "procurando um novo emprego – qualquer um que o livrasse daquele banco". Interrogado mais detalhadamente revelou que estava e sempre estivera satisfeito com seu trabalho, exceto por um único acontecimento. Devido à falta momentânea no mercado de trabalho, um cargo de contador ficou vago por três meses. Finalmente, em desespero, o banco acabou contratando um jovem universitário, sem experiência, de outra cidade. Para viabilizar a vinda do novo funcionário, o banco decidiu pagar-lhe 25 dólares a mais do que pagava a Mark. De repente, Mark sentiu-se enganado e esquecido. Todo seu mundo desmoronou no dia em que soube do salário do novo contratado. Sentiu que sua posição social na comunidade tinha entrado em colapso e que sua autoestima estava destruída. O empregado que ele estava treinando ganhava 25 dólares a mais!

O caso ilustra como as recompensas econômicas são importantes para os empregados e como as comparações salariais apresentam imensos valores sociais. A administração nem sempre reconheceu a importância social do salário para os trabalhadores. No século XIX e no início do século XX supunha-se que os empregados queriam apenas dinheiro; assim, acreditava-se que o salário era capaz de gerar motivação direta e imediata – quanto mais dinheiro fosse oferecido, maior seria a motivação. Roethlisberger e seus seguidores enterraram com sucesso essa ideia mostrando que as recompensas econômicas atuavam através das atitudes dos empregados no sistema social, produzindo um incentivo *indireto*.

Neste capítulo será discutida a complexa relação existente entre recompensas econômicas e comportamento organizacional. Maiores detalhes sobre sistemas de remuneração podem ser encontrados em livros e manuais de compensação e de administração de Recursos Humanos, sendo aqui examinados somente os seus efeitos e aspectos comportamentais mais significativos. A ênfase deste capítulo está no papel do dinheiro como meio de recompensar os empregados, nos modelos motivacionais aplicados a salário, nas comparações custo-benefício e nas considerações comportamentais sobre o processo de avaliação de desempenho. Serão também discutidos os incentivos salariais e as formas de remuneração nas quais o salário do empregado varia de acordo com o seu desempenho e o desempenho da organização. Finalmente será demonstrado como os incentivos podem ser combinados com outras formas de administração de cargos e salários, de modo a estabelecer um completo sistema de compensação capaz de encorajar a motivação.

SALÁRIO COMO MEIO DE RECOMPENSAR EMPREGADOS

É evidente que o salário é importante para trabalhadores por várias razões. Certamente o dinheiro tem valor devido aos bens e serviços que o trabalhador poderá comprar. Esse é o valor econômico do salário como um meio de troca e para alocação dos recursos econômicos; entretanto, o salário é também um *meio social de troca*. Todos já constatamos sua importância como símbolo de *status* para aqueles que dele dispõem e, exatamente por isso, podem economizá-lo ou gastá-lo de maneira visível ou generosa. O dinheiro tem *status* tanto ao ser recebido, como ao ser gasto. Representa para os empregados aquilo que seus empregadores pensam deles. É também um indicador do *status* relativo de um determinado empregado, quando comparado ao *status* dos demais. Possui tantos valores quanto forem seus detentores. Abaixo encontra-se um exemplo de como as pessoas respondem diferentemente a ele.

> Um gerente concedeu a dois de seus representantes de vendas idênticos aumentos de salário devido ao trabalho bem executado. Uma das vendedoras ficou altamente contente com o reconhecimento. Sentiu-se respeitada e recompensada, pois o aumento colocou-a em uma faixa mais elevada de renda. O outro vendedor ficou extremamente aborrecido, uma vez que sabia que o aumento correspondia ao padrão mínimo existente, fazendo com que considerasse o aumento quase um insulto para o trabalho tão notável que julgava estar desempenhando. Sentiu que não havia sido suficientemente reconhecido e que um aumento tão pequeno era um golpe em sua estima e autorrespeito. O aumento também afetou a segurança desses funcionários de maneira diferente. A primeira considerou que sua segurança no emprego havia aumentado, enquanto o segundo achou que sua segurança estava comprometida.

Aplicação dos modelos motivacionais

MOTIVOS. Um modo útil de pensar no dinheiro como uma recompensa é através da tentativa de aplicá-lo a alguns dos modelos motivacionais apresentados nos capítulos 5 e 6. Por exemplo, jogadores de golfe mantêm um placar (registro das jogadas) para avaliar seu desempenho; empregados orientados pela autorrealização mantêm um registro simbólico em suas mentes, monitorando seu salário global e comparando-o com o salário de outros. Passa então a representar uma medida daquilo que estão conseguindo. O salário se relaciona também com outros tipos de motivos, uma vez que pode ser usado para facilitar a admissão em clubes fechados e caros (afiliação) e conferir capacidade (poder) para influenciar outros, como por exemplo através de contribuições para campanhas políticas.

NECESSIDADES. No modelo de Herzberg, salário é primariamente visto como um fator de manutenção, embora possa apresentar no mínimo algum valor motivacional de curto prazo. Nos demais modelos motivacionais, o salário é basicamente encarado pela capacidade de satisfazer às necessidades de nível mais baixo (tais como as necessidades básicas e de segurança de Maslow ou as necessidades de existência de Alderfer). Entretanto, toma-se facilmente perceptível como é possível relacionar o salário como outros níveis de necessidades, conforme ilustrado em relação às necessidades de estima no caso de Mark McCann no início deste capítulo.

ATRIBUIÇÃO. O salário também se relaciona com o modelo de atribuição, caso seja assumido que muitos empregados querem mais dinheiro do que estão recebendo. Ao realizarem uma avaliação de seus bons desempenhos, tendem a atribuir a causa do sucesso a suas habilidades e experiências, que representam bases legítimas para o recebimento de recompensas adicionais. Ao explicarem insucessos, atribuem-nos a tarefas muito difíceis ou então à má sorte. Ambos são fatores que escapam ao controle deles e, assim sendo, não seriam punidos pelos empregadores via supressão de recompensas concebidas.

MODELO DA EXPECTÂNCIA. A teoria da expectância afirma que valência × expectância x instrumentalidade = motivação. Isto significa que se o salário agir como um forte motivador, então o empregado deverá querer mais salário (valência). Acreditará que seu esforço terá sucesso (expectância) e que uma recompensa monetária irá acompanhar o melhor desempenho (instrumentalidade).

A valência do dinheiro não é facilmente influenciada pela administração. É dependente de valores pessoais do empregado, experiências e necessidades, assim como do ambiente macromotivacional. Por exemplo, caso o empregado tenha uma fonte de renda externa e independente, então um pequeno aumento de salário terá pouca valência. A mesma conclusão é verdadeira para um empregado que preza outros valores e deseja somente um rendimento adequado à sua subsistência. Similarmente o valor direto do dinheiro em uma sociedade afluente tende a decair, já que o dinheiro tende a satisfazer necessidades de nível mais baixo de modo mais direto do que necessidades de alto nível. Entretanto, como o dinheiro possui muitos significados sociais para as pessoas, empregados podem procurar por ele em função de seu valor social, mesmo quando seu valor econômico apresentar baixa valência. Isso significa que *muitos empregados respondem ao dinheiro como uma recompensa*.

Em relação à instrumentalidade, muitos empregados não estão certos de que o desempenho adicional conduza a um salário adicional. Observam que muitos funcionários apresentam um desempenho mínimo e recebem quase que os mesmos aumentos salariais do que funcionários com bom desempenho. Frequentemente visualizam as promoções como baseadas mais em antiguidade ou em relacionamentos pessoais do que em desempenho. Instrumentalidade é uma área na qual a administração tem muitas possibilidades de ações positivas, uma vez que apresenta a possibilidade de mudar radicalmente a conexão entre desempenho adicional e recompensa.

As duas condições desejadas para a dimensão instrumentalidade (que se acha bastante relacionada com as recompensas contingentes dentro da teoria de modificação de comportamento) estão apresentadas na Figura 5-1 e caracterizadas como as situações 1 e 4. Em ambos os casos, os empregados podem perceber que há uma nítida ligação entre desempenho e recompensas. As situações indesejáveis são representadas pelos casos 2 e 3, em que as recompensas foram suprimidas daqueles que apresentaram desempenho superior ou concedidas aos que tiveram desempenho inferior. Sempre que tais situações ocorrerem, os funcionários ficarão no mínimo confusos em relação à forma pela qual devem se comportar, além de muito insatisfeitos com o próprio sistema de recompensas.

> Considere o caso de quatro empregados (cada um deles tratado de forma diferente pelo empregador) e os possíveis pensamentos que passam em suas cabeças. Shannon recebeu um substancial aumento de salário por seu brilhante desempenho ("Acho que vou tentar ainda com maior afinco no futuro, pois aqui o bom trabalho é, sem dúvida, notado"). Chet, cuja produtividade igualava-se à de Shannon, recebeu apenas um pequeno aumento ("Se isto é o que vale todo o meu esforço para eles, então vou reduzir meu ritmo no ano que vem"). Travis, apesar de não ter obtido uma boa avaliação de desempenho, recebeu um aumento significativo, já que, naquele ano, a empresa havia tido um bom resultado global. ("Este é um lugar fantástico para se trabalhar, pois mesmo falhando um pouco, é possível obter uma situação adequada.") Pam também não teve uma boa

avaliação e seu supervisor não lhe concedeu um aumento salarial. ("Acho que se quiser progredir, preciso desempenhar-me melhor no futuro.") Em cada um dos casos, a recompensa recebida (quando comparada com o desempenho) envia uma forte mensagem com relação à instrumentalidade futura.

SITUAÇÃO	NÍVEL DE DESEMPENHO	NÍVEL DE RECOMPENSAS	CONDIÇÃO DE INSTRUMENTALIDADE
1	Alto	Alto	Desejável
2	Alto	Baixo	Indesejável
3	Baixo	Alto	Indesejável
4	Baixo	Baixo	Desejável

FIGURA 5-1 – Condições desejáveis e indesejáveis de instrumentalidade.

Considerações adicionais sobre o uso do dinheiro

RECOMPENSAS INTRÍNSECAS E EXTRÍNSECAS. Dinheiro é essencialmente uma recompensa extrínseca, sendo facilmente administrável através de programas de modificação de comportamento. Entretanto, apresenta todas as limitações dos benefícios extrínsecos. Independentemente de quanto a administração associar salário a desempenho, salário ainda é algo que se origina fora do cargo e útil somente longe do cargo. Dessa forma, tende a imediatamente gerar menos satisfação do que as recompensas intrínsecas. Por exemplo, a satisfação pessoal gerada por um trabalho bem executado representa um forte motivador para muitas pessoas. Em contraste, as recompensas econômicas não conseguem prover todas as recompensas necessárias para um indivíduo psicologicamente saudável.

Uma importante missão para a alta administração é exatamente integrar com sucesso as recompensas intrínsecas e extrínsecas. Um problema é que os empregados apresentam diferenças quanto à quantidade de recompensas extrínsecas e intrínsecas que desejam, diferindo também os cargos e as condições organizacionais. Um outro problema ocorre quando os empregadores começam a pagar adicionalmente seus empregados por um trabalho que estes julgavam anteriormente gerador de satisfação, uma vez que existem evidências de que a concessão de uma recompensa extrínseca reduz a satisfação intrínseca experimentada[3]. Adicionalmente, torna-se difícil para a gerência administrar recompensas intrínsecas de uma maneira sistemática. Esses fatores sugerem que é necessário uma abordagem contingencial para as recompensas, abordagem esta que leve em consideração as necessidades dos empregados, o tipo de trabalho executado, o ambiente organizacional e os diferentes tipos de recompensa. Benefícios especiais, tais como *status* ou reconhecimento, são, em alguns casos, especialmente valiosos para os empregados, uma vez que apresentam maiores significados social e psicológico[4].

> Algumas empresas como a AT & T estabeleceram oportunidades únicas a seus empregados para criarem e gerirem negócios "independentes" dentro da estrutura da corporação"[5]. Os gerentes agem como empreendedores e são encorajados a assumir riscos para gerar novos e pequenos negócios fundados em conjunto por eles e pela companhia. Caso a experiência dê resultados, esses gerentes têm participação nas recompensas financeiras adicionais geradas, ao mesmo tempo em que experimentam a sensação de

realização e o *status* que esta situação acarreta. Embora de modo menos marcante, outras empresas como a 3M encorajam seus empregados a usarem 15% de seu tempo e até mesmo recursos da empresa em projetos particulares. A satisfação intrínseca potencial desses programas é verdadeiramente imensa.

EQUIDADE. É evidente que muitos aspectos complexos determinam a forma pela qual os empregados irão responder às recompensas econômicas. Não há respostas simples para os empregadores em suas tentativas de criar sistemas equitativos. A solução do empregado para esse problema complexo é uma comparação mais ou menos grosseira do tipo *custo-benefício,* análoga à utilizada na análise de ponto de equilíbrio em avaliações financeiras. O empregado identifica e compara custos pessoais e recompensas para determinar o ponto no qual esses itens aproximadamente se igualam, conforme ilustrado na Figura 7-2[6]. Os empregados consideram todos os custos do maior desempenho, como por exemplo o maior esforço. Comparam, então, esses custos com as prováveis recompensas, tanto intrínsecas, quanto extrínsecas. Ambos, custos e recompensas, são analisados *do ponto de vista do indivíduo.* A administração pode fornecer as recompensas, mas são os empregados que, individualmente, determinam o seu respectivo valor.

o ponto de equilíbrio entre custos e recompensas é aquele no qual custos e recompensas se igualam para um determinado nível de desempenho, conforme demonstrado pelo ponto B do quadro. O desempenho do empregado tende a se aproximar do ponto de equilíbrio, situando-se até mesmo um pouco abaixo deste, uma vez que, tipicamente, o empregado não pretende ser tão preciso a ponto de maximizar a relação custo-recompensa. O empregado tenta muito mais uma relação satisfatória, em que as recompensas são relativamente favoráveis aos custos. O desempenho tende a variar ao longo do intervalo $A'B'$.

Na Figura 5-2 os custos do empregado são mostrados elevando-se até um ponto muito próximo ao nível mais elevado de desempenho, como forma de representar a dificuldade adicional exigida pelos níveis máximos de esforço e concentração. A curva de cada empregado terá um formato diferente, representando valores individuais. A linha de recompensas é demonstrada através de uma reta, como aconteceria no caso de um sistema de pagamento por peças produzidas. Entretanto, em muitas circunstâncias, essa linha pode evoluir em degraus, depois que determinados graus de desempenho forem se verificando. Se a administração puder fazer com que a linha de recompensas eleve-se mais acentuadamente, via maiores recompensas, então o ponto de equilíbrio irá deslocar-se para um nível mais alto de desempenho.

> Muitos vendedores trabalham sob alguma forma de comissão que oferece a eles bônus periódicos[7]. Na maioria das vezes, os bônus se tornam maiores quando o vendedor atinge os níveis mais altos de desempenho, tomando por base a suposição de que, assim, o empregado fará o máximo para exceder-se. Entretanto, esse princípio é também algumas vezes ignorado, conforme constatado no caso de um distribuidor entrevistado por um dos autores deste livro. Na realidade ele *reduzia* o nível de bônus oferecido aos vendedores na medida em que atingiam os patamares mais elevados de vendas durante o mês. A explicação foi de que "Não quero que meus empregados enriqueçam às minhas custas".

COMPATIBILIDADE COM A LEGISLAÇÃO. Adicionalmente à necessidade de compreender os efeitos dos diferentes modelos motivacionais, os responsáveis pela gestão das recompensas e dos elementos de compensação têm a vida complicada pela exigência de observar uma ampla gama de leis federais e estaduais. A restrição mais significante diz respeito ao fato de que os sistemas de recompensas devem garantir que funcionários em cargos iguais recebam salários iguais[8]. Embora este programa, denominado *valor comparável*, seja um objetivo desejável de ser perseguido, a legislação tem apresentado dificuldades para muitas empresas durante sua implementação, devido ao alto grau de subjetividade envolvido na comparação de cargos. Esse problema tem se apresentado particularmente difícil para gerentes de pequenas empresas, onde é menor a experiência em avaliação de cargos.

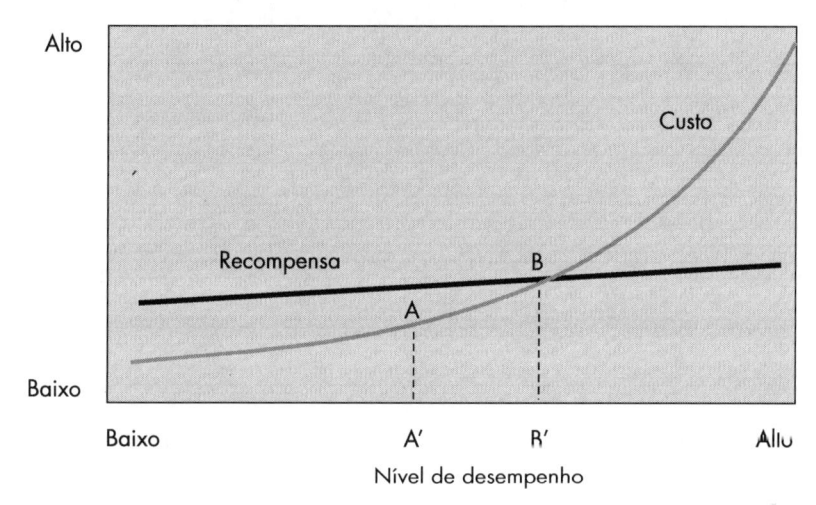

FIGURA 5-2 – Custo do desempenho em relação à recompensa do empregado. Desejo de desempenho do empregado tenderá a manter-se na área A' B'.

COMPORTAMENTO ORGANIZACIONAL E AVALIAÇÃO DE DESEMPENHO

A avaliação de desempenho exerce uma função chave em sistemas de recompensas. É o processo de verificação da qualidade de atuação dos empregados. Conforme demonstrado na Figura 5-3, a avaliação de desempenho é necessária para (1) alocar recursos em um ambiente dinâmico; (2) recompensar empregados; (3) fornecer *feedback* aos empregados sobre seus desempenhos; (4) manter relações justas dentro dos grupos; (5) aconselhar e desenvolver empregados e (6) atender regulamentos. Dessa forma, sistemas de avaliação de desempenho são necessários para uma gestão correta e para o desenvolvimento dos funcionários.

O primeiro registro que se tem de um sistema de avaliação de desempenho na indústria é o sistema de registro de blocos em livros desenvolvido por Robert Owen para sua fábrica de algodão de New Lanark, na Escócia, por volta de 1800. Os livros continham o registro de produção diária de cada trabalhador. Os blocos coloridos, com diferentes cores variando de ruim a bom, representavam a avaliação de cada funcionário e eram exibidos no local de trabalho de cada um. Owen ficou bastante impressionado com o modo pelo qual o sistema de blocos afetou o comportamento dos trabalhadores[9].

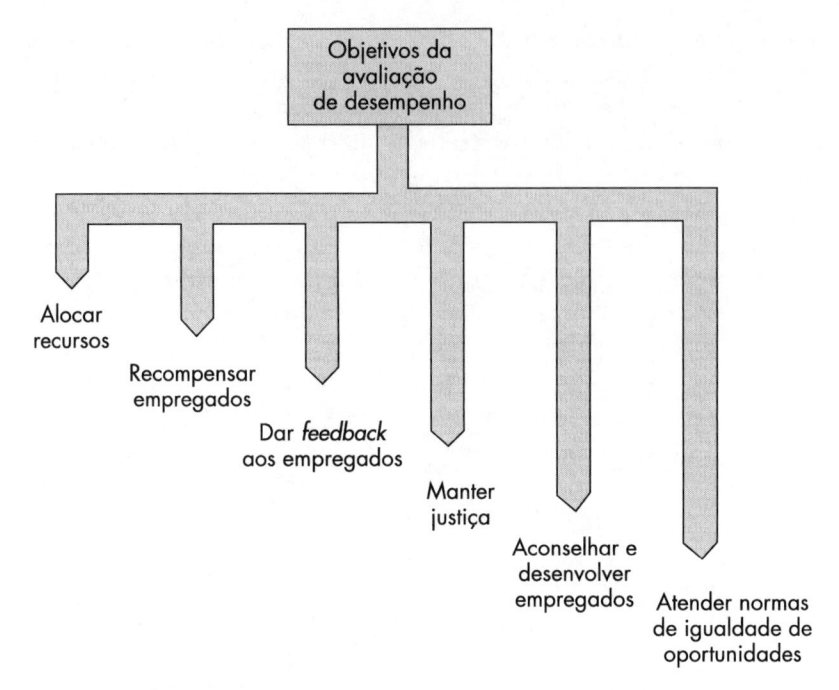

FIGURA 5-3 – Objetivos da avaliação de desempenho.

```
                    Objetivos da
                    avaliação
                    de desempenho
```

- Alocar recursos
- Recompensar empregados
- Dar *feedback* aos empregados
- Manter justiça
- Aconselhar e desenvolver empregados
- Atender normas de igualdade de oportunidades

O ambiente social das organizações mudou consideravelmente após Owen ter concebido seu sistema de avaliação. Leis federais e estaduais têm contribuído para o aumento da complexidade e da dificuldade de adoção de planos de avaliação de desempenho. Conforme acha-se demonstrado e exemplificado na Figura 5-4, os critérios para o funcionamento adequado dos sistemas de avaliação e atendimento de restrições legais são bastante rígidos. A administração deve delinear e operacionalizar esses sistemas de modo bastante cuidadoso, a fim de atender os critérios mencionados condicionantes.

Filosofia de avaliação

Inicialmente os programas de avaliação apresentavam a tendência de enfatizar traços, habilidades e deficiências dos empregados. Entretanto, os sistemas atuais têm como filosofia básica a ênfase no desempenho atual e nos objetivos futuros. A moderna concepção também salienta a participação dos empregados no estabelecimento conjunto de objetivos com a supervisão. Dessa forma, a marca registrada da moderna filosofia dos sistemas de avaliação de desempenho é dada pelos seguintes aspectos: 1) orientação para o desempenho; 2) foco nos objetivos e metas e 3) fixação mútua de objetivos por supervisores e empregados[10].

O princípio subjacente à mútua fixação de objetivos é o de que as pessoas irão trabalhar mais por objetivos e metas que ajudaram a estabelecer. A pressuposição básica é a de que as pessoas querem satisfazer algumas de suas necessidades através do trabalho que executam e que isso realmente irá se verificar, caso a administração garanta um ambiente favorável. Entre os anseios e desejos estão o realizar tarefas significativas, compartilhar do esforço do grupo, compartilhar do estabelecimento de objetivos, dividir as recompensas pelo esforço despendido e o contínuo crescimento pessoal. A fixação mútua de objetivos ajuda a atender tais necessidades. Empregados que participam do estabelecimento de objetivos visando ao próprio sistema de avaliação também costumam apresentar um nível de desempenho significativamente melhor. Como diz o ditado, "Se você sabe para onde quer ir, você está mais próximo de chegar lá".

A entrevista de avaliação

A grande maioria dos sistemas de avaliação exige que os supervisores avaliem seus subordinados sob vários aspectos do desempenho no trabalho. Independentemente do sistema utilizado, o resultado da avaliação é comunicado ao empregado em uma *entrevista de avaliação*. Trata-se de uma reunião na qual o supervisor fornece *feedback* aos empregados sobre o desempenho passado e discute quaisquer problemas que tenham surgido. Objetivos para o próximo período são então traçados, informando-se também aos empregados seus futuros ganhos.

SISTEMA DE AVALIAÇÃO DE DESEMPENHO
- É uma necessidade organizacional
- Acha-se baseado em critérios precisos e objetivos
- Acha-se baseado em cuidadosa análise dos cargos
- Emprega somente critérios ligados ao cargo
- Acha-se garantido por estudos quanto à confiabilidade e validade
- É aplicado por avaliadores treinados e qualificados
- É aplicado de forma objetiva em toda a organização
- Não apresenta discriminações proibidas pela legislação trabalhista

---

FIGURA 5-4 – Critérios necessários para garantir igualdade e uniformidade de aplicação do processo de avaliação de desempenho.

A necessidade de garantir essas múltiplas funções na entrevista de avaliação torna-a difícil para muitos chefes. Adicionalmente, existem diversos problemas comportamentais inerentes ao processo[11]. Pode haver um caráter de *confrontação*, caso cada uma das partes tente convencer a outra de que seu ponto de vista é o mais acurado (esses pontos de vista podem ser distorcidos por tendências de atribuição, conforme discutido no Capítulo 5). É também tipicamente *emocional*, já que o papel de supervisão pressupõe uma perspectiva crítica, enquanto o desejo dos empregados de "livrarem a cara" pode levar a atitudes defensivas. Possui ainda caráter de *julgamento*, uma vez que o supervisor deve avaliar o comportamento do empregado e os resultados obtidos, colocando o funcionário claramente em uma posição de subordinação. Além desses aspectos, avaliações de desempenho são tarefas *complexas* para os gerentes, exigindo compreensão do trabalho, cuidadosa observação do desempenho e sensibilidade para as necessidades dos empregados. Os chefes são também chamados a lidar com as situações e assuntos que, espontaneamente, são levantados dentro da própria discussão.

Em alguns casos os supervisores fracassam na condução de entrevistas de avaliação por falta de habilidades imprescindíveis. Talvez não tenham coletado informações sobre o desempenho de forma sistemática. Talvez não tenham sido específicos e claros o suficiente sobre as melhorias de desempenho necessárias durante a entrevista anterior. Podem relutar em fazer referência a tópicos difíceis ou falhar no envolvimento correto dos empregados no processo de avaliação e de discussão. Outros supervisores podem ter se tornado céticos quanto à probabilidade de que mudanças de atitudes ou comportamentais realmente ocorram. Alguns podem até mesmo encarar as avaliações como um jogo sem sentido e distorcer intencionalmente as classificações e o *feedback* fornecido. Todos esses fatores podem representar poderosas limitações para a utilidade da entrevista de avaliação, a menos que seja conduzida de forma apropriada.

Uma revisão das pesquisas sobre o assunto[12] revela que as avaliações apresentam maior possibilidade de sucesso quando o avaliador:

- conhece o conteúdo do cargo do empregado;
- tem a prática de reunir informações frequentes sobre desempenho;
- procura e se utiliza de informações de outros observadores dentro da organização;
- limita a quantidade de críticas (talvez a dois itens principais);
- oferece apoio, aceitação e reconhecimento pelo trabalho bem realizado; e
- permite participação nas discussões.

Este último aspecto tem sido ainda mais ampliado em recentes abordagens da entrevista de avaliação de desempenho. Algumas organizações, tanto do setor público quanto do privado, vêm incluindo a *autoavaliação* como uma parte formal do processo[13]. Embora funcionários com baixo desempenho tendam a atribuir seus problemas a fatores situacionais e que muitas pessoas se autoavaliem de modo bastante brando, tais limitações são superadas pelo fato de que a maioria dos indivíduos é coerente ao avaliar seus pontos fortes e fracos. Além disso, autoavaliações são muito menos ameaçadoras do que aquelas executadas por terceiros e, portanto, representam um terreno igualmente mais fértil para crescimento e mudança.

CONSEQUÊNCIAS GERENCIAIS. A condução de avaliações de desempenho apresenta também substanciais impactos nos avaliadores. Do lado positivo, um sistema de avaliação de desempenho encoraja os administradores a realizarem uma reflexão mais analítica e construtiva sobre seus funcionários. A necessidade de uma entrevista de avaliação face à face encoraja gerentes a serem mais específicos na identificação das habilidades, interesses e motivação de seus empregados. Frequentemente acabam percebendo que seus funcionários são pessoas diferentes e que merecem ser tratadas como tal. Por exemplo, maior oportunidade de participação pode ser mais apropriada quando o empregado conhecer bem o cargo, tiver uma forte necessidade de independência e demonstrar um desempenho passado aceitável.

Entretanto, de modo bem realístico, os administradores às vezes evitam realizar avaliações por não desejarem interromper um relacionamento tranquilo com um empregado ao fornecer *feedback* negativo. Torna-se particularmente difícil lidar com empregados de baixo desempenho e que necessitam de maior atenção e correções. Em outros casos, os gerentes não percebem qualquer recompensa por parte da organização para si mesmos oriundas do processo de avaliação[14]. Quando não houver incentivo intrínseco ou extrínseco para desempenho das tarefas, os administradores podem rejeitar inteiramente o processo, conforme ilustrado no exemplo a seguir.

> Gordy, empregado de uma fábrica, declarou que durante vários anos seu supervisor simplesmente lhe entregava um pedaço de papel dobrado com o valor de seu salário para o próximo ano. Aquele era o valor total de sua avaliação de desempenho! Apenas recentemente é que houve uma maior consciência na fábrica sobre as práticas eficazes dentro do campo do comportamento humano, sendo dado treinamento e recompensas aos chefes pela avaliação de desempenho de seus subordinados. Agora Gordy beneficia-se das vantagens trazidas pela discussão aberta sobre seu desempenho e pela fixação mútua de objetivos.

Mesmo quando entrevistas de avaliação são realizadas por gerentes capacitados, é duvidoso que produzam mudanças de desempenho a longo prazo. A avaliação age sempre como uma fonte de *feedback* e uma recompensa psíquica, sendo ainda necessários incentivos econômicos para se obter a motivação de empregados. Várias abordagens acham-se descritas a seguir, acompanhadas pelas vantagens e desvantagens de cada uma.

SISTEMAS DE INCENTIVOS MONETÁRIOS

Um *sistema de incentivo monetário* de qualquer tipo pode ser aplicado a praticamente todos os tipos de cargo. A ideia básica de todos eles é fazer com que o salário de um empregado varie na proporção de algum critério de desempenho, seja relativo ao indivíduo, ao grupo de trabalho ou à própria organização. Esses critérios podem incluir a produção do empregado, os lucros da companhia, as unidades embarcadas ou a taxa que expressa a relação entre custos de mão de obra e preços de venda. O pagamento pode ser imediato ou após o decorrer de um certo período de tempo, como por exemplo nos casos de planos de participação nos lucros.

A discussão a respeito de incentivos monetários acha-se centrada sobretudo em suas implicações comportamentais. Não será feita uma tentativa de discussão de todos os tipos e detalhes de planos de incentivos. Aqueles selecionados para apresentação foram os incentivos salariais, cuja utilização como incentivos individuais é bastante ampla, e esquemas de participação nos lucros e ganhos de produtividade, por serem formas de incentivos grupais atualmente populares. Na parte final será mostrado como incentivos são combinados com outros itens da administração salarial, no sentido de configurar um completo plano de remuneração.

Embora muito da discussão seja em termos de programas de incentivos de longo prazo, deve ser reconhecido que sistemas temporários também possuem um papel a desempenhar dentro do tema compensação em recursos humanos. Algumas vezes fornecem a exata quantidade adicional de motivação que gera o desejado aumento de desempenho. Eis um exemplo:

> Um fabricante de equipamentos especializados para escritório passou a registrar uma queda acentuada nas vendas de um de seus modelos. A redução foi de tal ordem que

acabou por determinar uma parada de produção de um mês durante a época de Natal. Por sugestão do gerente de vendas, a empresa passou a oferecer aos seus vendedores uma nota de 10 dólares para cada um dos modelos em questão que fossem vendidos durante o mês de dezembro. Essa oferta foi feita em caráter adicional ao bônus de Natal normal. O nível de resposta foi tão grande que a linha de produção teve que ser mantida em operação e alguns vendedores receberam um bônus em dinheiro superior a US$ 4.000, pago em notas de US$ 10. Tal quantia representava algo entre 10 e 20% dos ganhos anuais típicos dos vendedores.

Incentivos de ligação entre salário e desempenho

Existem diversos tipos de incentivos gerais que associam salário e desempenho[15]. Os principais acham-se apresentados na Figura 5-5. Talvez a medida mais difundida seja a quantidade produzida como determinante da remuneração, conforme é ilustrado por comissões de vendas ou então pelo pagamento por *peça produzida*. Isso fornece uma conexão simples e direta entre o desempenho e a recompensa. Aqueles empregados que produzem mais são mais recompensados. Frequentemente o salário é determinado por uma medida que combina quantidade-qualidade do trabalho, a fim de garantir os padrões de alta qualidade dos produtos ou que os serviços sejam mantidos. Por exemplo, um adicional por peça só é pago para aquelas unidades que se encontram dentro das especificações de qualidade.

Em outras situações, bônus de incentivos são dados somente a empregados que efetivamente atingem objetivos fixados. Por exemplo, um bônus pode ser dado pela venda de 15 carros no mês, mas não haverá qualquer bônus caso sejam vendidos apenas 14. Recompensas podem ser oferecidas tomando por base o sucesso obtido na geração de lucros, como nos casos de planos de participação nos lucros. Uma outra possibilidade é relacionar o salário com ganhos de eficiência nos custos. Um exemplo é o sistema de ganhos por produtividade, discutido em maiores detalhes mais adiante neste capítulo. Independentemente do tipo de incentivo que seja utilizado, o objetivo básico é associar uma parte do salário do empregado a alguma medida do desempenho do próprio empregado ou da organização.

SISTEMA DE INCENTIVO	EXEMPLO
Quantidade produzida	Adicional por peça; comissões de venda.
Qualidade produzida	Adicional por peça só para aquelas que atendem aos padrões.
Sucesso na consecução de objetivos	Comissão de vendas somente para clientes honestos.
Volume de lucros	Bônus pela venda de 15 carros (e não 14).
Economia de custos	Participação nos lucros
Habilidade dos empregados	Ganhos de produtividade
	Salário baseado nas habilidades

FIGURA 5-5 – Principais sistemas de incentivos para associar salário e desempenho.

VANTAGENS POTENCIAIS. Os incentivos oferecem várias vantagens potenciais para os empregados. A principal é que aumentam a percepção (instrumentalidade) de que recompensas acompanham níveis elevados de desempenho. Caso seja considerado que o dinheiro apresente valência para o empregado, então os níveis de motivação devem também aumentar.

Incentivos também apresentam validade do ponto de vista da teoria da equidade. Aqueles que tem desempenho melhor, recebem também as maiores recompensas. Esse tipo de equilíbrio entre entrada-saída é percebido como justo pela maioria das pessoas. Além disso, caso um maior salário seja uma recompensa valorizada, então os sistemas de incentivos são desejáveis do ponto de vista da modificação do comportamento. Oferecem uma consequência desejável (pagamento) que deveria reforçar o comportamento. Recompensas como comissões de vendas são mais imediatas e frequentes, o que é consistente com a filosofia de modificação do comportamento.

Uma outra vantagem do ponto de vista do empregado reside no fato de que os incentivos representam uma base de comparação mais objetiva. Podem ser computados a partir do número de peças produzidas, volume de vendas ou de outros critérios similares e igualmente objetivos. Em comparação com as avaliações de desempenho subjetivas dos supervisores, estes sistemas apresentam uma tendência de maior aceitação pelos empregados.

DIFICULDADES POTENCIAIS. Com tantos pontos positivos associados aos sistemas de incentivos, parece que os mesmos são sempre bem-vindos pelos empregados, em função das recompensas que podem trazer. Entretanto, existem algumas dificuldades que tendem a reduzir as vantagens potenciais. A equidade potencial é reduzida por outros desenvolvimentos que podem ser percebidos como iniquidades. Em termos de modificação de comportamento existem consequências desfavoráveis convivendo com aquelas mais favoráveis, oriundas de aumentos de salário, contribuindo para a redução das vantagens potenciais dos incentivos salariais.

Quando os empregados elaboram suas análises de custo-benefício, frequentemente descobrem que seus custos também aumentaram junto com as recompensas. O resultado pode ser que, caso o ponto de equilíbrio tenha se alterado, o efeito foi muito pequeno. Problemas adicionais acarretados pelos incentivos dizem respeito ao fato de que eles podem diminuir muito dos ganhos econômicos esperados. Por exemplo, novos empregados podem ter dificuldade em aprender o sistema; outros empregados que começam a apresentar uma queda em suas energias podem experimentar uma redução no total de seus salários, além do que alguns sindicatos podem ser contra a ideia de incentivos salariais. O ponto de vista central é de que *sistemas de incentivos produzem tanto consequências positivas quanto negativas para os empregados*. Ambos os tipos de consequências devem ser avaliados para determinar até que ponto qualquer tipo de sistema de incentivo é efetivamente desejável. As consequências econômicas parecem quase sempre positivas, o mesmo não acontecendo com as psicológicas e sociais.

O USO DOS INCENTIVOS SALARIAIS
Mais salário pela maior produção

Basicamente, *incentivos salariais* garantem um maior salário para uma produção mais elevada. O principal motivo para o uso de incentivos salariais é bastante claro: quase sempre aumentam a produtividade, enquanto reduzem os custos de mão de obra por unidade. Os empregados sob condições normais e, portanto, sem incentivos, têm capacidade para produzir mais, funcionando então os incentivos como liberadores de potencial. O aumento de produtividade é frequentemente substancial.

> A Lincoln Electric Company foi pioneira em desenvolver sistemas individuais de incentivos salariais há mais de 50 anos atrás[16]. Os empregados parecem gostar do sistema de incentivos. Apesar da pressão pela produtividade, a taxa de rotatividade é de somente 6% ao ano, representando um sexto da taxa de empresas similares. Um outro exemplo é o da Nucor, fabricante e operadora de miniusinas de produção de aço. Essa empresa paga bônus semanais fixados em função de medidas aceitáveis de produção. Os grupos recebem tipicamente cerca de 100% acima do salário-base. As taxas de rotatividade de pessoal, após o período inicial, são tão baixas que a Nucor nem se dá ao trabalho de aferi-las.

Para que possa ter sucesso, um incentivo salarial tem que ser simples a ponto de permitir que os empregados sintam uma forte confiança no pressuposto de que ao desempenho se seguirá a recompensa. Se o plano for tão complexo que dificulte aos empregados associar desempenho e recompensas, então níveis mais altos de motivação são pouco prováveis de ser obtidos. Os objetivos, requisitos de ilegibilidade, critérios de desempenho e características do sistema de pagamento devem estar perfeitamente fixados e entendidos pelos participantes[17].

Quando sistemas de incentivos operam com sucesso são avaliados favoravelmente pelos empregados, muito provavelmente por fornecerem também recompensas psicológicas, além das econômicas. Empregados experimentam satisfação pela execução de um trabalho bem-feito e que atenda suas necessidades de realização. A autoimagem pode melhorar, devido a maiores sentimentos de competência. Podem inclusive considerar que estão contribuindo com a sociedade, ajudando-a na tentativa de reconquista de uma liderança de produtividade entre outras nações. Alguns incentivos podem encorajar a cooperação entre empregados, uma vez que será ainda mais necessário trabalhar em grupo para receber os prêmios de incentivo.

> Um dos autores visitou a linha de montagem de uma pequena fábrica no interior de Illinois. Após a realização de tarefas preliminares por outros empregados, equipes de dois funcionários, trabalhando na base de incentivos, instalavam partes maiores – braçadeiras, fechaduras, dobradiças, maçanetas etc. – em peças de mobiliário. A velocidade de trabalho da equipe observada era inacreditável. Os funcionários pareciam voar em seu posto de trabalho. A interação durante a produção era como uma dança, perfeitamente coreografada e executada sem uma palavra. Pareciam saber não só suas atribuições individuais, mas também as de seu colega, sendo necessário apenas um aceno de cabeça ocasional entre eles como comunicação. Recebiam uma justa taxa de remuneração para cada peça, tinham as ferramentas e habilidades necessárias e ambos queriam ganhar mais. Como resultado, trabalhavam furiosamente durante algumas horas, fazendo paradas quando julgavam necessário e, ainda assim, eram capazes de ganhar mais incentivos salariais do que qualquer outra equipe da fábrica.

DIFICULDADES DOS INCENTIVOS SALARIAIS

Incentivos salariais para produção fornecem um exemplo do tipo de dificuldades que podem surgir em relação a muitos planos de incentivos, apesar de seus benefícios potenciais. A tarefa da administração é evitar ou reduzir os problemas, ao mesmo tempo em que tenta aumentar os benefícios, de tal modo que o plano de incentivos possa funcionar de modo mais eficaz.

A dificuldade comportamental básica com salários de incentivo dessa natureza diz respeito ao fato de que rupturas no sistema social podem levar a sentimentos de iniquidade e insatisfação. Em alguns casos essas rupturas são fortes o bastante para fazer com que empregados, recebendo através do sistema de incentivos, sintam-se menos satisfeitos com seus salários do que empregados recebendo um salário por hora, mesmo que ganhem mais do que os horistas.

Para que qualquer sistema de incentivos funcione bem, torna-se necessário que o mesmo esteja cuidadosamente coordenado com o sistema global de operações. Caso existam longos períodos nos quais os empregados devem esperar para que o fluxo de trabalho chegue em seus postos, então o esquema de incentivo acaba perdendo sua potência. Se o tipo de incentivo significar realocação dos empregados, então a administração deve planejar para que aconteça um reaproveitamento em algum outro lugar, a fim de que a segurança dos empregados não fique ameaçada. Se os métodos de trabalho são erráticos, devem ser padronizados para que uma taxa de recompensa justa possa ser estabelecida. Este é um processo complexo e que conduz a muitas dificuldades.

1. Incentivos salariais requerem normalmente o estabelecimento de padrões de desempenho. *Fixação da taxa* é o processo de determinação do resultado-padrão para cada cargo e representa a jornada diária justa para cada empregado. Aqueles envolvidos com o estabelecimento dessas taxas frequentemente se sentem constrangidos, não só devido à subjetividade no julgamento, mas também porque passam a ser vistos como responsáveis pelas mudanças e pelo estabelecimento de padrões mais difíceis.
2. Incentivos salariais podem tornar mais complexo o trabalho dos supervisores. Os supervisores precisam estar familiarizados com o sistema para que possam explicá-lo aos empregados. Os trabalhos burocráticos aumentam, resultando em maior probabilidade de erro e maior insatisfação dos funcionários. As relações de trabalho também aumentam de complexidade, fazendo com que os supervisores tenham que resolver diferentes expectativas da alta administração, daqueles que fixaram os incentivos, dos empregados e dos sindicatos.
3. Um problema também incômodo com os incentivos de produção acha-se relacionado aos *padrões de produção com folga.* Um padrão de desempenho apresenta folga quando os empregados são capazes de atingir os resultados com um esforço menor do que o normal. Quando a administração realiza ajustes no sentido de elevar os padrões fixados, é de se esperar que, provavelmente, os empregados irão experimentar um sentimento de iniquidade.
4. Incentivos salariais podem gerar desarmonia entre funcionários trabalhando dentro desse esquema e aqueles classificados como horistas. Quando esses dois grupos trabalham de forma sequencial, os horistas sentem-se discriminados por ganharem menos. Caso aqueles que recebem incentivos aumentem os resultados, os horistas que executam suas tarefas mais adiante no processo produtivo terão também que aumentar o ritmo, a fim de não causarem estrangulamentos. Os empregados sob esquemas de incentivos ganham mais quando produzem mais, o mesmo não acontecendo com os horistas.

Empregados horistas que precedem empregados com incentivos no processo produtivo podem, de vez em quando, "amolecer" e produzir menos sem qualquer redução no salário. Mas os rendimentos dos funcionários com incentivos ficam reduzidos quando existe menos trabalho a executar. O mesmo problema acontece quando um horista falta, reduzindo, assim, o fluxo de trabalho para os empregados com incentivos. Conflitos dessa natureza são tão difíceis de ser resolvidos que o melhor para a administração é não misturar os dois grupos funcionais em sequências integradas de produção.

5. Uma outra dificuldade com incentivos salariais é que podem resultar em *restrições de produção,* através das quais os empregados limitam sua produção, anulando o propósito dos incentivos. Tal fenômeno é causado por vários fatores – insegurança do grupo sobre a elevação dos padrões de produção, resistência às mudanças por parte de grupos informais dentro da organização e pelo fato de que nem sempre as pessoas se sentem à vontade trabalhando o tempo todo a plena capacidade.

Embora tais restrições ao trabalho se tornem mais evidentes em planos de incentivo em linhas de produção, elas existem também para pessoal de vendas. Tal fato é ilustrado pela situação apresentada a seguir, envolvendo vendedores trabalhando com comissões.

> Vendedores de equipamentos industriais de uma companhia recebiam um salário substancial, além de uma comissão de 1% sobre o volume de vendas, até um total de US$ 20.000. A partir desse teto, qualquer comissão por vendas adicionais era de 0,25%. Cada vendedor tinha uma quota anual, apesar de que o volume de vendas frequentemente variar em torno de 100%, devido à natureza do produto. Alguns vendedores trabalhavam somente até que a respectiva quota fosse alcançada, pois (1) sentiam receio de que as quotas fossem aumentadas para o próximo ano e não estavam dispostos a lidar com a pressão de atingir quotas mais difíceis, ou então (2) faziam objeção à redução da porcentagem de comissão de 1 para 0,25% que ocorria tão logo a quota era atingida. Outros vendiam somente um pouco além da quota, pois queriam "aparecer bem nos registros", não importando qual era a porcentagem de comissão e então reduziam as vendas, já que temiam que a companhia dividisse seus territórios, caso as vendas se tornassem muito elevadas. Havia também vendedores que tentavam vender o máximo o tempo todo, independentemente do esquema de incentivos adotado.

PARTICIPAÇÃO NOS LUCROS

Participação nos lucros é um sistema que distribui aos empregados uma parcela dos lucros auferidos no empreendimento, imediatamente após o término do ano fiscal, ou então em data posterior. Foi colocado em prática pela primeira vez no início da Revolução Industrial, recebendo popularidade, entretanto, somente após a 2ª Guerra Mundial. O crescimento da participação nos lucros foi encorajado nos Estados Unidos pelas leis federais de tributação, que passaram a permitir a transferência dos rendimentos dos empregados gerados por esquemas de participação nos lucros para fundos de pensão.

Salários-base, aumentos por desempenho e a grande maioria dos sistemas de incentivos reconhecem as diferenças individuais, enquanto a participação nos lucros reconhece interesses mútuos. Os empregados passam a se interessar pelo sucesso econômico de seus empregadores quando percebem que suas próprias recompensas são afetadas por esse sucesso. Um maior espírito de equipe tende a se desenvolver dentro da organização.

Organizações modernas que trabalham com tecnologia de ponta descobriram que a participação nos lucros é particularmente útil para gerar o vigor que as coloca na frente dos concorrentes. Caso haja sucesso, as recompensas são maiores e essa possibilidade sedimenta uma maior motivação e interesse entre os empregados.

De forma geral, a participação nos lucros tende a funcionar melhor em empresas rentáveis em fase de rápido crescimento e onde existem oportunidades de recompensas substanciais aos empregados. É menos provável que seja útil em empresas estáveis ou em fase de declínio e com pequenas margens de lucro e intensa competição. Participação nos lucros é também mais aplicável para executivos e profissionais de alto nível, uma vez que são as suas decisões que apresentam uma maior probabilidade de impactar mais significativamente os lucros da empresa. Empregados operacionais, por outro lado, apresentam uma maior dificuldade em relacionar suas atividades isoladas com a lucratividade da empresa, fazendo com que o esquema de participação nos lucros tenha menor atratividade para eles.

ALGUMAS DIFICULDADES COM A PARTICIPAÇÃO NOS LUCROS

Mesmo em situações onde a participação nos lucros parece adequada, algumas das vantagens genéricas são relevantes, como por exemplo:

1. Lucros nem sempre são diretamente associados ao esforço do empregado no cargo. Condições de mercado desfavoráveis podem anular o trabalho dedicado de um empregado.
2. A extensão do intervalo de tempo que os empregados devem aguardar pelas recompensas diminui seu impacto.
3. Uma vez que os lucros são de alguma forma imprevisíveis, a renda total do empregado pode variar de ano para ano. Alguns empregados podem preferir a segurança de um salário ou rendimentos mais estáveis.

Os aspectos sociais da participação nos lucros são tão ou mais significativos que aqueles econômicos ou de tributação. Para que a participação nos lucros desenvolva uma genuína comunhão de interesses é necessário que os empregados compreendam como ela funciona e experimentem um sentimento de justiça na sua aplicação. Caso contrário poderão rejeitá-la, conforme ilustrado pela situação descrita a seguir.

> Marvin Schmidt, proprietário idealista de uma pequena loja varejista empregava 25 pessoas. Trabalhou duramente para transformar seu pequeno negócio em uma loja bastante próspera no curto espaço de 7 anos. Muito do seu sucesso era devido à lealdade e cooperação de seus funcionários, muitos dos quais trabalhavam com ele há vários anos. Reconhecia essa contribuição e sempre quis dar a eles maiores recompensas; entretanto, nunca dispunha de capital para tanto.

Finalmente teve um ano fantástico e decidiu implantar um plano de participação nos lucros em dinheiro, que seria distribuído como bônus na época do Natal. O montante do bônus foi generoso e significava cerca de 30% dos ganhos individuais naquele ano. Foi anunciado e distribuído de surpresa junto com o cheque do salário semanal que antecedia o Natal. Nenhum empregado veio agradecer e muitos deles passaram a ser frios e pouco colaborativos a partir desse episódio. Marvin aprendeu que provavelmente os empregados acharam que se naquele momento foi possível dar um bônus tão significativo, então eles tinham sido explorados injustamente durante anos. apesar de sempre terem reconhecido que recebiam salários acima do mercado.

Analogamente aos empregados, muitos sindicatos e líderes sindicais também fazem restrições à participação nos lucros. A oposição dos sindicatos se origina basicamente pelo fato de que os sindicatos têm pouco controle dos fatores que afetam o lucro, com exceção dos custos de mão de obra. Temem também que a lealdade ao sindicato, as negociações coletivas e as campanhas sindicais fiquem esvaziadas. Distribuição de lucros acarreta variações salariais de empresa para empresa, fato que pode entrar em conflito com os objetivos do sindicato de garantir salários uniformes e mercado para seus afiliados. Todavia, a participação nos lucros não apresenta nada em contrário aos objetivos dos sindicatos de aumentar o bem-estar dos empregados. Muitas empresas que se utilizam desse esquema de remuneração têm seus empregados sindicalizados e não encontram oposição dos líderes sindicais ao sistema.

PLANOS DE PRÊMIOS POR PRODUTIVIDADE

Um outro tipo de incentivo bastante útil são os ganhos de produtividade (ou participação na produção). Um plano de *ganhos por produtividade* fixa um período histórico do desempenho da organização como base, avalia as melhorias ocorridas e divide os ganhos com os empregados através de alguma forma de cálculo. Exemplos de fatores de desempenho mensurados são níveis de estoque, horas trabalhadas por unidade de produto, utilização de matéria-prima e qualidade dos produtos acabados[19]. A ideia é destacar áreas controláveis pelos empregados e dar a eles um incentivo pela identificação e implementação de medidas que resultem em economias de custos.

> Um exemplo de planos de ganhos por produtividade é o Scanlon Plano Foi desenvolvido por Joseph N. Scanlon em uma pequena indústria de aço em 1938, tendo sido usado por muitas outras organizações desde então. É um plano de incentivos que remunera os empregados por reduções nos custos de pessoal, uma vez comparados com padrões prefixados. Aloca ao item pessoal um custo-padrão baseado na análise da experiência passada e expresso em termos de uma porcentagem, como por exemplo 42% dos custos totais de produção ou do valor total das vendas. Se os empregados trabalharem mais eficientemente e reduzirem essa porcentagem em relação ao custo, o valor dos ganhos é dividido entre os funcionários, independentemente dos lucros ou perdas da empresa no período. A divisão é efetuada geralmente de modo proporcional aos ganhos de cada empregado durante o período. A Figura 5-6 apresenta um resumo de como o bônus do Scanlon Plan é calculado.

Planos de ganhos por produtividade utilizam várias ideias fundamentais relativas ao campo do comportamento organizacional e representam muito mais do que simples planos de remuneração. Encorajam as sugestões de empregados, fornecem um incentivo para o trabalho em grupo, facilitam a coordenação e promovem melhorias nos sistemas de comunicação. As relações entre sindicatos e administração das empresas também frequentemente melhoram, uma vez que o sindicato ganha maior *status* por ter responsabilidade nos benefícios obtidos. Atitudes quanto a mudanças tecnológicas passam a ser mais positivas, já que os empregados estão cientes de que mais eficiência significa maiores bônus. Os sistemas de ganhos por produtividade ampliam especialmente a compreensão dos empregados, fazendo com que tenham uma visão mais abrangente do sistema produtivo, através da própria participação, em vez de confinar o conhecimento dos empregados ao limite específico de seus cargos.

CÁLCULO MENSAL DO BÔNUS	
Vendas líquidas do mês	$ 11.500.000
Aumento de inventário	300.000
Valor de venda da produção	$ 11.800.000
Custo-padrão da folha de pagamento (42% do valor das vendas)	$ 4.956.000
Valor da folha de pagamento do mês	4.031.000
Bônus por produtividade	$ 925.000
Bônus como porcentagem da folha de pagamento (a ser distribuído para cada empregado proporcionalmente aos salários)	18,66%

FIGURA 5-6 – Resumo dos cálculos de ganhos mensais por produtividade (Bônus do Scanlon Plan).

O sucesso dos sistemas de ganhos por produtividade dependem de um certo número de fatores-chave, tais como tamanho moderado da unidade produtiva, dados históricos operacionais suficientes para o estabelecimento de padrões, existência de centros de custos controláveis e relativa estabilidade do empreendimento[20]. Além disso, a administração deve estar também receptiva à participação dos empregados, a organização deve estar pronta para querer dividir os ganhos de produção com os empregados e o sindicato deve ser favorável a esse tipo de esforço cooperativo. Os gerentes precisam ser receptivos às ideias e tolerantes em relação às críticas dos funcionários.

> Um programa de aumento por produtividade substituiu um sistema de ganhos por unidade na Peabody Barnes, pequena (250 empregados, 30 milhões de dólares de faturamento anual) fábrica de bombas industriais e equipamento hidráulico[21]. Após um planejamento e implementação cuidadosos, um estudo de acompanhamento realizado durante dois anos revelou 24% de aumento na eficiência direta da mão de obra, combinado com 58% de redução nos gastos com sucata e seguros. As economias anuais estimadas em US$ 500.000 foram oriundas de 676 sugestões. A aceitação do plano pelos empregados foi de 95%, levantada através de uma pesquisa visando determinar a continuidade do sistema, apesar do fato de que os bônus só eram recebidos durante um terço dos períodos potenciais de recebimento.

SALÁRIO BASEADO NAS HABILIDADES

Em contraste com salários (que remuneram alguém por exercer um cargo) e com incentivos (que remuneram o nível de desempenho), *salários baseados nas habilidades* (também chamados de salários baseados no conhecimento) recompensam individualmente os empregados por aquilo que eles sabem fazer[22]. Começam a trabalhar recebendo um valor-hora base e recebem aumentos, seja pelo desenvolvimento das habilidades relacionadas ao cargo, seja pelo aprendizado de novos cargos dentro da unidade de trabalho. Algumas empresas fornecem aumentos para cada novo cargo aprendido; outras exigem que os empregados adquiram todo um conjunto de novas habilidades. Alguns sistemas de salários baseados nas habilidades fazem com que os supervisores se responsabilizem pela avaliação do conhecimento e das habilidades de cada novo empregado; outros permitem que as próprias equipes de trabalho avaliem o progresso de cada treinando.

Vantagens e desvantagens

Embora os sistemas salariais baseados nas habilidades sejam bastante novos, eles apresentam diversos pontos fortes potenciais[23]. Fornecem intensa motivação para que os empregados desenvolvam habilidades relacionadas ao trabalho que executam, reforçam o sentido de autoestima do empregado e permitem à organização contar com uma força de trabalho mais flexível, facilitando substituições em casos de ausência. Uma vez que os empregados efetuam um rodízio entre os cargos como meio de aprendê-los, há uma consequente redução da monotonia. A satisfação com o salário deve ser também relativamente mais elevada, devido a duas razões. Em primeiro lugar, o valor-hora recebido pelo empregado (pelo fato de possuir múltiplas habilidades) é frequentemente mais elevado do que aquele que seria pago pela tarefa desempenhada, já que somente em um sistema perfeito todos os empregados estariam utilizando constantemente todas as suas habilidades mais desenvolvidas. Como resultado, alguns empregados podem mesmo se sentir temporariamente mais remunerados do que deveriam ser. Em segundo lugar, é provável que os empregados percebam o sistema como equitativo, tanto pelo sentido de equilíbrio entre suas contribuições e recompensas, quanto pelo fato de saberem que todos os empregados com as mesmas habilidades ganham o mesmo salário.

Para o empregador resultam pelo menos dois custos diretos, assim como alguns indiretos. Uma vez que a maioria dos empregados irá voluntariamente aprender cargos de nível mais elevado, o salário-hora médio será maior do que o normal. Entretanto, isto deverá ser mais do que compensado pelo aumento de produtividade. Além disso, investimentos substanciais em treinamento operativo devem ser feitos, especialmente em relação ao tempo despendido em aconselhamento pelos supervisores e pares. Nem todos os empregados gostam de salários baseados em habilidades, já que tais sistemas representam uma pressão sobre eles no sentido de mobilidade para cima na escala de habilidades. A consequente insatisfação pode levar a uma variada gama de consequências, incluindo a rotatividade de pessoal.

Salário baseado em habilidades, analogamente a outros programas de incentivos, tende a funcionar melhor quando a cultura organizacional é de apoio e confiança. O sistema deve ser compreendido pelos empregados, que devem ter expectativas realistas sobre as perspectivas de maiores níveis salariais; e também deve ser possível para eles aprenderem novas habilidades, assim como tê-las prontamente avaliadas. Sob tais condições, esse tipo de programa apresenta-se consistente a outros tipos de incentivos discutidos neste capítulo, uma vez que procura ligar o salário do empregado com (o potencial para) o aumento de desempenho.

UM PROGRAMA COMPLETO

Classificação dos cargos, dos empregados e da organização

Muitos tipos de salários são necessários para um completo sistema econômico de recompensas. O processo de análise de cargos e as pesquisas salariais de mercado *classificam cargos,* comparando um cargo com outros, de acordo com os níveis de responsabilidade. Os incentivos e a avaliação de desempenho *classificam empregados,* levando em conta a produtividade de cada um e, em função disso, concedem mais recompensas. Esquemas de participação nos lucros *classificam a organização* em termos do desempenho econômico global, recompensando os empregados enquanto parceiros. Em conjunto, esses três sistemas representam a base fundamental de um completo programa de salários, conforme pode ser visualizado na pirâmide salarial apresentada na Figura 5-7. Cada abordagem pode contribuir com uma parcela para recompensar economicamente os empregados.

FIGURA 5-7 – Pirâmide salarial.

Esses três sistemas são complementares, uma vez que cada um contém um conjunto diferente de fatores que se acham refletidos na situação global. Salário-base e salário baseado em habilidades motivam os empregados a progredirem para cargos de maiores habilidades e responsabilidade. Salário-desempenho é um incentivo para aumentar a produtividade do empregado no trabalho. A participação nos lucros motiva na direção do esforço de grupo para aumento do desempenho organizacional.

Outros tipos de pagamentos, primariamente de natureza não incentivadora, podem também ser adicionados aos pressupostos básicos da remuneração. Ajustes salariais em função da antiguidade são executados para recompesar empregados pelo tempo dos serviços prestados e para encorajá-los a permanecer com o atual empregador, conforme acha-se humoristicamente demonstrado na Figura 5-8. Caso o empregador solicite aos empregados o sacrifício de trabalhar além do período normal, durante as folgas ou em horários indesejados, eles deverão ser remunerados adicionalmente por essas inconveniências. Outros pagamentos são devidos quando um empregado deixa de trabalhar, tais como períodos de férias, feriados e descansos sujeitos à remuneração garantida.

FIGURA 5-8 – A antiguidade por vezes aprisiona o empregado em uma situação de trabalho desfavorável.

Esses itens adicionais na base da pirâmide da remuneração têm baixo valor como incentivos diretos, já que não aumentam de acordo com os aumentos de desempenho no cargo. Alguns desses itens adicionais podem representar um incentivo indireto através de melhores atitudes. Outros itens, tais como salário, antiguidade, podem na realidade reduzir o incentivo do empregado para o trabalho. Toma-se claro, então, que não somente um, mas sim muitos fatores acabam entrando na composição do cheque mensal de salário do empregado. Alguns desses fatores são menos caracterizáveis como incentivo, estando mais ligados a objetivos amplos como segurança, equidade e justiça social. Um programa eficaz de recompensas econômicas é um balanceamento de muitos desses fatores. Desta forma, uma ampla variedade de necessidades dos empregados é contemplada.

Benefícios flexíveis

A combinação particular de recompensas econômicas utilizada por um empregador é contingente às necessidades dos empregados, tipo de trabalho e ambiente organizacional. Com o intuito de atender melhor as necessidades dos empregados, algumas organizações fornecem *programas de benefícios flexíveis,* também chamados de *programas de benefícios de "cafeteria",* uma vez que permitem aos empregados escolherem suas combinações individuais de benefícios, da mesma maneira pela qual escolhem diferentes pratos numa lanchonete. Cada empregado recebe uma determinada dotação econômica em função de seu cargo e, então, dentro das possibilidades de escolha disponível, seleciona a combinação preferida de recompensas que utiliza a verba total alocada[24].

> Por exemplo, um jovem empregado com muitos dependentes pode escolher transferir uma parte do dinheiro de seu plano de aposentadoria para seguro de vida e planos de assistência médica e dentária. Um solteiro próximo da aposentadoria pode reduzir o seguro de vida, enquanto acentua as contribuições para o plano de pensão e itens específicos, tais como assistência oftalmológica e complementação financeira. A capacidade desses programas do tipo "cafeteria" de fazerem frente às necessidades individuais acha-se demonstrada pelo caso da American Can Company. Uma pesquisa mostrou que 89% dos empregados estavam satisfeitos por ajustarem seus pacotes de benefícios a cada ano[25]. Uma vez que poucos empregados faziam na realidade alterações a cada ano, pode-se concluir que a satisfação dos empregados aparentemente era derivada da oportunidade percebida de fazer tais alterações.

RESUMO

Recompensas econômicas fornecem valor social tanto quanto financeiro. Desempenham um papel fundamental dentro de diversos modelos motivacionais, combinando expectância, equidade, modificação comportamental e abordagens baseadas nas necessidades. Os empregados executam uma simples comparação custo-benefício e trabalham próximos e um pouco abaixo do seu ponto de equilíbrio.

A avaliação de desempenho fornece uma base sistemática para identificação das contribuições dos empregados e da distribuição de recompensas econômicas. A moderna filosofia de avaliação enfatiza o desempenho, os objetivos e a fixação de objetivos. Todavia, a entrevista de avaliação pode ser difícil tanto para o chefe quanto para o subordinado.

Sistemas de incentivo fornecem diferentes quantidades de salário, relacionadas a alguma medida de desempenho. Tendem a aumentar as expectativas dos empregados de que recompensas irão seguir-se ao desempenho, embora a demora possa variar de uma semana a um ano. Incentivos frequentemente estimulam maior produtividade, mas também tendem a produzir algumas consequências negativas. Incentivos salariais recompensam maiores resultados de indivíduos ou grupos, enquanto a participação nos lucros enfatiza interesses mútuos por parte do empregador na tarefa de construir uma organização de sucesso. Ganhos por produtividade enfatizam melhorias em vários indicadores do desempenho organizacional, enquanto salários baseados nas habilidades recompensam os empregados pela aquisição de maiores níveis ou tipos de habilidades.

Uma vez que os empregados possuem diferentes necessidades a serem atendidas, muitos tipos de pagamento são necessários para caracterizar um sistema completo de recompensas econômicas. Em algumas organizações, programas de benefícios flexíveis permitem aos empregados selecionar combinações individuais de recompensas econômicas.

TERMOS E CONCEITOS PARA REVISÃO

Dinheiro como meio social de troca
Modelos motivacionais aplicados ao salário
Sistemas de incentivos econômicos
Pagamento por peça
Incentivos salariais
Estabelecimento de padrões
Folgas
Controle de produção
Comparações custo-benefícios
Avaliação de desempenho
Participação nos lucros
Ganhos por produtividade
Scanlon Plan
Salário baseado nas habilidades
Programa salarial completo
Programa de benefícios flexíveis

QUESTÕES PARA DISCUSSÃO

1. Explique como o dinheiro pode ser tanto um meio econômico quanto social de troca. Enquanto estudante, como você usa o dinheiro como meio social de troca?
2. Pense em um cargo que você ocupou ou que ocupa agora.
   a) Discuta especificamente como o modelo da expectância se aplica (ou se aplicou) em relação a seu salário.
   b) Discuta como você se sente (ou se sentiu) a respeito da equidade de seu salário e quais as razões que explicam esse sentimento.
   c) Desenvolva e explique uma comparação custo-benefício, levando em conta seu esforço e salário recebido.
3. Explique alguns benefícios comportamentais de modernos sistemas de avaliação de desempenho em comparação a sistemas mais tradicionais.
4. Quais são as principais medidas utilizadas para relacionar salário e nível de produção? Quais foram usadas no último cargo que você ocupou? Discuta a eficácia da medida ou medidas utilizadas.
5. Discuta algumas das vantagens e dificuldades ligadas a recompensas do tipo incentivo.
6. Você utilizaria a participação nos lucros, os ganhos por produtividade, salários baseados em habilidades ou incentivos salariais nos cargos abaixo relacionados? Discuta sua escolha em cada caso.
   a) Empregados de uma pequena empresa de computadores em rápido crescimento.
   b) Professor de uma escola pública.
   c) Escriturários processando pedidos em um escritório de seguros.

d) Mecânico de autos em uma pequena oficina mecânica.
e) Trabalhador rural atuando como catador de laranjas.
f) Empregado da linha de produção de uma fábrica de sapatos masculinos.
7. Formar pequenos grupos, cada um liderado por um elemento da classe que tenha atuado em cargo com comissões pelas vendas e discutir como essas comissões se relacionam tanto com a teoria da equidade como com a teoria da expectância. Fazer um relatório das principais conclusões para a classe.
8. Você já participou de esquemas de restrição deliberada de resultados (a) em um cargo e/ou (b) em algum curso da faculdade? Discuta por que você fez isso e quais as consequências resultantes.
9. "Salários baseados nas habilidades são um desperdício de recursos da empresa, uma vez que está sendo remunerado o desempenho potencial e não o desempenho real." Discutir esta afirmativa.
10. Durante os primeiros dez anos após terminar a faculdade você gostaria de encontrar um programa flexível de benefícios em sua situação de trabalho? Discuta por que sim ou não.

INCIDENTE

O NOVO PROGRAMA DE AVALIAÇÃO DE DESEMPENHO

Miles Johnson é supervisor de um escritório regional de vendas em uma cidade de cerca de meio milhão de pessoas. Há vários meses atrás Johnson estudou diversos artigos e matérias sobre avaliação de desempenho, a fim de determinar se era possível aperfeiçoar a abordagem que vinha utilizando junto a sua equipe de vendas. Baseando-se em suas leituras, acabou por efetivamente desenvolver um novo sistema que já se encontra vigente por seis meses. Recentemente fez a seguinte declaração sobre seu novo plano:

> "O novo plano definitivamente contribuiu para aumentar o moral e a produtividade de meus empregados. Antes eu classificava-os somente em relação ao volume de vendas em dólares. O funcionário que mais produzia era o de número 1 e assim por diante, até o último colocado. A listagem com a ordenação era afixada no quadro de avisos para que cada vendedor soubesse da posição de seus colegas. A intenção era aumentar a competição e este objetivo foi mesmo atingido, apesar de não revelar todos os dados sobre os desempenhos. Por exemplo, o funcionário mais produtivo nas vendas era também o pior em termos de multas recebidas. Alguns dos piores vendedores em termos de vendas eram melhores em relação às despesas com descontos sobre vendas do que colegas com nível de vendas mais elevados. Agora tenho um sistema de avaliação de desempenho que reconhece a posição do avaliado em dez categorias relevantes e ligadas ao cargo total e essa nova abordagem provocou um tremendo impulso na organização. Agora meus funcionários trabalham pela realização das dimensões globais do cargo e não pela consecução da meta única de volume de vendas".

QUESTÕES

1. Johnson melhorou realmente seu programa de avaliação de desempenho? Explique de que maneira em termos das teorias da equidade e da expectância, bem como em relação a outros modelos.

2. Você poderia recomendar outros aperfeiçoamentos para Johnson? Em caso afirmativo, explique-os.

EXERCÍCIO EXPERIMENTAL
AVALIAÇÃO DE DESEMPENHO/FILOSOFIA DE RECOMPENSA

1. Leia o seguinte conjunto de fases sobre pessoas e indique seu grau de concordância ou de discordância com cada uma delas, utilizando as escalas de avaliação indicadas.

	CONCORDA FORTEMENTE			DISCORDA FORTEMENTE	
A A maioria das pessoas não deseja equidade; elas querem ganhar mais do que seus pares.	1	2	3	4	5
B Pagamento baseado nas habilidades não irá funcionar, pois os empregados só aprenderão o mínimo necessário para ganhar um pouco mais e depois acabam esquecendo o que aprenderam.	1	2	3	4	5
C A maioria dos empregados está bastante confortável com o "status quo" para querer dedicar um esforço e aprender novas habilidades.	1	2	3	4	5
D A maioria dos empregados não entende o que os lucros representam e nem entendem sua importância; portanto o sistema de participação nos lucros está destinado a fracassar.	1	2	3	4	5
E Se for permitido que dentro de um sistema de benefícios flexíveis os empregados tomem as próprias decisões, sem orientação, poderiam fazer escolhas das quais se arrependeriam mais tarde.	1	2	3	4	5
F A divisão entre administração e trabalho operacional é tão grande que ambos os sistemas de participação nos lucros e de ganhos por produtividade não irão surtir resultados.	1	2	3	4	5
G Desde que as pessoas não querem ouvir sobre suas fraquezas e falhas, a entrevista de avaliação de desempenho não irá mudar a conduta dos empregados.	1	2	3	4	5
H A ideia de que os empregados avaliam os custos e as recompensas, associando-os com alguma conduta específica é ridícula. Simplesmente decidem se têm ou não vontade de fazer alguma coisa e depois fazem.	1	2	3	4	5

2. Formar pequenos grupos, tabular as respostas para cada questão (distribuição de frequências e média) e explorar as razões para quaisquer divergências significantes dentro da classificação do grupo.
3. No seu grupo, desenvolva afirmações alternativas para quaisquer itens com os quais você não concordou (classificações 3, 4 ou 5). Explique como suas novas frases refletem seus conhecimentos a respeito do comportamento humano em organizações, oriundo da leitura dos capítulos iniciais deste livro.

REFERÊNCIAS

1. Peter F. Drucker. "How to Make People Decisions", *Harvard Business Review*, julho-agosto 1985, p. 26.
2. Michael Schuster. "Gain Sharing: Do It Right the First Time". *Sloan Management Review*, inverno 1987, p. 18.
3. Esta abordagem foi originalmente proposta por Edward L. Deci, "Effects of Externally Mediated Rewards on Intrinsic Motivation". *Journal of Personality and Social Psychology*, vol. 18, 1971, pp. 105-115. Recente pesquisa de campo que confirma esta proposição aparece em artigo de Paul C. Jordan, "Effects of an Extrinsic Reward on Intrinsic Motivation: A Field Experiment". *Academy of Management Journal*, julho, 1986, pp. 405-412.
4. Numerosos exemplos de sistemas de reconhecimento em corporações aparecem no artigo de Bob Martin e Margaret Magnus, "A Case for Rewarding Recognition". *Personnel Journal*, dezembro 1986, pp. 65-76. Veja também Rosabeth Moss Kanter, "Holiday Gifts: Celebrating Employee Achievements", *Management Review*, dezembro, 1986, pp. 10-21.
5. Rosabeth Moss Kanter, "The Attack on Pay", *Harvard Business Review*, março-abril 1987, pp. 60-67. O exemplo da 3M foi extraído de A. Arthur Geis, "Making Merit Pay Work", *Personnel*, janeiro, 1987, pp. 52-60.
6. Uma discussão relacionada acha-se em Philip C. Grant, "Explaining Motivation Phenomena with the Effort-Net Return Model", *Nevada Review of Business & Economics*, primavera, 1982, pp. 29-32.
7. James S. Overstreet. "The Case for Merit Bonuses". *Business Horizons*, maio-junho 1985, pp. 53-58.
8. Exemplos de empresas que têm feito progressos em direção a este objetivo são dados por Aaron Bernstein. "Comparable Worth: It's Already Happening". *Business Week*, abril, 1986, pp. 52-56.
9. Robert Owen. "The Life of Robert Owen", Nova York: Alfred A. Knopf, Inc., 1920, pp. 111-112 (do original publicado em 1857).
10. Sumários de pesquisa aparecem em David E. Smith. "Training Programs for Performance Appraisal: A Review". *Academy of Management Review*, janeiro, 1986, pp. 22-40; e Clive Fletcher, "The Effects of Performance Review in Appraisal: Evidence and Implications". *Journal of Management Development*, vol. 5, n° 3, 1986, pp. 3-12.
11. Berkeley Rice. "Performance Review: The Job Nobody Likes". *Psychology Today*, setembro 1985, pp. 30-36. Os quatro problemas são extraídos por Robert E. Lefton. "Performance Appraisals: Why They Go Wrong And How to Do Them Right". *National Productivity Review*, inverno, 1985-86, pp. 54-63.
12. Veja, por exemplo, Peter W. Dorfman, Walter G. Stephan e John Loveland. "Performance Appraisal Behaviors: Supervisor Perceptions and Subordinate Reactions". *Personnel Psychology*, outono, 1986, pp. 579-597; Paulette A. McCarty. "Effects of Feedback on the Self-Confidence of Men and Women". *Academy of Managment Journal*, dezembro, 1986, pp. 840-847; e Ted Cocheu. "Performance Appraisal: A Case in Points". *Personnel Journal*, setembro, 1986, pp. 48-55.
13. Brent S. Steel. "Participative Performance Appraisal in Washington: An Assessment of Pos-Implementation Receptivity. *Public Personnel Management*, verão, 1985, pp. 153-171.
14. Nancy K. Napier e Gary P. Latham. "Outcome Expectancies of People Who Conduct Performance Appraisals". *Personnel Psychology*, inverno, 1986, pp. 827-837. Uma resposta para gerentes que não fazem avaliação de desempenho é os empregados iniciarem o processo; veja Susan J. Ashford. "Feedback-Seeking in Individual Adaptation: A Resource Perspective". *Academy of Management Journal*, setembro, 1986, pp. 465-487.
15. A ligação salário-desempenho é discutida por Carla O'Dell e Jerry McAdams. "The Revolution in Employee Rewards". *Management Review*, março, 1987, pp. 29-33; Rosabeth Moss Kanter. "Pay and Hierarchy". *Management Review*, junho, 1986, pp. 11-12; e E. James Bren-

nan. "The Myth and the Reality of Pay for Performance". *Personnel Journal*, março, 1985, pp. 73-75.
16. Dados sobre a Lincoln Electric encontram-se em William Baldwin. "This is the Answer". *Forbes*, 5 de julho, 1982, pp. 50 e seguintes; o sistema Nucor está descrito na reportagem, "Nucor's Ken Inverson on Productivity and Pay". *Personnel Administrator*, outubro, 1986, pp. 46 e seguintes.
17. Daniel C. Rowland e Bob Greene. "Incentive Pay: Productivity's Own Reward". *Personnel Journal*, março, 1987, pp. 48-57.
18. Stephen Solomon. "How a Whole Company Earned Itself a Roman Holiday". *Fortune*, 15 de janeiro, 1979, pp. 80-83.
19. Warren C. Hauck e Timothy L. Ross. "Sweden's Experiments in Productivity Gainsharing: A Second Look". *Personnel*, janeiro, 1987, pp. 61-67.
20. Michael Shuster. "Gain Sharing: Do It Right the First Time". *Sloan Management Review*, inverno 1987, pp. 17-25; Edward E. Lawler, III. "Gainsharing Research: Findings and Future Directions". Working Paper T 85-1 (67). University of Southern California: Center of Effective Organizations (veja especialmente quadro 3, p. 7).
21. Timothy L. Ross, Larry Hatcher e Ruth Ann Ross. "The Multiple Benefits of Gainsharing". *Personnel Journal*, outubro, 1986, pp. 14 e seguintes.
22. Introdução geral fornecida por Henry Tosi e Lisa Tosi. "What Managers Need to Know about Knowledge-Based Pay". *Organizational Dynamics*, inverno, 1986, pp. 52-64; e Dale Feur. "Paying for Knowledge". *Training*, maio, 1987, pp. 57-66.
23. Comparação das vantagens e desvantagens aparecem em Edward E. Lawler, III e Gerald E. Ledford, Jr. "Skill-Based Pay: A Concept That's Catching On". *Management Review*, fevereiro, 1987, pp. 47-51; e Rosabeth Moss Kanter. "From Status to Contribution: Some Organizational Implications of the Changing Basis for Pay". *Personnel*, janeiro, 1987, pp. 12-37.
24. *Flexible Benefits: Will They Workfor You?*, Chicago: Commerce Clearing House, Inc., 1984.
25. John A. Haslinger. "Cafeteria Plans: From Bread-and-Butter to Caviar". *Management Focus*, novembro-dezembro, 1984, pp. 22-25.

PARA LEITURA ADICIONAL

Be1cher, Davis W., e Thomas J. Atchison. *Compensation Administration*, 2ª ed., Englewood Cliffs, N. J.: Prentice-Hall, Inc, 1987.
Bernadin, H. John e Richard W. Beathy. *Performance Appraisal: Assessing Human Behavior at Work*. Boston: Kent Publishing Company, 1984.
Doyle, Robert 1. *Gainsharing and Productivity*. Nova York: AMACOM, 1983.
Lawler, E. E., III. *Pay and Organizational Effectiveness: A Psychological View*. Nova York: McGraw-Hill Book Company, 1971.
Leisieur, F. G. (ed.). *The Scanlon Plan*. Cambridge, Mass.: MIT Press, 1958.
Maier, N.R.F. *The Appraisal Interview*. Nova York: John Wiley & Sons, Inc., 1958.
Moore, Brian E. e Timothy L. Ross. *Productivity Gainsharing*. Englewood Clifts, N. J.: Prentice-Hall, Inc, 1983.
Rausch, Erwin, e Michael H. Frisch. *Win-Win Performance Management/Appraisal*, Someset, N. J.: John Wiley & Sons, Inc., 1985.
Wallace, Marc J., e Charles H. Fay. *Compensation Theory and Practice*. Boston: Kent Publishing Company, 1983.

CAPÍTULO 6

AS ATITUDES DOS EMPREGADOS E SEUS EFEITOS

> *O ponto fundamental é como administrar uma organização de maneira a permitir que os empregados sejam, ao mesmo tempo, felizes e produtivos – uma situação na qual tanto os empregados quanto os empregadores acham-se satisfeitos com os resultados.*
>
> Barry M. Staw[1]

> *Executivos e administradores necessitam basicamente saber como construir uma cultura e um ambiente que incentivem um sentimento de lealdade de longo prazo junto à força de trabalho.*
>
> Gordon F. Shea[2]

▼ OBJETIVOS DO CAPÍTULO

Compreender:

▶ A natureza da satisfação no trabalho

▶ O relacionamento entre satisfação e desempenho

▶ Envolvimento no trabalho e identificação com a organização

▶ Alguns efeitos positivos e negativos das atitudes dos empregados

▶ Características de um empregado satisfeito

▶ Vantagens do estudo das atitudes dos empregados

▶ Planejamento e uso de pesquisas

Atitudes negativas por parte dos empregados são frequentemente causa de deterioração das condições de uma organização. Quando as atitudes ficam comprometidas, os resultados podem ser greves, reduções no ritmo de trabalho, faltas e rotatividade da mão de obra. Essas atitudes podem também ser parte de reivindicações trabalhistas, baixo desempenho, má qualidade dos produtos, furtos de empregados e problemas disciplinares. Os custos organizacionais decorrentes dessas atitudes desfavoráveis dos empregados podem ser astronômicos, conforme demonstrado no exemplo a seguir.

> A General Motors Corporation informa que sua taxa de absenteísmo involuntário – não comparecimento do empregado ao trabalho no horário previsto – é de 5%[3]. Isto se traduz na ausência diária de 25.000 empregados e na perda de 50 milhões de horas anuais de trabalho. O custo total anual para a companhia representa a espantosa soma de US$ 1 bilhão.

Atitudes favoráveis, em contrapartida, são desejáveis pela administração, uma vez que tendem a se apresentar relacionadas com os resultados positivos pretendidos. A satisfação dos empregados, juntamente com elevados padrões de produtividade, é marca registrada de organizações bem administradas, conforme sugerido pela citação de abertura deste capítulo. Atitudes favoráveis são produto de uma administração comportamental eficaz e do contínuo processo de sedimentação de um clima organizacional de apoio aos valores humanos. Este capítulo acha-se centrado nas atitudes dos empregados em relação ao trabalho que exercem e nas formas de obter informações sobre essas atitudes e utilizá-las de modo eficaz.

A NATUREZA DAS ATITUDES DOS EMPREGADOS

ATITUDES são sentimentos e crenças que determinam fundamentalmente como os empregados irão perceber o ambiente onde se encontram. Atitudes são um conjunto de indicadores mentais que afetam a visão de uma pessoa em relação a alguma coisa, do mesmo modo pelo qual uma janela fornece uma estrutura através da qual será possível olhar para dentro ou para fora de um edifício. A janela nos permite observar algumas coisas, mas a forma e o tamanho da estrutura podem impedir nossa visão de outros elementos. Além disso, a tonalidade do vidro pode afetar a acuidade de nossa percepção, tanto quanto a "cor" de nossas atitudes tem um impacto no modo pelo qual percebemos e julgamos nosso ambiente de trabalho. Enquanto administradores de comportamentos nas organizações, os executivos e gerentes acham-se vivamente interessados na natureza das atitudes dos empregados em relação a seu trabalho, organização e carreiras.

Satisfação no trabalho

NATUREZA. *Satisfação no trabalho* é um conjunto de sentimentos favoráveis ou desfavoráveis com os quais os empregados veem seu trabalho. Há uma diferença importante entre esses sentimentos associados ao cargo e dois outros elementos das atitudes dos empregados. Satisfação no trabalho é um *sentimento* de relativo prazer ou dor ("Gosto de ter uma ampla variedade de tarefas a executar") que difere de *raciocínios* objetivos ("Meu trabalho é complexo") e de *intenções* comportamentais ("Planejo pedir demissão deste cargo em 3 meses"). Em conjunto, esses três componentes do conceito de atitude ajudam os administradores a compreenderem as reações dos empregados em relação ao tipo de trabalho que executam e a preverem o efeito dessas reações sobre o comportamento futuro.

Satisfação no trabalho refere-se tipicamente às atitudes de um único empregado. Por exemplo, é viável que um gerente possa concluir que "Antonio Ortega parece bastante contente com sua recente promoção". Satisfação no trabalho pode também referir-se ao nível geral de atitudes dentro de um grupo, como no caso do departamento de ferramentaria e estamparia, onde" a satisfação no trabalho apresenta-se constantemente alta". Complementarmente, o termo moral refere-se a atitudes do grupo que são igualmente importantes de ser avaliadas, uma vez que os indivíduos frequentemente buscam seus padrões sociais junto aos colegas de trabalho, adaptando suas próprias atitudes de modo a torná-las consistentes com aquelas do grupo de referência.

A satisfação no trabalho pode ser encarada como uma atitude global ou então ser aplicada a determinadas partes do cargo ocupado pelo indivíduo. Por exemplo, embora Antonio Ortega apresente uma satisfação global elevada no trabalho e tenha gostado de sua promoção, pode estar insatisfeito com sua programação de férias. Os estudos sobre satisfação no trabalho, entretanto, frequentemente enfocam partes que se acredita sejam importantes, uma vez que isso predispõe o empregado a comportar-se de determinada maneira. Esses estudos dividem também a atenção entre elementos que se acham diretamente relacionados ao conteúdo do cargo (natureza do cargo) e aqueles que fazem parte do contexto do cargo (chefia, colegas e organização).

Satisfação no trabalho, como qualquer outro tipo de atitude, é geralmente formada durante um determinado período de tempo, à medida que o empregado vai obtendo informações sobre o ambiente de trabalho. Todavia, a satisfação no trabalho é dinâmica, uma vez que pode deteriorar-se muito mais rapidamente do que o tempo necessário para desenvolver-se. Os administradores não podem estabelecer as condições que levam hoje à satisfação mais elevada e então negligenciá-las, ainda mais porque as necessidades dos empregados podem mudar de repente. Os administradores precisam prestar atenção nas atitudes dos empregados semana a semana, mês após mês, ano após ano.

Satisfação no trabalho representa uma parcela da satisfação com a vida. A natureza do ambiente de alguém fora do trabalho influencia seus sentimentos no trabalho. De modo análogo, dado que um cargo é uma parte importante da vida da pessoa, a satisfação no trabalho influencia também o sentimento de satisfação global com a vida de uma pessoa. O resultado é a ocorrência de um *efeito de permeação* (*spillover*) em ambas as direções entre as satisfações no trabalho e com a vida. Consequentemente, os administradores podem ter a necessidade de monitorar não somente o cargo e o ambiente de trabalho mais imediato, mas também as atitudes dos empregados em relação a outras partes de suas vidas, conforme acha-se indicado na Figura 6-1.

> O supervisor de Nancy Rickson, secretária de um pequeno escritório, estava tendo dificuldades para entender o comportamento dela no trabalho. Nancy havia recentemente recebido uma promoção e um aumento de salário, mas continuava a demonstrar sinais de crescente infelicidade, de distração e de falta de cuidado em seus hábitos de trabalho.

Várias conversas na tentativa de investigar melhor suas atitudes em relação ao trabalho não forneceram pistas adequadas sobre os reais motivos de sua insatisfação.

Um dia o chefe resolveu perguntar-lhe a respeito de um de seus filhos, cuja foto achava-se sobre a mesa de trabalho. Quase que imediatamente ela começou a desfiar uma considerável série de histórias infelizes, incluindo seus dois divórcios, problemas de delinquência do filho, falta de apoio de seus pais e impossibilidade de continuar dedicando-se ao seu lazer favorito (tênis). Esses problemas, bem como o fato de não poder discuti-los com ninguém, estavam afetando suas atitudes e desempenho no trabalho. À medida que todo o quadro foi se delineando, o supervisor passou a tomar consciência do estreito relacionamento entre a satisfação de Nancy com sua vida pessoal e sua satisfação no trabalho.

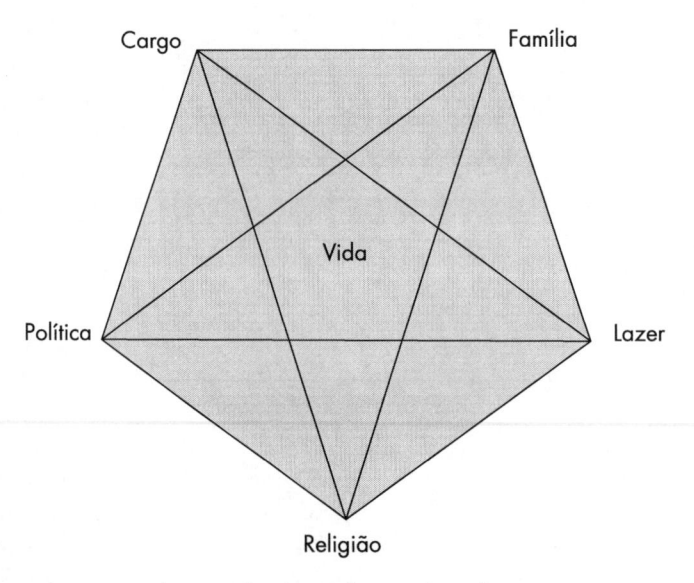

FIGURA 6-1 – Alguns elementos relacionados à satisfação pessoal.

IMPORTÂNCIA. Devem os administradores estudar a satisfação no trabalho de seus funcionários e tentar melhorá-la quando possível? Deixando de lado a intenção de aplicar "receitas perfeitas" ou o desejo de construir uma organização ou sociedade melhores, a resposta a essa questão envolve a consideração de quatro aspectos críticos, abaixo indicados:

- Há espaço para melhorias?
- Quem está relativamente mais insatisfeito?
- O que contribui para a satisfação dos empregados?
- Quais são os efeitos das atitudes negativas dos empregados?

NÍVEL DE SATISFAÇÃO NO TRABALHO. Estudos a nível nacional e a longo prazo indicam que a satisfação no trabalho tem se apresentado relativamente elevada e estável nos Estados Unidos. Embora as expectativas dos trabalhadores tenham tanto aumentado, quanto mudado de direção ao longo do tempo, a qualidade das práticas gerenciais também, por seu lado, evoluiu. Como resultado, mais de 80% da força de trabalho declara-se razoavelmente satisfeita com seu trabalho[4]. Todavia, isso não deveria fazer com que os administradores se acomodassem, pois tal situação sugere também que milhões de trabalhadores estão infelizes e que muitos outros milhões (como Antonio Ortega) estão provavelmente insatisfeitos com algum aspecto específico de seus cargos. Complementarmente, muitos dos empregados "satisfeitos" talvez tenham se resignado em relação à situação de trabalho que vivenciam, fazendo com que na realidade não se sintam nem satisfeitos e nem insatisfeitos.

O nível de satisfação no trabalho entre diferentes grupos ocupacionais não é constante e apresenta-se relacionado a um determinado número de variáveis. Isso permite aos administradores identificarem quais grupos estão mais suscetíveis a apresentar problemas comportamentais associados à insatisfação. As variáveis-chave dizem respeito à idade, nível ocupacional e tamanho da organização.

À medida que os empregados vão ficando mais velhos, tendem a mostrar-se ligeiramente mais satisfeitos com seus cargos. Aparentemente, acabam por diminuir suas expectativas para níveis mais realistas, ajustando-se melhor às situações de trabalho. De modo igualmente presumível, indivíduos em níveis ocupacionais mais elevados tendem a essar mais satisfeitos no trabalho. Como seria de se esperar, essas pessoas recebem maiores salários, gozam de melhores condições de trabalho e executam tarefas que exigem uma utilização mais completa de suas habilidades. Finalmente há algumas evidências sugerindo que os níveis de satisfação no trabalho são mais elevados em unidades organizacionais menores (como, por exemplo, em uma fábrica subsidiária). Isso acontece porque organizações maiores tendem a reprimir as pessoas; nelas o processo de apoio frequentemente se rompe, os limites de amizade e aproximação pessoal são mais restritos e o trabalho em pequenos grupos, mais difícil. Todos esses fatores são relevantes para a satisfação de um grande número de pessoas.

FONTES DE SATISFAÇÃO. Se a administração desejar aumentar o potencial para a satisfação dos empregados, existem vários caminhos a percorrer. Por exemplo, conforme foi discutido no capítulo anterior, muitos empregados respondem bem a incentivos monetários, especialmente quando estes se acham bastante ligados ao desempenho individual. A satisfação é também um produto das percepções do empregado sobre o nível geral do salário, além da equidade desse salário. O modelo motivacional de fixação de objetivos indica que os empregados irão experimentar satisfação sempre que conseguirem atingir objetivos difíceis e, por isso, cargos desafiadores são desejáveis.

Muitas pessoas não gostam também de ambiguidade, fazendo com que claras expectativas de papel, com atribuições e tarefas definidas auxiliem essas pessoas a superarem esse tipo de preocupação. Empregados são muito ansiosos a respeito de como estão se saindo, assim um constante *feedback* poderia também ser útil. Muitas vezes funcionários sentem-se mais à vontade com um supervisor que os considere, ou seja, um chefe que demonstre interesse por seus sentimentos e que forneça também oportunidades para que participem na tomada de decisões. Em resumo, satisfação no trabalho é um fator crítico dentro do tema comportamento organizacional. Necessita, portanto, ser compreendido, acompanhado e trabalhado de modo que evite os problemas potenciais da insatisfação que podem prejudicar a vida das organizações.

ENVOLVIMENTO NO CARGO E IDENTIFICAÇÃO COM A ORGANIZAÇÃO

Além da satisfação no trabalho, dois outros tipos de atitudes dos empregados são importantes para muitos empregadores. *Envolvimento no cargo* é o grau em que os empregados se acham imersos em seus cargos, investem tempo e energia e encaram o trabalho como parte central de suas vidas[5]. Ocupar cargos com significado e desempenhá-los adequadamente são importantes fontes de informação para sua própria autoimagem, fato que ajuda a explicar os efeitos traumáticos da perda do emprego nas necessidades de estima. Empregados envolvidos no cargo provavelmente acreditam na ética do trabalho, possuem elevadas necessidades de crescimento e apreciam participar da tomada de decisão. Como resultado, raramente faltam ou chegam atrasados, têm vontade de trabalhar horas a fio, além de tentarem apresentar excelente desempenho.

IDENTIFICAÇÃO COM A ORGANIZAÇÃO é o grau em que o empregado se vê na organização e deseja dela continuar participando ativamente[6]. Como uma forte força magnética atraindo mutuamente dois objetos metálicos, representa uma medida da vontade do empregado de permanecer na empresa no futuro. Frequentemente reflete a crença do empregado na missão e nos objetivos da empresa, sua vontade de despender esforço para a consecução deles e intenções de continuar trabalhando ali. De escopo mais amplo do que a lealdade[7], é comumente mais forte entre empregados com mais tempo na organização, entre os que experimentaram sucesso pessoal na empresa e junto aos que atuam em um grupo envolvido com o trabalho. Funcionários identificados com a organização apresentam bons índices de comparecimento ao trabalho, atitudes favoráveis em relação às políticas organizacionais e baixas taxas de rotatividade.

Em virtude da satisfação no trabalho ter recebido considerável atenção, tanto de pesquisadores quanto de administradores, neste capítulo será elaborada uma cuidadosa análise dos efeitos da satisfação e da insatisfação no trabalho. Todavia, uma abordagem mais compreensiva para estudo do comportamento organizacional sugere que o administrador deva considerar os meios pelos quais o ambiente de trabalho pode ajudar a produzir as três atitudes-chave junto aos empregados – satisfação no trabalho, envolvimento no cargo e identificação com a organização.

EFEITOS DAS ATITUDES DOS EMPREGADOS

Quando os empregados estão insatisfeitos em seus cargos e tais sentimentos são fortes e persistentes, torna-se necessário compreender que impacto isso pode ter em seus comportamentos subsequentes. De modo mais específico, a preocupação é determinar se o empregado insatisfeito irá, mais provavelmente, faltar ou chegar tarde, ou, então, reduzir os níveis de produtividade, cometer furtos ou demitir-se da organização. Um grande número de estudos enfoca essas questões, sendo a natureza básica dos resultados aqui apresentada.

DESEMPENHO DO EMPREGADO. Alguns administradores apegam-se a um velho mito – aquele que afirma que elevada satisfação sempre leva ao elevado desempenho do empregado; entretanto, esse pressuposto não é correto[8]. Empregados satisfeitos, na realidade, podem apresentar alto, médio ou baixo padrão de desempenho e manterão a tendência de continuar apresentando o padrão de desempenho que anteriormente trouxe a eles satisfação (conforme o modelo de modificação do comportamento). A relação satisfação-desempenho é muito mais complexa do que simplesmente presumir que "satisfação leva ao desempenho".

> Atletas profissionais frequentemente experimentam os efeitos de ficarem satisfeitos em excesso com seus desempenhos. Sucessos anteriores periodicamente acabam tornando-os complacentes e fazendo com que joguem descuidadamente, acarretando derrotas a suas equipes. Um dos papéis do treinador é manter os jogadores *insatisfeitos* com suas contribuições, provocar um desejo renovado de vencer e motivar os jogadores a jogar ainda melhor. Nesse caso, a *insatisfação* poderia levar a um melhor desempenho!

Uma caracterização mais precisa desse relacionamento é a de que o elevado desempenho contribui para a elevada satisfação, conforme demonstrado na Figura 6-2[9]. A sequência é que o melhor desempenho tipicamente leva a maiores recompensas econômicas, sociais e psicológicas. Se essas recompensas forem consideradas justas e equitativas, então um aumento na satisfação se processa, uma vez que os empregados sentem que estão recebendo recompensas em função de seus desempenhos. Por outro lado, caso as recompensas sejam percebidas como inadequadas para um dado nível de desempenho individual, a insatisfação tende a se manifestar. Em ambos os casos o nível de satisfação de uma pessoa conduz tanto à maior como à menor identificação, que, por sua vez, afeta o esforço e, eventualmente, o desempenho novamente. O resultado é a contínua formação de um círculo, ligando *desempenho, satisfação* e *desempenho*. A implicação é a de que a administração deve devotar seus esforços para ajudar o desempenho dos empregados, fato que provavelmente irá gerar satisfação como subproduto.

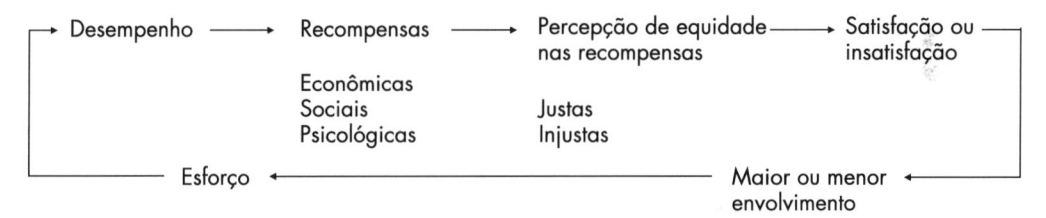

FIGURA 6-2 — O círculo desempenho-satisfação-esforço.

ROTATIVIDADE. Conforme era de se esperar, maior satisfação no trabalho acha-se associada a taxas mais baixas de *rotatividade de pessoal*, que é a proporção de empregados que deixam a organização. Empregados mais satisfeitos estão menos propensos a pensar em pedir demissão, procurar um novo trabalho ou mesmo anunciar a intenção de deixar a empresa, apresentando maior probabilidade de ficarem mais tempo com o atual empregador[10]. De modo análogo, conforme demonstrado na Figura 6-3, os empregados menos satisfeitos apresentam taxas mais altas de rotatividade. Podem sentir falta de realização, receber pouco reconhecimento no cargo, vivenciar constantes conflitos com a chefia ou com os colegas, ou então terem atingido um patamar em suas carreiras. Como consequência, tendem a procurar melhores ares em outro lugar e deixam seus empregadores, enquanto os mais satisfeitos permanecem.

Um problema incomum relacionado à rotatividade tem ocorrido em diversas organizações que se viram forçadas a demitir grande número de funcionários quando os negócios passaram a decair bastante. Por exemplo, a AMAX, Inc., cortou sua força de trabalho pela metade em apenas quatro anos e os empregados remanescentes (os "sobreviventes") sentiram culpa, raiva, ansiedade e alívio[11]. Se todo o processo de dispensa não tivesse sido administrado convenientemente, o moral e a confiança dos que ficaram poderiam ter se abalado bastante. Isso poderia ter resultado na resignação dos empregados que a companhia desejava reter.

A rotatividade dos empregados pode ter diversas consequências negativas, especialmente se for elevada. Frequentemente é difícil substituir empregados que deixam a organização, e os custos indiretos e diretos de recolocação são elevados. Os empregados remanescentes podem ter seu moral afetado pela perda de colegas e vão valorizar tanto os padrões de trabalho, quanto os sociais e, isso pode gerar rupturas até que substituições sejam feitas. Além disso, a reputação da empresa na comunidade pode ficar comprometida. Entretanto, alguns *benefícios* podem se originar da rotatividade, tais como maiores oportunidades de promoções internas e injeção de competência via contratação de novos funcionários. Em outras palavras, a rotatividade pode ter efeitos funcionais, conforme a ilustração a seguir demonstra.

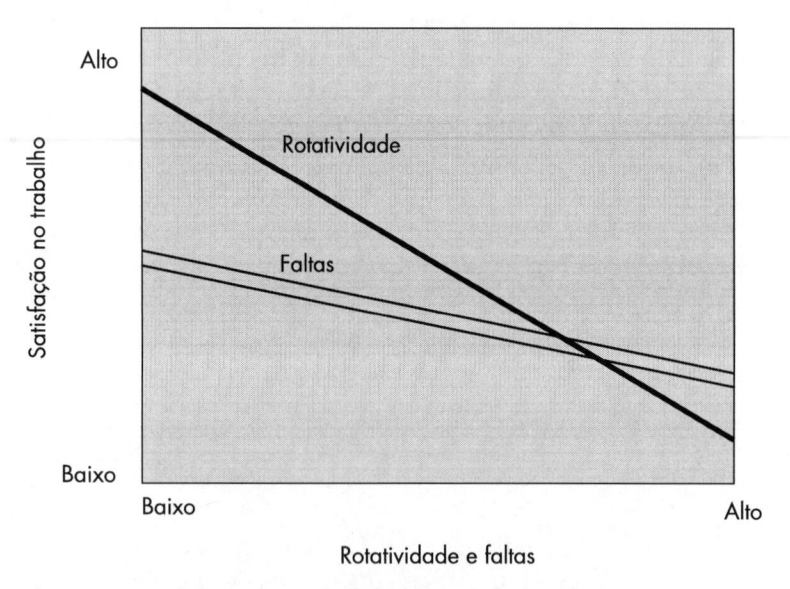

FIGURA 6-3 – Relação entre satisfação no trabalho, rotatividade e ausências.

Merrill Lynch utilizou uma matriz similar à da Figura 6-4 para iniciar um programa que reduziu a taxa de rotatividade de vendedores de 8% acima da média do respectivo ramo industrial para 11 % abaixo desta média[12]. A empresa desenvolveu um sistema de remuneração direcionado para a retenção dos empregados mais desejados, ao mesmo tempo em que reconhecia que algum grau de rotatividade é não apenas aceitável, mas também desejável (ver quadrantes b e d). Fazendo isso, a empresa reduziu o número de vendedores que de outra maneira teriam se tornado estatísticas de custo (quadrante c da matriz). A mensagem para os administradores é que se deve olhar além da taxa de rotatividade e examinar, em seu lugar, a funcionalidade de cada departamento, a fim de verificar se as pessoas certas estão permanecendo.

FALTAS. A Figura 6-3 também demonstra que os empregados que têm menor satisfação no trabalho tendem a se ausentar mais frequentemente. A conexão nem sempre é tão direta, devido a algumas razões. Em primeiro lugar, algumas faltas são causadas por motivos médicos legítimos e, desse modo, um empregado satisfeito pode ter uma falta justificada. Em segundo lugar, empregados insatisfeitos não planejam necessariamente faltar; entretanto, parecem responder com maior facilidade às oportunidades de fazê-lo. Essas ausências (atitudinais) voluntárias comumente ocorrem com maior frequência dentro de uma determinada categoria de empregados e usualmente às segundas e sextas-feiras. Embora o absenteísmo involuntário (por razões médicas) possa ser reduzido através da adoção de critérios mais rígidos durante os exames médicos admissionais e cuidadoso exame dos registros históricos de trabalho, diferentes abordagens são necessárias para faltas causadas por atitudes desfavoráveis no trabalho[13].

A Divisão DELCO REMY da General Motors desenvolveu um programa de controle de absenteísmo com 4 pontos básicos". A divisão suprimiu os incentivos financeiros que previamente remuneravam faltas casuais e passou a aplicar uma norma disciplinar rígida; desenvolveu um programa educacional junto aos empregados sobre os custos do absenteísmo e começou a distribuir as economias pela redução das faltas para os grupos de trabalho. A taxa de absenteísmo controlável caiu de 4,5% para 2,1%, uma redução de mais de 50%.

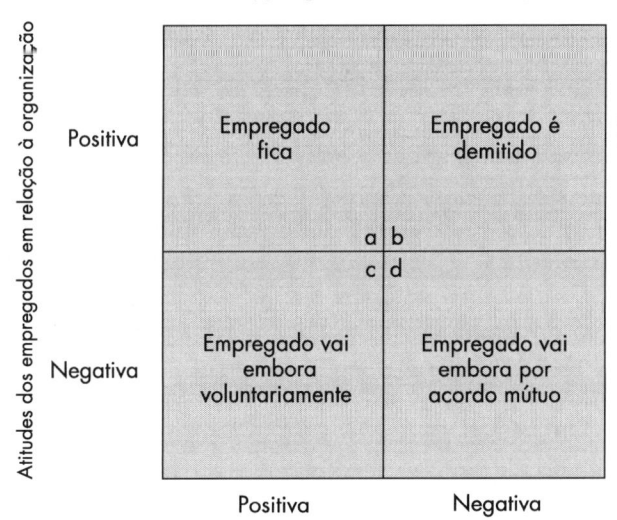

FIGURA 6-4 – Quatro produtos de atitudes de empregados no trabalho.

Um outro modo pelo qual os empregados podem demonstrar sua insatisfação no trabalho é através dos *atrasos*. Um empregado retardatário é aquele que comparece após o horário normal de início do trabalho. Atrasos são um tipo de absenteísmo de curta duração, variando de alguns minutos até algumas horas, representando uma outra maneira pela qual os empregados desligam-se do envolvimento ativo na organização. Pode impedir o término do trabalho na hora exata e comprometer os relacionamentos produtivos com colegas. Embora possa haver razões legítimas para uma ocasional chegada com atraso, um padrão de atraso é frequentemente um sintoma de atitudes negativas que requer atenção da administração.

FURTOS. Embora existam muitas causas para roubos por parte dos empregados, alguns funcionários podem roubar devido ao fato de estarem frustrados pelo tratamento impessoal que recebem da organização. Em seu pensamento, justificam esse comportamento extraordinário como uma forma de vingança pelo que consideram mau tratamento nas mãos do supervisor. Em contraste com as situações de atraso e absenteísmo, controles e ameaças mais rígidos por parte da organização nem sempre resolvem problemas de furtos, uma vez que se acham direcionados aos sintomas e não às verdadeiras causas, tais como a grave insatisfação[15].

> Um dos autores, em certa ocasião, realizou uma visita a uma fábrica de pizzas. Ao final da visita, perguntou à guia quais eram os principais problemas com os empregados. Ela respondeu sem hesitar: "roubos". "Você está dizendo que os empregados roubam pizzas?" "Absolutamente. Elas não valem tanto. Mas desaparecem centenas de caixas de linguiça calabresa a cada ano". Mostrou, então, as caixas de linguiça. Tinham cerca de 30 centímetros de comprimento e pesavam cerca de 12 quilos. "Não sabemos como os empregados fazem para sair com elas", disse, "mas achamos que eles as roubam como uma compensação indireta pelos salários relativamente baixos que recebem (piso salarial) e a monotonia das tarefas que desempenham (linha de montagem)". Examinando novamente a Figura 6-2 observa-se que a percepção de iniquidade produziu insatisfação, fato que aparentemente fez com que alguns empregados diminuíssem seu envolvimento a ponto de racionalizar seus atos de furto na empresa.

O ESTUDO DA SATISFAÇÃO NO TRABALHO

A administração necessita de informações a respeito da satisfação no trabalho dos empregados, para tomar decisões pertinentes, tanto no sentido de prevenir como no de resolver problemas com os funcionários. Esta parte discute os tipos de vantagens que a administração pode obter e as condições dentro das quais um estudo sobre satisfação no trabalho apresenta maiores possibilidades de sucesso. Alguns dos métodos mais populares são explicados e as regras gerais para sua aplicação também são fornecidas.

Um método típico utilizado é o levantamento da satisfação no trabalho, também conhecido como levantamento de moral, opinião, atitude, clima, ou qualidade de vida no trabalho. Um *levantamento sobre satisfação no trabalho* é um procedimento através do qual os empregados relatam seus sentimentos em relação a seus cargos e seu ambiente de trabalho. As respostas individuais são, então, combinadas e analisadas.

Vantagens do estudo da satisfação no trabalho

Levantamentos de satisfação no trabalho podem produzir resultados positivos, negativos ou neutros. Caso sejam devidamente planejados e gerenciados, frequentemente vão acarretar uma série de vantagens importantes como as que se seguem[16].

SATISFAÇÃO GLOBAL NO TRABALHO. Uma das vantagens dos levantamentos é que fornecem à administração um indicador dos níveis globais de satisfação dentro da empresa. Tais levantamentos indicam também áreas específicas de satisfação ou insatisfação (como por exemplo serviços para os empregados), ou então grupos particulares de funcionários com problemas (como por exemplo o departamento de ferramentaria ou empregados com mais de 40 anos). Em outras palavras, essas pesquisas revelam como os empregados se sentem com relação a seus cargos, em quais partes de seus cargos esses sentimentos estão centralizados, quais departamentos acham-se particularmente afetados e sentimentos de quem estão envolvidos (por exemplo, supervisores, empregados ou assessores especializados). A pesquisa de satisfação no trabalho é um instrumento poderoso de diagnóstico para avaliação de problemas com funcionários.

> Em uma empresa, por exemplo, mudanças significativas foram introduzidas nas políticas de recursos humanos, fazendo com que a direção desejasse avaliar a reação dos empregados a essas mudanças. Uma outra empresa recentemente dobrou sua força de trabalho e passou a se interessar em determinar até que ponto os empregados estavam se sentindo bem integrados na organização. Após a pesquisa uma das unidades descobriu que os empregados estavam bastante satisfeitos com os benefícios, mas desejavam maiores salários[17]. O presidente utilizou as informações para orientar as negociações sobre contratos de trabalho com os sindicatos, no interesse de ambas as partes.

COMUNICAÇÃO. Uma outra vantagem é o tipo de comunicação valiosa trazida pela pesquisa de satisfação no trabalho. A comunicação flui em todas as direções, à medida que as pessoas planejam a pesquisa, realizam-na e discutem seus resultados. A comunicação ascendente torna-se especialmente frutífera quando os empregados são encorajados a fazer comentários sobre o que se passa em suas mentes, em vez de simplesmente responder questões sobre tópicos importantes para a administração.

MELHORA NAS ATITUDES. Uma vantagem, frequentemente inesperada, é a melhoria nas atitudes. Para alguns, a pesquisa é uma válvula de escape, um alívio emocional, uma chance de desabafar. Para outros, é uma expressão tangível do interesse da administração pelo bem-estar do empregado, fato que dá aos empregados motivo para se sentirem melhor com relação à administração.

> Aaron Goldberg tinha fortes crenças sobre como a administração deveria melhorar seus métodos de trabalhar com as pessoas. Sentia que algumas mudanças eram necessárias. Por mais de um ano estava esperando pela oportunidade certa de expressar seus pontos de vista, mas o momento parecia nunca chegar. Suas ideias estavam trancadas dentro dele, e ele começava a sentir-se agitado. Foi então que a administração distribuiu um questionário sobre satisfação no trabalho que incluía um bom espaço para comentários dos empregados. Aaron preencheu as páginas de comentários e então sentiu-se muito melhor porque finalmente havia tido a oportunidade de transmitir suas ideias à administração.

NECESSIDADES DE TREINAMENTO. Pesquisas sobre satisfação no trabalho são uma forma útil de determinar algumas necessidades de treinamento. Habitualmente, é dada aos empregados a oportunidade de relatar o quanto sentem que seus supervisores desempenham bem certas partes do cargo, tais como delegação de trabalho e fornecimento de instruções adequadas para desenvolvê-lo. Uma vez que os empregados tenham vivenciado como age o supervisor, suas percepções podem oferecer dados úteis sobre as necessidades de treinamento de seus chefes.

VANTAGENS PARA OS SINDICATOS. Os levantamentos podem também trazer benefícios aos sindicatos. Como foi explicado por um sindicalista, administração e sindicato geralmente discutem sobre o que os empregados querem, sem que, na realidade, nenhum deles o saiba. O levantamento sobre satisfação no trabalho é uma forma de se descobrirem esses aspectos. Os sindicatos raramente se opõem às pesquisas ou levantamentos e ocasionalmente dão a eles apoio quando sabem que o próprio sindicato receberá os resultados.

PLANEJAMENTO E IMPLEMENTAÇÃO DE MUDANÇAS. Os gerentes atentos estão conscientes da necessidade de avaliar as reações do empregado às mudanças mais significativas em relação a políticas e programas. Pesquisas visando aperfeiçoamentos são úteis para identificar problemas que podem surgir, comparando as respostas às várias alternativas e encorajando os administradores a modificarem seus planos originais. Pesquisas de acompanhamento permitem ao administrador avaliar a real resposta à mudança e estudar o seu sucesso ou fracasso.

> Por exemplo, numerosas empresas estudaram a mudança de suas instalações do norte para "áreas mais ensolaradas". Outras testaram a possibilidade de mudar a sede central de grandes áreas metropolitanas para subúrbios ou áreas rurais. Algumas organizações solicitaram informações dos empregados sobre a decoração interna e arranjo físico; outras quiseram saber o que os empregados pensavam sobre um sistema de computação proposto ou as vantagens do novo cronograma de trabalho. Em muitas dessas decisões as contribuições dos empregados, via pesquisa, ajudaram a identificar as reações e conseguir boas ideias para modificar as propostas.

Condições ideais de pesquisa

As pesquisas apresentam maior probabilidade de gerar algumas das vantagens vistas anteriormente, quando existem as seguintes condições:

- A alta administração apoia ativamente a pesquisa.
- Os empregados estão completamente envolvidos no planejamento da pesquisa.
- Existe um objetivo claro na condução da pesquisa.
- O estudo é planejado e administrado de forma consistente com os padrões de pesquisas significativas.
- A administração é capaz e deseja assumir o acompanhamento da ação.
- Tanto os resultados como os planos de ação são comunicados aos empregados.

O uso das informações existentes sobre satisfação no trabalho

Antes de conduzirem pesquisas formais sobre satisfação no trabalho, os administradores devem examinar dois outros métodos para conhecer algo sobre os sentimentos habituais dos empregados – contatos diários e dados existentes. Esses enfoques reconhecem que as pesquisas primárias sobre satisfação no trabalho são semelhantes a uma auditoria contábil anual, pois ambas são meramente atividades periódicas; entretanto, existe a necessidade de acompanhar dia a dia a satisfação no trabalho, assim como existe a necessidade regular de manter em dia os demonstrativos financeiros.

A administração fica em contato com o nível de satisfação do empregado, principalmente através do contato face a face e da comunicação. Esse é um método prático e oportuno de determinar o nível de satisfação no trabalho dos indivíduos, embora existam também numerosos outros indicadores de satisfação já disponíveis na organização. Como mostra a Figura 6-5, esses exemplos incluem ausências, reivindicações e entrevistas de saída. Essas informações são habitualmente coletadas em separado, visando outras finalidades, mas prontamente podem ser reunidas em um relatório mensal que forneça à gerência algumas ideias sobre o nível geral de satisfação entre os empregados.

Alguns dos itens da Figura 6-5 são indicadores comportamentais da satisfação no trabalho, tais como rotatividade de pessoal, absenteísmo e atrasos, enquanto outros, tais como registros médicos e de treinamento, fornecem somente pistas indiretas de que algo possa estar errado. Cuidadosamente interpretados, compõem um conjunto substancial de conhecimento a respeito da satisfação dos empregados no trabalho dentro da organização. As principais vantagens são que, em muitos casos, esses dados já se acham disponíveis. A maioria deles fornece resultados quantificáveis e representam uma medida adequada das tendências durante um determinado período de tempo.

PLANEJAMENTO DA PESQUISA

Uma abordagem sistemática para a condução de levantamentos é apresentada na Figura 6-6. De um modo geral, os administradores precisam identificar uma razão para a avaliação das atitudes, obter apoio da alta administração e do sindicato e então desenvolver o instrumento de medida. Passos intermediários consistem na aplicação do levantamento, seguido pela tabulação e análise dos resultados. As conclusões devem ser retornadas aos participantes de imediato e planos de ação precisam ser desenvolvidos e postos em prática. Uma vez que as razões para o acompanhamento das atitudes dos empregados já foram aqui sugeridas, o próximo tópico irá centrar-se nos tipos de instrumentos de pesquisa que podem ser criados. Finalmente, serão apresentados os fatores relacionados à sua utilização eficaz.

Tipos de questões de pesquisa

Estudos sobre satisfação no trabalho tipicamente reúnem informações através de questionários de levantamento ou de entrevistas. Qualquer que seja o método utilizado, especial cuidado deve ser dado à forma da pergunta e à natureza da resposta fornecida. *Pesquisas objetivas* apresentam as questões e as alternativas de escolha de tal modo que os empregados simplesmente selecionam e assinalam as respostas que melhor representam seus sentimentos. *Pesquisas descritivas* apresentam questões sobre uma variedade de tópicos mas permitem aos empregados responderem com suas próprias palavras. Questionários típicos utilizam tanto a abordagem objetiva quanto a descritiva.

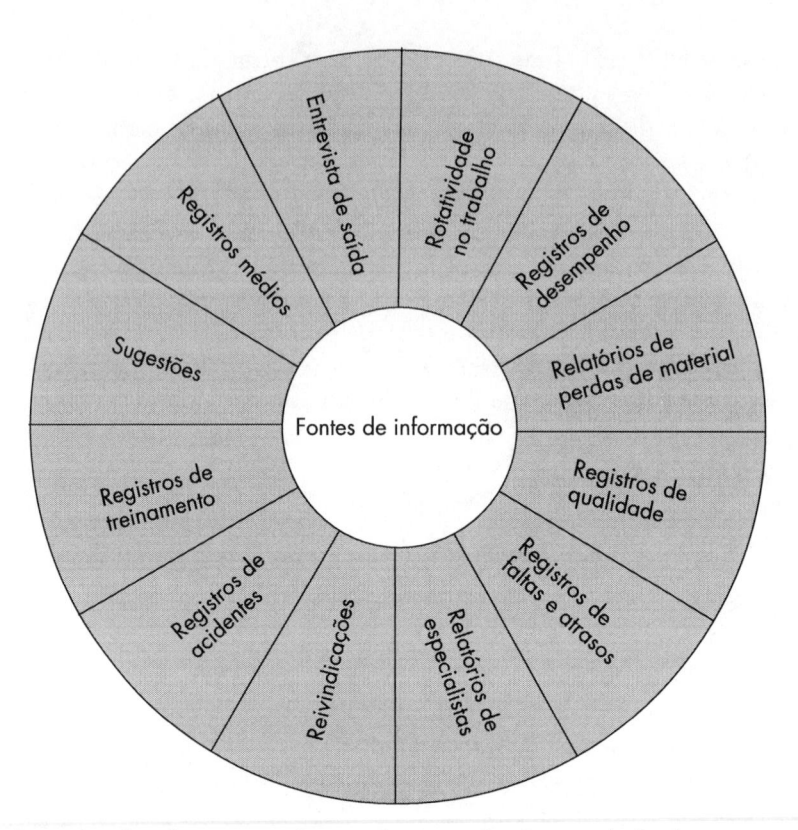

FIGURA 6-5 – Exemplos de informações relacionadas à satisfação no trabalho frequentemente disponíveis em organizações.

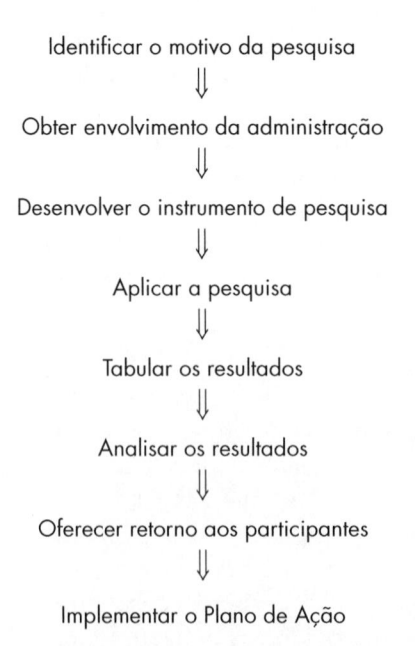

Fontes de informação:
- Entrevista de saída
- Rotatividade no trabalho
- Registros de desempenho
- Relatórios de perdas de material
- Registros de qualidade
- Registros de faltas e atrasos
- Relatórios de especialistas
- Reivindicações
- Registros de acidentes
- Registros de treinamento
- Sugestões
- Registros médicos

Identificar o motivo da pesquisa
⇩
Obter envolvimento da administração
⇩
Desenvolver o instrumento de pesquisa
⇩
Aplicar a pesquisa
⇩
Tabular os resultados
⇩
Analisar os resultados
⇩
Oferecer retorno aos participantes
⇩
Implementar o Plano de Ação

FIGURA 6-6 – Principais passos para a condução de levantamentos/pesquisas.

PESQUISAS OBJETIVAS. Existem vários tipos de pesquisas objetivas, sendo a marca registrada de cada um deles o elevado grau de estruturação das categorias de respostas[18]. Um exemplo popular (Index of Organizational Reactions) utiliza-se de questões de múltipla escolha. Nesse caso os respondentes efetuam a leitura de todas as respostas para cada questão e então assinalam a resposta que mais se aproxima de seus sentimentos. Outras pesquisas utilizam questões com respostas do tipo "verdadeiro ou falso" ou "concordo-discordo". O amplamente utilizado Job Descriptive Index fornece aos respondentes um conjunto de afirmativas (por exemplo, "meu trabalho é rotineiro") e solicita que seja indicado como elas descrevem a situação de trabalho, dentro das opções "sim", "não" ou "?" ("não posso decidir"). Um pouco mais flexíveis são as pesquisas que apresentam uma afirmativa e solicitam aos empregados responderem através da escolha em uma escala numérica, indicando seu grau de concordância ou discordância, conforme demonstrado a seguir:

> Meu sentimento de segurança no cargo (circule um número):
>
>   Quanto existe agora?   (mín.) 12345 (máx.)

Devido à preocupação a respeito do significado que empregados podem conferir somente aos números da escala de respostas, instrumentos como o Minnesota Satisfaction Questionnaire fornecem descrições sumárias para cada número da escala – por exemplo, 1 = não satisfeito, 2 = moderadamente satisfeito, 3 = satisfeito, 4 = muito satisfeito e 5 = extremamente satisfeito. Isso auxilia os empregados na seleção de suas respostas e ajuda a administração interpretar os dados.

A principal vantagem das pesquisas objetivas é que elas são fáceis de aplicar e de analisar estatisticamente. Grande parte da tabulação e da análise pode ser executada por computador, fato que minimiza o uso do tempo de auxiliares de pesquisa, custos e erros, quando um grande número de empregados participam do levantamento. O principal defeito das pesquisas objetivas é que a administração ou o consultor da pesquisa elaboram e escrevem todas as questões, estruturando-as para serem apresentadas aos empregados, fato que pode comprometer a expressão precisa de seus reais sentimentos. Em outras palavras, a abordagem objetiva, na realidade, não confere aos empregados a total oportunidade de se expressar.

PESQUISAS DESCRITIVAS. Em contraste com as pesquisas objetivas, as pesquisas descritivas buscam respostas dos empregados através de suas próprias palavras. Essa abordagem desestruturada permite aos empregados expressarem seus sentimentos, pensamentos e intenções de modo total. Esses comentários pessoais frequentemente causam uma forte impressão junto à administração, especialmente se um considerável número de empregados concordarem e manifestarem seu pensamento através de uma linguagem forte. Por exemplo, gerentes podem não ficar tão impressionados caso descubram que 39 funcionários consideram o plano de licença médica pobre, mas, sem dúvida, reagiriam diferentemente a trinta e nove comentários do tipo "Nossa licença médica fede! Não é possível acumularmos licenças não utilizadas após dois anos e isto faz com que não se tenha proteção em casos de doenças graves que nos façam ficar ausentes por mais de um mês". Nesse caso talvez a administração se sinta mais inclinada a escutar e a responder.

A Figura 6-7 apresenta dois tipos de pesquisas descritivas. As questões dirigidas orientam a atenção do empregado em relação a uma parte específica do trabalho. Esta abordagem permite uma análise em profundidade da satisfação em relação à uma condição específica do cargo. Por outro lado, as questões não dirigidas dizem respeito a comentários gerais sobre o cargo. Através delas a administração toma conhecimento dos tópicos que atualmente estão atrapalhando os empregados e que para eles são importantes.

Uma pesquisa que utiliza entrevistas pessoais como meio de levantamento de dados é, pela própria natureza, mais descritiva do que objetiva. Uma entrevista adequada usualmente leva de 1 a 2 horas para cada entrevistado, exigindo, portanto, tempo, além de ser mais cara. De modo a garantir que os mesmos assuntos sejam cobertos de forma consistente junto a cada empregado, cada entrevistador é cuidadosamente treinado e segue um roteiro de entrevista padronizado que indica os assuntos e questões a serem respondidas.

Aspectos críticos

Os procedimentos para realização de pesquisas sobre satisfação no trabalho são mais complicados do que parecem ser à primeira vista. Pode parecer simples ir até os empregados, obter suas respostas e interpretá-las, mas a experiência mostra que erros no planejamento da pesquisa podem limitar seriamente a sua utilidade. Validade e confiabilidade são dois elementos que servem de espinha dorsal para qualquer estudo eficaz. *Confiabilidade* é a capacidade de um estudo produzir resultados consistentes, independentemente de quem o aplicar. Caso um instrumento seja confiável, é possível ter certeza de que qualquer diferença encontrada entre dois grupos é real, não sendo produto de questões ambíguas ou de grandes variações nos procedimentos de aplicação.

Questão dirigida
O que você pensa do plano de complementação de aposentadoria da empresa?
_____
_____

Questão não dirigida
Quais são os três aspectos que você mais aprecia em seu cargo?
1 _____
2 _____
3 _____

FIGURA 6-7 – Tipos de questões descritivas sobre satisfação no trabalho.

Em complementação à confiabilidade, estudos sobre satisfação no trabalho necessitam ser *válidos*, ou seja, devem medir exatamente aquilo que se propõem medir. A diferença entre confiabilidade e validade torna-se clara quando se tenta usar um bastão de madeira para medir distâncias métricas. Neste caso, o bastão é consistentemente preciso naquilo que faz (é confiável), mas é inválido, uma vez que mensura a coisa errada. Obviamente é necessário melhorar *tanto* a validade, *quanto* a confiabilidade das medidas de satisfação no trabalho. Esta tarefa é muito mais fácil quando se trata de pesquisas objetivas, tornando-se mais difícil com a natureza qualitativa das pesquisas descritivas.

Muitos aspectos críticos surgem dentro do processo de elaboração das questões e aplicação do estudo[19]. Conforme indicado na Figura 6-8, particular atenção deve ser dada à seleção da amostra, manutenção do anonimato dos empregados, uso de normas de interpretação de dados, participação voluntária dos empregados e outros fatores. Taxas de respostas podem ser elevadas na solicitação de preenchimento em curto período de tempo. A tendência dos empregados de responderem de um modo socialmente desejável (por exemplo, superestimando a importância de um trabalho desafiador) pode ser controlada[20]. Normas de organizações comparáveis podem ser úteis na interpretação de padrões de respostas. Embora não se tente aqui cobrir os muitos detalhes e ciladas a que estão sujeitos os procedimentos de pesquisa, a descrição que se segue fornece um bom panorama.

- A participação deve ser voluntária ou obrigatória?
- Será feita uma amostragem ou consultada toda a população?
- As respostas serão anônimas ou assinadas?
- Serão ou não usadas normas de comparação?
- Os formulários deverão ser devolvidos aos chefes ou a uma equipe independente de consultoria?
- A pesquisa deve ser planejada e executada por um órgão interno ou por consultores externos?
- Deve ser fixado um prazo máximo para devolução dos questionários ou nenhuma data deve ser mencionada?
- É possível utilizar um instrumento pré-elaborado ou deve ser criado um específico para a situação?
- Como será fornecido *feedback* aos empregados?

FIGURA 6-8 – Alguns aspectos do planejamento e aplicação de pesquisas.

A administração de uma empresa decidiu que precisava de maiores informações sobre as atitudes dos empregados e resolveu chamar um consultor que, com ajuda interna, desenvolveu um conjunto de objetivos e políticas escritas para a pesquisa. Tudo foi aprovados por um comitê executivo com a presença do presidente da companhia. Foi feita a opção pelo método do questionário para pesquisar todos os gerentes e empregados. Então, o consultor, o diretor de RH e um especialista de pessoal iniciaram o planejamento dos detalhes. Complementarmente, o presidente nomeou um outro comitê de sete chefes intermediários para auxiliar na elaboração das questões do levantamento. O consultor dirigiu os trabalhos do comitê, atuando como um orientador. O comitê aprovou ainda uma comunicação oficial sobre a pesquisa (6 semanas antes da realização) e auxiliou na propaganda informal do estudo.

O consultor realizou o levantamento em três dias consecutivos. Foram utilizados questionários um pouco diferentes para empregados de escritórios, da linha de produção e do nível executivo. Cada questionário levava em média 45 minutos para ser respondido e, dessa forma, um novo grupo de funcionários podia responder às questões a cada hora em uma grande sala de reuniões. O diretor de Recursos Humanos fez a apresentação do consultor e retirou-se da sala, após o que o consultor forneceu explicações sobre a pesquisa e iniciou a aplicação dos questionários. Os funcionários colocavam os questionários respondidos em uma urna lacrada.

Depois de realizado o levantamento, o consultor elaborou rapidamente um relatório detalhado para a direção e um resumido para os funcionários. O consultor também aconselhou o comitê executivo, uma vez que este resolveu basear seu plano de ação nos resultados da pesquisa.

A UTILIZAÇÃO DOS RESULTADOS DE PESQUISA

Uma vez coletadas e tabuladas todas as informações sobre satisfação no trabalho, a pergunta crucial remanescente é: o que tudo isso significa na minha organização e sobre meus empregados? Embora a coleta deste tipo de informações seja essencialmente uma questão técnica, a análise e o uso dos resultados requer julgamento gerencial habilidoso. É o passo final e muito importante dentro da pesquisa de satisfação no trabalho. Quando ações adequadas são empreendidas os resultados podem ser excelentes.

> Em uma pesquisa numa das divisões da General Electric, mais de 50% dos funcionários declarou que estavam insatisfeitos com dois itens: (I) as informações que recebiam e (2) as oportunidades de promoção[21].
>
> Como resultado do levantamento, a administração passou a manter encontros mensais e regulares com os empregados, trouxe especialistas para responder a questões mais complexas e deu início a um programa de divulgação de informações. A direção deu especial ênfase às informações a respeito de oportunidades de progresso.
>
> Um ano mais tarde, quando uma nova pesquisa foi realizada, o número de funcionários que declarou sentir falta de informações caiu para zero! Apesar das oportunidades de promoção continuarem limitadas, a porcentagem de funcionários que se manifestou insatisfeita com isso caiu para 20%. A administração julgou que no mínimo os funcionários haviam entendido a situação e que "isso fez a diferença".

O *feedback* da pesquisa

O primeiro passo para utilização das informações sobre satisfação no trabalho é comunicar os resultados a todos os gerentes para que assim eles possam compreendê-los e se prepararem para utilizá-los. Esse processo é conhecido como *feedback da pesquisa*. Os gerentes serão aqueles que deverão fazer quaisquer mudanças sugeridas pelos resultados. Para tanto, querem ver as evidências para fazer seus próprios julgamentos. As recomendações dos especialistas em satisfação no trabalho podem ajudar, mas os gerentes devem tomar as decisões finais.

DADOS COMPARATIVOS. Em organizações maiores, comparações entre departamentos são um meio eficaz de encorajar os administradores a parar e refletir sobre as informações relativas à satisfação no trabalho. Da mesma forma pela qual um time de beisebol mal colocado em sua divisão faz todos os esforços para subir na classificação, gerentes cujos departamentos não apresentam alta satisfação no trabalho irão sentir-se compelidos a melhorar as atitudes de seus funcionários até a realização do próximo estudo. Comparações dessa natureza devem ser feitas com tato, de modo a não intimidar os funcionários de desempenho mais baixo.

Caso haja probabilidade de ferir sentimentos ou de choques de personalidades, torna-se recomendável designar cada departamento por letras, tais como A ou B.

Cada chefe de departamento é informado particularmente sobre qual letra representa sua própria área. Dessa forma, pode comparar os resultados de seu departamento com os resultados dos demais, sem, contudo, identificar os outros departamentos. Entretanto, os resultados não devem ser supervalorizados de modo a produzirem gerentes "orgulhosos e felizes" devido aos resultados. O objetivo real é encorajar mudanças comportamentais desejáveis nos gerentes, e o resultado, por si só, representa apenas parcialmente a complexidade da situação global. O resultado não é um objetivo e sim um instrumento para viabilizar comparações.

Existe um amplo número de comparações úteis a serem realizadas, além daquelas entre departamentos, conforme indicado na Figura 6-9.

Por exemplo, comparações relativas à idade dos grupos podem revelar uma tendência de maior satisfação junto a funcionários mais velhos, como mencionado anteriormente neste capítulo. Entretanto, se a pesquisa indicar que os funcionários mais jovens estão mais satisfeitos, isso sugere que as condições de trabalho dos empregados mais velhos são atípicas e, talvez, insatisfatórias. Nesse caso, a administração precisa investigar melhor o problema e, caso necessário, empreender ações corretivas.

Se pesquisas anteriores tiverem sido realizadas, tendências ao longo do tempo podem ser identificadas. Comparações estatísticas mais elaboradas e análises de correlação podem ser realizadas, caso as evidências pareçam promissoras. Por exemplo, aqueles que afirmam que seu chefe é um bom gerente, são também aqueles que afirmam sentir maior orgulho da organização enquanto local para se trabalhar? Em última análise, todas as questões e categorias de satisfação no trabalho podem ser combinadas entre si, a fim de procurar estabelecer relacionamentos significativos.

- Departamentos, divisões, áreas
- Idade
- Antiguidade
- Estado civil
- Nível educacional
- Treinamento recebido na empresa
- Sexo
- Mudança no trabalho
- Local onde o trabalho é executado
- Tipo de trabalho executado, tais como de produção, técnico ou administrativo.
- Alterações no tempo.

FIGURA 6-9 – Tipos de variáveis comumente estudadas junto com as informações sobre satisfação no trabalho.

Os interesses dos gerentes a respeito das estatísticas sobre satisfação no trabalho ficam ampliados quando é solicitado a eles que efetuem previsões sobre as atitudes de seus subordinados, levando em consideração vários itens, para depois compará-las com os resultados reais do levantamento. Onde as previsões revelarem-se incongruentes, os administradores são forçados a refletir sobre os motivos que os levaram a julgar erradamente os aspectos em questão. Mesmo que as previsões sejam corretas, podem encorajar exames de consciência. Considere o caso de um chefe de departamento que tenha previsto que seus funcionários iriam manifestar alto grau de insatisfação, com encaminhamento de reivindicações. Se os funcionários efetivamente manifestarem insatisfação, isto irá forçá-lo a se perguntar: "Uma vez que eu sabia dessa situação antes da pesquisa – e, aparentemente sabia – por que não fiz nada a respeito?"

COMENTÁRIOS DOS EMPREGADOS. Conforme mencionado anteriormente, comentários dos empregados são bastante úteis. Esse tipo de informação frequentemente causa maior impacto junto à administração do que resultados numéricos, estatísticas e gráficos. Em termos de comunicação, os comentários são mais facilmente percebidos pela administração por serem mais pessoais.

Alguns comentários referem-se a condições menos importantes, mas se tais condições realmente perturbam o empregado, então se justifica a atenção sincera da administração. É um erro corrigir somente os grandes problemas detectados na pesquisa e não dar atenção a pequenos detalhes que poderão se transformar em grandes problemas.

> Em uma pesquisa realizada junto a um departamento de marketing, os comentários de diversos representantes de vendas indicaram uma atitude negativa em relação ao trabalho burocrático deles exigido. Embora a questão pareça sem importância, o trabalho administrativo dos vendedores foi revisto e reduzido em cerca de 30%. Os resultados finais foram pedidos semanais maiores e aumento de 8% nas vendas com a mesma equipe de vendedores. Essa mudança ajudou a equipe a ganhar maiores comissões e a administração a reduzir seus custos, beneficiando, portanto, ambas as partes.

Acompanhamento administrativo

TRABALHO EM COMITÊ. Uma maneira de fazer com que gerentes introduzam mudanças em seus departamentos após a realização de uma pesquisa é criar comitês de trabalho, cuja responsabilidade seria rever os resultados do levantamento e desenvolver planos para ações corretivas.

> Em uma companhia, por exemplo, o presidente nomeou um comitê executivo especial para realizar o acompanhamento da pesquisa e recomendar mudanças. Então, o gerente geral indicou comitês de supervisores dentro de cada departamento para discutir como os resultados da pesquisa aplicavam-se a problemas específicos do departamento. Os comitês departamentais delinearam suas próprias soluções, mas, caso estas apresentassem interferências em relação a outros departamentos, deveriam ser encaminhadas ao Comitê Executivo para aprovação.
>
> O diretor de Recursos Humanos presidia cada comitê, que se reunia habitualmente uma vez por mês. A cada reunião uma parte do levantamento era discutida com maior profundidade. As reuniões estenderam-se por mais de um ano, garantindo um amplo acompanhamento das informações não abrangidas pela pesquisa. Essa abordagem de longo prazo manteve os executivos pensando na pesquisa, fazendo com que tivessem tempo suficiente para absorvê-la.

A abordagem de longo prazo para utilização das informações sobre satisfação no trabalho é importante. Muitos empregadores cometem o erro de dar ao levantamento imensa publicidade e interesse por algumas semanas e, depois, esquecem-no até que outro seja realizado. Fazem um grande alarde e, quando todo o carnaval termina, voltam ao velho modo de vida.

FEEDBACK PARA OS EMPREGADOS. Quando ações corretivas são tomadas como resultado de uma pesquisa, detalhes sobre aquilo que foi feito devem ser compartilhados com os empregados, tão logo quanto possível. Somente desse modo as pessoas que participaram do estudo irão sentir que a administração os ouviu e tomou decisões baseadas em suas ideias. Isso assegura aos empregados que suas ideias eram realmente importantes – e ainda o são. Na verdade, boa publicidade é necessária, tanto junto a administradores quanto a funcionários, desde o início até o final de um estudo de satisfação no trabalho, a fim de explicar aquilo que o estudo pretende atingir, relatar as informações obtidas e divulgar quais ações corretivas foram empreendidas.

Uma coisa é certa: se um levantamento sobre satisfação no trabalho for feito, a administração deve estar preparada para tomar decisões baseada nos resultados. Os funcionários julgam que se cooperam declarando seus sentimentos, a administração deveria tentar pôr em prática alguns dos aperfeiçoamentos que sugeriram. Um modo garantido de bloquear manifestações futuras de opiniões de empregados é deixar de tomar decisões baseadas em opiniões já fornecidas. Deve ser lembrado que foi a administração que solicitou aos funcionários suas ideias, de modo que eles acham-se plenamente justificados ao esperarem que algo seja feito, pelo menos em relação a algumas delas.

Levantamentos sobre satisfação de executivos

Pesquisas sobre satisfação de executivos são tão importantes quanto pesquisas sobre satisfação de outros tipos de empregados. Gerentes têm necessidades humanas, do mesmo modo que outras pessoas. Caso estejam insatisfeitos, sua infelicidade pode espalhar-se através de todo um departamento, devido à ampla influência administrativa que exercem. Seus sentimentos podem transparecer para as comunidades onde vivem, seja através de suas famílias, seja através dos numerosos contatos com público externo mantidos durante suas atividades na empresa. Pesquisas sobre satisfação no trabalho devem também ser realizadas junto a gerentes e administradores para diagnosticar deficiências em seus sentimentos de satisfação e empreender ações corretivas.

RESUMO

Atitudes dos empregados são importantes para acompanhar, compreender e gerenciar. Tais atitudes se desenvolvem em consequência tanto de sentimentos de equidade ou de iniquidade em relação ao sistema de recompensas (conforme discutido no Capítulo 5), como do tipo de tratamento recebido da chefia (a ser discutido no Capítulo 7). Administradores acham-se particularmente preocupados com 3 tipos de atitudes – satisfação no trabalho, envolvimento no cargo e identificação com a organização.

Insatisfação no trabalho pode levar a aumentos no absenteísmo, rotatividade de pessoal e outros comportamentos indesejáveis, de modo que é interesse dos empregadores fomentar a satisfação junto a seus funcionários. A ampla maioria dos trabalhadores nos Estados Unidos declara-se satisfeita no trabalho, apesar de insatisfeita com determinados aspectos do mesmo. Empregados mais idosos e em níveis organizacionais mais elevados tendem, em especial, a apresentar maior grau de satisfação.

Maior envolvimento no trabalho leva a trabalhadores mais dedicados e mais produtivos. Desempenhos elevados e consequentes recompensas equitativas promovem uma maior satisfação, através do trinômio desempenho-satisfação-esforço.

Níveis maiores de satisfação estão frequentemente ligados a taxas mais baixas de rotatividade de pessoal e de ausências no trabalho. Empregados mais comprometidos apresentam maior probabilidade de assumirem os valores e crenças da organização (a sua cultura).

É possível obter informações atitudinais úteis através de questionários e de entrevistas ou, então, pelo exame de dados disponíveis em relação aos recursos humanos. Os resultados são comunicados aos administradores via relatórios, que sumariam as principais conclusões, efetuam as comparações mais relevantes e ratificam as conclusões através de comentários reais dos empregados. O acompanhamento da pesquisa pode ser obtido através de comitês, formados para garantir aos empregados que ações apropriadas serão tomadas após a pesquisa. Em última análise, informações sobre atitudes dos empregados são úteis somente se influenciarem os administradores no sentido de tentar melhorar o desempenho dos funcionários no trabalho.

TERMOS E CONCEITOS PARA REVISÃO

Atitudes
Satisfação no trabalho
Trinômio desempenho-satisfação-
 -esforço
Envolvimento no cargo
Identificação com a organização

Rotatividade de pessoal
Pesquisa objetiva
Pesquisa descritiva
Confiabilidade
Validade
Feedback da pesquisa

QUESTÕES PARA DISCUSSÃO

1. Explique, utilizando suas próprias palavras, por que você acha importante as atitudes dos empregados. Você considera que, hoje, os administradores super ou subvalorizam tais atitudes?
2. Suponha que uma pesquisa junto aos 20 funcionários de seu departamento indicou que 90% deles estão basicamente satisfeitos no trabalho. Quais as implicações para você enquanto administrador?
3. "Um empregado feliz é um empregado produtivo." Discuta essa afirmativa.
4. Pense em um cargo que tenha ocupado. Identifique os aspectos de seu cargo com os quais você estava mais satisfeito e aqueles que mais o deixavam insatisfeito. Observe, em cada caso, o grau de controle que a administração poderia exercer sobre o item mencionado. O que os administradores poderiam ter feito para melhorar sua satisfação?
5. Suponha que satisfação no trabalho, envolvimento no cargo e identificação com a organização sejam independentes – que qualquer um possa estar presente sem o outro. Descreva uma situação em que o empregado possa estar identificado, mas insatisfeito e não envolvido. Explicite o que você faria com esse empregado.
6. Prepare uma série de questões diretas e indiretas e entreviste três colegas para determinar as respectivas áreas de satisfação e de insatisfação. Discuta os resultados.
7. Escolha um ramo de atividade (por exemplo, instituições financeiras, hospitais, etc.) e entre em contato com três organizações desse ramo para tomar conhecimento das taxas de absenteísmo e rotatividade de pessoal. O que essas organizações fizeram para reduzir esses índices?

8. Elabore um pequeno questionário sobre satisfação no trabalho utilizando questões objetivas e aplique-o aos membros de um pequeno grupo de trabalho. Tabule e analise os resultados, além de incluir uma lista de recomendações para mudanças.
9. Prepare um plano para usar as informações do levantamento sobre satisfação no trabalho em um escritório de seguros de maneira a dar *feedback* para gerentes e funcionários.
10. Entre em contato com um restaurante local do tipo *fast-food* e investigue junto ao gerente qual seria a estimativa da taxa de rotatividade de pessoal relativa a saídas voluntárias. Que sugestões você faria para reduzir o problema?

INCIDENTE
BARRY NILAND

Barry Niland, supervisor de um pequeno departamento de vendas, percebeu que um de seus representantes de vendas industriais, Henry Hunter, tinha um problema. Entre outros sinais, as vendas de Hunter vinham declinando nos últimos 6 meses, embora a maioria dos outros representantes estivesse regularmente excedendo as respectivas quotas. Niland decidiu incrementar o desempenho de seu representante de vendas, lembrando a ele das inúmeras oportunidades de satisfação associadas a um trabalho de vendas.

Niland explicou suas ações conforme se segue:

> *Ressaltei que aos olhos do consumidor, ele é a companhia. Ele tem a oportunidade de ajudar o cliente. Tem a oportunidade de mostrar sua habilidade e conhecimento a vários tipos de pessoas. Tem a oportunidade, através de seus próprios esforços, de ajudar diferentes tipos de pessoas. Tem a oportunidade de apoiar aquelas pessoas que fabricam nossos produtos, remunerar os acionistas e controlar seu retorno financeiro, através de seu próprio know-how. Tem a oportunidade de testar suas ideias criativas com imediato retorno do real valor delas. Tem a oportunidade de deparar-se constantemente com situações de mudança, não havendo, portanto, monotonia no trabalho. Não há meio mais rápido de obter satisfação pessoal do que através do trabalho de vendas.*

QUESTÕES

1. Comente a abordagem de Niland ao tratar com seu representante de vendas.
2. Sugira abordagens de Henry Hunter para aumentar:
    a) Satisfação no trabalho;
    b) Desempenho no cargo;
    c) Envolvimento no cargo; e
    d) Identificação com a organização.

EXERCÍCIO EXPERIMENTAL
ATITUDES EM SALA DE AULA

A discussão das atitudes apresentada neste capítulo pode também ser relacionada a uma classe universitária.

1. Trabalhando individualmente, cada membro da classe deve avaliar em uma escala de 1 a 10 (l = baixo, 10 = alto).
   a) O grau de satisfação geral com o curso.
   b) O sentimento de envolvimento com o processo educacional.
   c) A identificação com a faculdade.
2. O instrutor deve tentar prever as médias da classe em cada um dos três itens.
3. Identificar as avaliações do passo 1 e computar as respectivas médias.
4. Trabalhando em pequenos grupos de 4 ou 5 pessoas, discutir as razões para o nível global de satisfação, envolvimento e identificação da classe. Avaliar a precisão das previsões do docente. Desenvolver um plano de ação realístico para melhorar o nível de cada uma das três dimensões.
5. Discutir a provável validade e confiabilidade dos dados coletados nos passos 1 e 2. Sugerir meios pelos quais poderiam ser obtidas maiores evidências sobre a validade e a confiabilidade das informações levantadas.

REFERÊNCIAS

1. Barry M. Staw. "Organizational Psychology and the Pursuit of the Happy/Productive Worker". *California Management Review*, verão, 1986, p. 40.
2. Gordon F. Shea. *Company Loyalty: Earning It, Keeping It.* Nova York: AMACON, 1987, p. 15.
3. Clarence R. Deitsch e David A. Dilts. "Getting Absent Workers Back on the Job: The Case of General Motors". *Business Horizons*, setembro-outubro, 1981, pp. 52-58.
4. Um artigo coloca a porcentagem em mais de 70%: ver Donald L. Kanter e Philip H. Mirvis. "Managing Jaundiced Workers". *New Management*, primavera, 1986, pp. 50-54.
5. Gary J. Blau. "Job Involvement and Organizational Commitment as Interactive Predictors of Tardiness and Absenteeism". *Journal of Management*, inverno, 1986, pp. 577-584; Gary J. Blau e Kimberley B. Boal. "Conceptualizing How Job Involvement and Organizational Commitement Affect Turnover and Absenteeism". *Academy of Management Review*, abril, 1987, pp. 288-300.
6. Resultados de pesquisa acham-se incluídos em Jon L. Pierce e Randall B. Dunham. "Organizational Commitment: Pre-employment Propensity and Initial Work Experiences". *Journal o1 Management*, primavera, 1987, pp. 163-178: e James P. Curry *et al.* "On the Causal Ordering of Job Satisfaction and Organizational Commitment". *Academy of Management Journal*, dezembro, 1986, pp. 847-858. Uma ilustração de "gap" de identificação com a organização acha-se apresentada em Donald C. Witham e John D. Glover, "Recapturing Commitment". *Training and Development Journal*, abril, 1987, pp. 42-45.
7. A literatura escrita para usuários apresenta uma tendência de utilizar o termo "lealdade" como substituto de identificação com a organização. Ver Shea, *op. cit.*, Bruce Nussbaum *et al.* "The End of Corporate Loyalty". *Business Week*, 4 de agosto, 1986, pp. 42-49: e Walter Kiechel, III. "Ressurecting Corporate Loyalty". *Fortune*, 9 de dezembro, 1985, pp. 207, 210-211.
8. Por exemplo Bill Marriot, conselheiro da corporação que leva seu nome, afirmou que: "Meu pai sabia que se tivéssemos empregados felizes, teríamos consumidores felizes e

isso resultaria numa excelente linha final". Ver Mike Sheridan. "J. W. Marriot Jr., in Delta Airlines". *Sky,* março, 1987, p. 48.
9. Para uma descrição clássica desse relacionamento, ver Edward E. Lawler III e Lyman W. Porter. "The Effect of Performance on Job Satisfaction". *Industrial Relations,* outubro, 1967, pp. 20-28.
10. Brendal D. Bannister e Rodger W. Griffeth. "Applying a Causal Analytic Framework to the Mobley, Horner and Hollingsworth (1978) Turnover Model: a Useful Reexamination". *Journal of Management,* outono, 1986, pp. 433-443. Formas para tratar problemas de rotatividade de pessoal encontram-se em Richard T. Mowday, "Strategies for Adapting to High Rates of Employee Turnover". *Human Resource Management,* inverno, 1984, pp. 365-380.
11. Larry Reibstein. "Survivors of Layoffs Receive Help to Lift Morale and Reinstall Trust". *Wall Street Journal,* dezembro, 1985, seco 2, p. 33.
12. Allen C. Bluedorn. "Managing Turnover Strategically". *Business Horizons,* março-abril, 1982, pp. 6-12. O modelo acha-se testado em John R. Hollenbeck e Charles R. Williams. "Turnover Functionality *versus* Turnover Frequency: A Note on Work Attitudes and Organizational Effectiveness". *Journal of Applied Psychology,* novembro, 1986, pp. 606-611; e ampliado em David C. Martin e Kathryn M. Bartol. "Managing Turnover Strategically". *Personnel Administrator,* novembro, 1985, pp. 63-73.
13. Controle de faltas enfatizando a prevenção acha-se em Frank E. Kuzmits. "What to Do about Long-Term Absenteeism". *Personnel Administrator,* outubro, 1986, pp. 93-100; e uma abordagem de equilíbrio revisada em Gary Johns. "The Great Escape". *Psychology Today,* outubro, 1987, pp. 30-33.
14. David A. Dilts e Clarence R. Deitsch. "Absentee Workers Back on the Job: The Case of GM". *Business Horizons,* março-abril, 1986, pp. 46-51.
15. Uma abordagem preventiva visa enquadrar novos empregados. Ver Ed Bean. "More Firms Use Attitude Tests to Keep Thieves Off the Payroll". *Wall Street Journal,* fevereiro, 27, 1987, sec. 3, p. 33.
16. Ver, por exemplo, Maryellen Lo Bosco. "Employee Attitude Surveys". *Personnel,* abril 1986, pp. 64-68; e D. Kim Mckinnon. "Reaping the Real rewards of Employee Surveys". *Training,* novembro, 1985, pp. 49-52.
17. Martin Wright. "Helping Employees Speak Out about Their Jobs and the Workplace". *Personnel,* setembro, 1986, pp. 56-60.
18. O Index of Organizational Reactions acha-se descrito em F. J. Smith e L. W. Porter. "What do Executives Really Think about their Organizations?". *Organizational Dynamics,* outono, 1977, pp. 68-80. O Job Descriptive Index acha-se descrito em P. C. Smith, L. M. Kendall, e C. L. Hulin. *The Measurement of Satisfaction in Work and Retirement.* Chicago: Rand McNally & Company, 1969. A escala mostrada no exemplo colorido da página 189 é adaptada de Lyman W. Porter. "A Study of Perceived Need Satisfactions in Bottom and Middle Management". *Journal of Applied Psychology,* janeiro, 1961, pp. 1-10. O Minnesota Satisfaction Questionnaire acha-se apresentado em D. J. Weiss, R. V. Dawis, G. W. England, e L. H. Lofquist. *Manual for the Minnesota Satisfaction Questionnaire, Minnesota Studies in Vocational Rehabilitation: XXII,* University of Minnesota Industrial Relations Center, Work Adjustment Project, 1967.
19. Diretrizes são fornecidas em David R. York. "Attitude Surveying" *Personnel Journal,* maio, 1985, pp. 70-73: e Patricia Smith *et al.* "Guidelines for Clean Data: Detection of Common Mistakes". *Journal of Applied Psychology,* agosto, 1986, pp. 457-460.
20. Wilfred J. Zerbe e Delroy L. Paulhus. "Socially Desirable Responding in Organizational Behavior: A Reconception". *Aeademy of Management Review,* abril, 1987, pp. 250-264.
21. "A Productive Way to Vent Employee Gripes". *Business Week,* outubro, 1978, pp. 168-171.

PARA LEITURA ADICIONAL

Cascio, Wayne F. *Costing Human Resources: The Financial Impact of Behavior in Organizations*, 2ª ed., Boston: PWS-Kent Publishing Company, 1987.

Dilts, David A., Clarence R. Deitsch e Robert J. Paul. *Getting Absent Workers Back on the Job: An Analytical Approach.* Westport, Conn.: Quorum Books, 1985.

Gardner, James E. *Stabilizing the Workforcer: A Complete Cuide to Controlling Turnover.* Westport, Conn.: Quorum Books, 1986.

Goodman, P. S., e R. S. Atkin (eds.). *Absenteeism: New Approaches to Understanding, Measuring, and Managing Employee Absence.* San Francisco: Jossey-Bass Inc., Publishers, 1984.

Hershey, Robert. *Organizational Morale.* Kings Point, Nova York: Kings Point Press, 1985.

Herzberg, F., B. Mausner, R. O. Peterson, e R. Capwell. *Job Attitudes: Review of Research and Opinions.* Pittsburgh, Pa.: Pittsburgh Psychological Services, 1957.

Hollinger, Richard c., e John P. Clark. *Theft by Employees.* Lexington, Mass.: Lexington Books, 1983.

Mowday, Richard T., Lyman W. Porter, e Richard M. Steers. *Employee-Organization Linkages: The Psychology of Commitment, Absenteeism, and Turnover.* Orlando, Fla.: Academic Press (HBJ Publishers), 1982.

Organ, Dennis W. *Organizational Citizenship Behavior.* Lexington, Mass.: Lexington Books, 1988.

Price, James I. *The Study of Turnover.* Ames, Iowa: Iowa State University Press, 1977.

Schappi, John V. *Improving Job Attendance.* Washington, D. C: BNA Books, 1988.

Shea, Gordon F. *Company Lcyalty: Earning It, Keeping It.* Nova York: AMACOM, 1987.

PARTE 3

LIDERANÇA E MUDANÇA ORGANIZACIONAL

CAPÍTULO 7

LIDERANÇA E SUPERVISÃO

Excelentes líderes não são santinhos.
NANCY K. AUSTIN[1]

Participativo, apoiador, orientado para os relacionamentos... O comportamento gerencial pode apresentar preferências subjetivas por parte dos subordinados, sem qualquer ligação objetiva com o desempenho do trabalhador.
HARVEY HORNSTEIN ET AL.[2]

▼ OBJETIVOS DO CAPÍTULO

Compreender:

- ▶ A natureza da liderança
- ▶ O modelo de liderança caminho-objetivo
- ▶ Poder e política nas organizações
- ▶ Distinções entre Teoria X e Y
- ▶ Os diferentes estilos de liderança
- ▶ Aspectos do papel de liderança do supervisor

Liderança é o processo de encorajar e ajudar os outros a trabalharem entusiasticamente na direção dos objetivos. É o fator humano que ajuda um grupo a saber para onde está indo e assim motivar-se em direção aos objetivos. Sem liderança, uma organização seria somente uma confusão de pessoas e máquinas, do mesmo modo que uma orquestra sem maestro seria somente músicos e instrumentos. A orquestra e todas as outras organizações requerem liderança para desenvolver ao máximo seus preciosos ativos.

O processo de liderança é similar em efeito ao segredo químico que transforma a crisálida em borboleta, sem que se perca toda a beleza potencial da crisálida do bicho-da-seda. *A liderança, então, transforma potencial em realidade.* Esse papel pode ser frequentemente observado em firmas gigantes, como no caso da Chrysler Corporation quando Lee Iacocca passou a liderá-la às portas da falência. É igualmente importante em pequenas firmas, como no caso da Microsoft Corporation, fundada e dirigida por Bill Gates até chegar ao destaque nacional no desenvolvimento de softwares para microcomputadores. Em ambos os casos a liderança é o ato fundamental que identifica, desenvolve e utiliza o potencial representado por uma organização e suas pessoas. Neste capítulo será discutida a natureza da liderança – comportamentos, papéis, pressupostos e habilidades que se combinam para caracterizar diferentes estilos de liderança. Uma abordagem contingencial será apresentada para encorajar os administradores a examinarem a adequação entre a situação e o estilo de liderança a ser utilizado. A conclusão será elaborada com destaque especial para a supervisão, uma vez que os supervisores frequentemente se veem frente a um conjunto particular de problemas e pressões diferentes daquele dos administradores de mais alto escalão.

A NATUREZA DA LIDERANÇA

A liderança constitui um aspecto muito importante da administração, mas não é tudo. É exigido dos administradores planejar e organizar, por exemplo, mas o papel principal de um líder é influenciar os outros para buscarem, de maneira entusiástica, objetivos definidos. Isso significa que bons líderes podem ser maus administradores, caso seus planejamentos precários façam com que seus grupos movam-se na direção errada. Embora consigam fazer com que seus grupos atuem, não conseguem fazê-lo dentro de direções que melhor atendem aos objetivos organizacionais.

Outras combinações são também possíveis. Uma pessoa pode ser um mau líder e ainda assim ser um administrador relativamente eficaz, especialmente se estiver gerindo pessoas que claramente compreendem seus cargos e que têm fortes impulsos para trabalhar. Esse conjunto de circunstâncias é menos provável e todavia espera-se que os excelentes administradores possuam habilidades de liderança relativamente altas. Felizmente, essa habilidade pode ser adquirida através de desenvolvimento gerencial e experiência no trabalho.

Comportamento de liderança

As pessoas têm se preocupado com a natureza da liderança desde o início dos tempos. As primeiras pesquisas tentaram identificar os traços que diferenciavam os líderes dos não líderes, ou então entre líderes bem-sucedidos e mal sucedidos[3]. Alguns estudos focalizaram fatores de personalidade, tais como inteligência, ambição e agressividade;

outros examinaram características físicas como altura, força e atratividade. De forma genérica, nenhum conjunto mais consistente de traços que se apresentasse estável entre grupos e tarefas, emergiu apesar das contínuas tentativas.

> Um exemplo de um instrumento popular que classifica os gerentes dentro de uma entre 16 diferentes categorias é a escala de Meyers-Briggs. Esse controvertido teste baseia-se no trabalho do psicólogo Carl Jung, classificando os gerentes em extrovertidos ou introvertidos, pensamento ou sentimento, sensação ou intuição e julgamento ou percepção. Embora essa abordagem tenha sofrido críticas, muitas empresas como a Compass Computer, a Transamerica Corporation e o Charlotte Observer (jornal) usaram o teste como a base para formar grupos e melhorar as comunicações[4].

A ênfase atual mudou, em grande parte, dos traços para a identificação de *comportamentos* de liderança. Dentro dessa visão o sucesso da liderança depende de comportamentos apropriados, habilidades e ações e não de traços pessoais. Isso é muito significativo, uma vez que comportamentos podem ser aprendidos e modificados, enquanto traços são relativamente rígidos. Os três diferentes tipos de habilidades que os líderes utilizam são técnicas humana e conceitual. Embora tais habilidades sejam interligadas na prática, elas podem ser consideradas separadamente.

A *habilidade técnica* refere-se ao conhecimento da pessoa e à habilidade em qualquer tipo de processo ou técnica. Exemplos disso são as habilidades aprendidas pelos contadores, engenheiros, operadores de processadores de texto e ferramenteiros. A habilidade é o aspecto diferenciador do desempenho no cargo em nível operacional, mas, à medida que os empregados vão sendo promovidos para responsabilidades de liderança, suas habilidades técnicas tornam se proporcionalmente menos importantes, conforme demonstrado na Figura 7-1. Cada vez mais dependem das habilidades técnicas de seus subordinados e, em muitos casos, nunca praticaram algumas das habilidades técnicas que estão supervisionando.

A *habilidade humana* é a habilidade de trabalhar efetivamente com pessoas e desenvolver equipes de trabalho. Nenhum líder, em qualquer nível organizacional, pode escapar dos requisitos de habilidade humana eficaz. Isso é uma parte importante do comportamento de liderança, discutida ao longo de todo o livro.

A *habilidade conceitual* é a habilidade de pensar em termos de modelos, estruturas e amplas interligações, tais como os planos de longo prazo. Essa habilidade assume importância crescente nos cargos gerenciais de níveis mais altos. As habilidades conceituais lidam com ideias, enquanto as habilidades humanas dizem respeito às pessoas e a habilidade técnica envolve coisas.

A análise das habilidades de liderança ajuda a explicar por que importantes executivos algumas vezes se tomam vice-presidentes medíocres. Podem não estar usando adequadamente aquele composto de habilidades requerido pelos cargos de mais alto nível, particularmente no caso da habilidade conceitual.

Aspectos situacionais

Uma liderança eficaz exige um comportamento que congregue e estimule os seguidores na direção de objetivos definidos em situações específicas. Todos os 3 elementos – líder, liderados e situação – são variáveis que se afetam mutuamente na determinação do comportamento adequado de liderança.

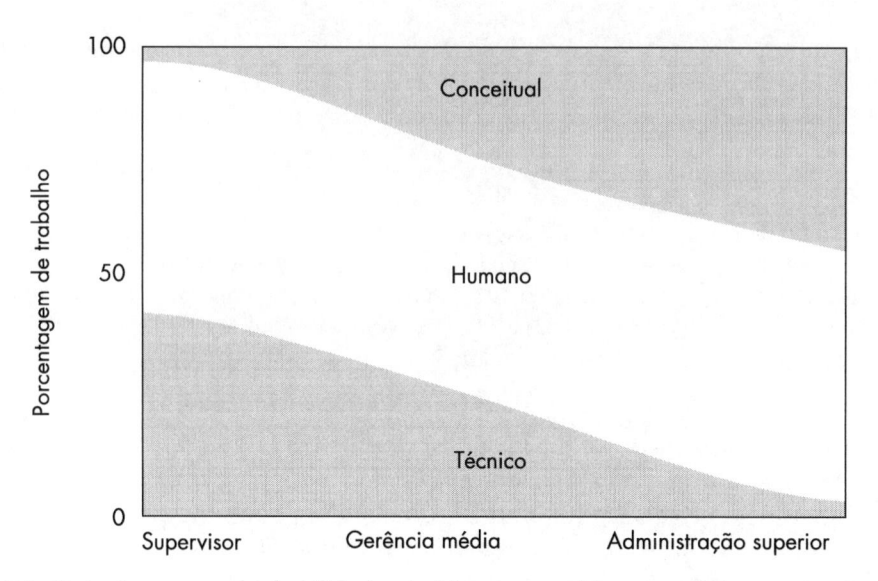

FIGURA 7-1 – Variações no uso das habilidades de liderança em diferentes níveis organizacionais.

A interdependência entre líder, liderado e situação é ilustrada por Gregg Hicks, um superintendente teimoso que ainda está administrando da mesma maneira que 20 anos atrás. Pensa que a liderança reside nele, sozinho, intocada pelas influências externas. Fracassa em perceber que, conforme as pessoas e o ambiente mudam, necessita mudar sua liderança. Embora seu estilo de liderança fosse aceitável 20 anos atrás, hoje não é mais.

É evidente que a liderança é situacional. Em uma dada situação, a ação A pode ser o melhor conjunto de atos de liderança, mas, na próxima situação, a ação B será melhor. Tentar fazer com que todos os líderes da organização se enquadrem dentro de um padrão único irá suprimir diferenças de criatividade, além de ser igualmente ineficiente, uma vez que seria como tentar fazer com que peças quadradas de um quebra-cabeças se encaixassem em cavidades redondas. Liderança é parte de um sistema complexo, não havendo uma maneira simples de responder a questão "O que caracteriza um líder?"[5].

Algumas vezes líderes precisam resistir à tentação de serem visíveis em determinadas situações. Embora a boa liderança envolva um conjunto de comportamentos, ela não deveria ser confundida com uma mera atividade quando não é necessária. Agressividade e constante interação com outros não garantem uma boa liderança. Às vezes, a atitude apropriada de liderança é ficar na retaguarda afastando as pressões do grupo, calando-se para que os outros possam falar, ficar calmo em momentos de tumulto, hesitar e retardar decisões. Outras vezes, o líder deve ser mais diretivo e controlador, como indicado na citação de abertura deste capítulo.

Líderes como liderados

Com raras exceções, líderes em organizações são também *liderados*. Quase sempre se reportam a alguém. Mesmo o presidente se reporta ao conselho de administração. Os líderes devem ser capazes de usar ambos os chapéus de modo elegante, relacionando-se tanto para cima como para baixo na hierarquia organizacional. Necessitam da validação das autoridades mais altas, da mesma forma que necessitam do apoio por parte de seus seguidores. Nas organizações formais de muitos níveis hierárquicos, a habilidade de seguir é um dos principais requisitos para a boa liderança. É a chave que abre as portas para as oportunidades de liderança e mantém o líder em equilíbrio com o resto da organização.

> Um vice-presidente da Saga Corporation sugere que muitas pessoas falharam em seu emprego por não terem habilidades de seguidores. Comportamentos que ajudam uma pessoa a ser um subordinado eficaz podem incluir evitar entrar em competição com o líder, agir como um leal advogado do diabo e confrontar-se construtivamente com ideias, valores e comportamentos do líder[6].

O que deve fazer o líder para obter esses comportamentos dos seus funcionários? O próximo tópico apresentará um modelo de comportamento de liderança que gira em torno de objetivos e de um sistema de apoio para a consecução dos mesmos.

O MODELO DE LIDERANÇA CAMINHO-OBJETIVO

Robert House e outros desenvolveram em maior profundidade o ponto de vista conhecido como liderança pelo caminho do objetivo, inicialmente apresentado por Martin G. Evans, e que se acha baseado na teoria da expectância em motivação (veja Capítulo 4)[7]. O modelo do caminho-objetivo de liderança afirma que o trabalho do líder é usar a estrutura, o apoio e as recompensas para criar um ambiente de trabalho que ajude os empregados a atingirem os objetivos da organização. Os dois papéis principais que estão em jogo são criar a orientação para o objetivo e desenvolver o caminho em direção aos objetivos de tal modo a que sejam atingidos.

A Figura 7-2 mostra o processo do caminho para o objetivo. O líder identifica as necessidades do empregado, oferece objetivos apropriados e então liga a chegada aos objetivos a recompensas, deixando claro os relacionamentos entre a expectativa e a instrumentalidade. As barreiras ao desempenho são removidas e é oferecida uma orientação ao empregado. O resultado do processo é a satisfação no trabalho, aceitação do líder e maior motivação.

Fixação de objetivos

A *fixação de objetivos* tem um papel central no processo do caminho para o objetivo. É o estabelecimento dos alvos e objetivos para um desempenho eficaz, tanto a longo como a curto prazo. Ela oferece a medida de quão bem os indivíduos e grupos estão atingindo os padrões de desempenho.

A premissa básica subjacente ao estabelecimento de objetivos é a de que *o comportamento humano é orientado para objetivos,* como foi discutido no Capítulo 3. Os membros do grupo necessitam sentir que têm um objetivo que valha a pena, que pode ser alcançado com os recursos e a liderança disponíveis. Sem objetivos, os diferentes membros podem tomar diferentes direções. Essa dificuldade continuará enquanto não existir uma compreensão comum dos objetivos envolvidos.

ADMINISTRAÇÃO POR OBJETIVOS. Um enfoque bem conhecido e que envolve o estabelecimento de objetivos é chamado de *administração por objetivos* (APO). De maneira geral, a APO é um sistema no qual gerentes e subordinados mutuamente concordam com a rotina do empregado, com as orientações dos projetos e os objetivos pessoais para o ano e sobre o critério que será utilizado para avaliar a consecução desses objetivos[8]. Os passos principais desse processo circular e de autorrenovação são mostrados na Figura 7-3. Os pontos mais importantes incluem ênfase na mútua fixação de objetivos, um plano de ação relativamente autônomo e revisões periódicas do progresso. A liberdade dada ao empregado no sistema APO oferece oportunidades para a satisfação das suas necessidades de crescimento. Os objetivos com maior valor motivacional são aqueles que são aceitos, são específicos e desafiadores, promovendo oportunidades para o *feedback* do desempenho.

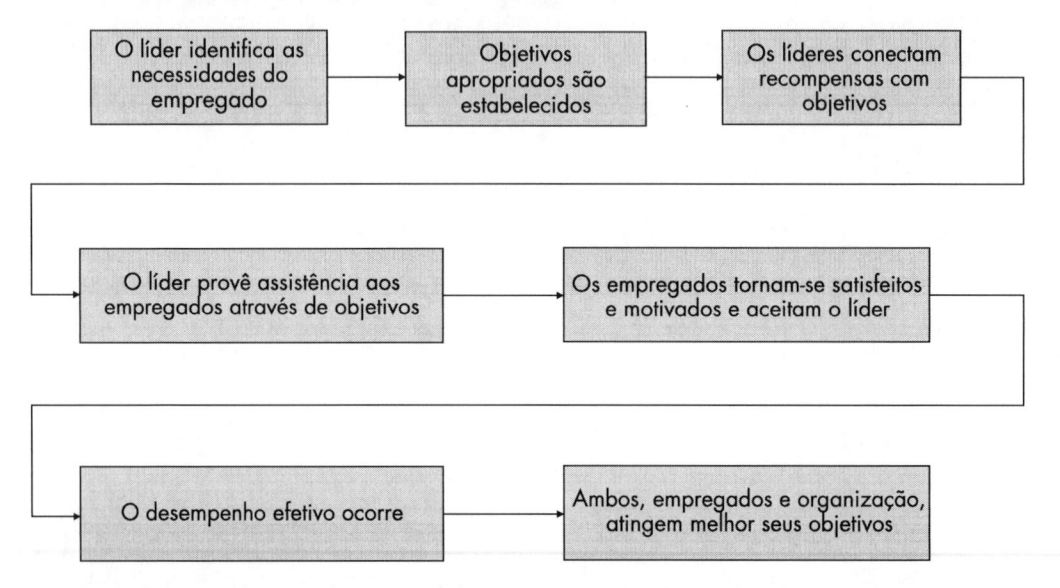

```
O líder identifica as      →  Objetivos            →  Os líderes conectam
necessidades do              apropriados são          recompensas com
empregado                    estabelecidos            objetivos

O líder provê assistência aos  →  Os empregados tornam-se satisfeitos
empregados através de objetivos    e motivados e aceitam o líder

O desempenho efetivo ocorre  →  Ambos, empregados e organização,
                                 atingem melhor seus objetivos
```

FIGURA 7-2 – Processo do caminho para a liderança.

VISÃO. Um tipo especial de fixação de objetivos é a criação e comunicação de uma visão da organização. Uma *visão* é uma imagem a longo prazo ou uma ideia daquilo que pode e deve ser alcançado; adequadamente explicada para os outros, ela serve para estimular o comprometimento e o entusiasmo[9]. Uma visão pode também integrar as crenças e os valores compartilhados que servem de base para a criação e mudança de uma cultura organizacional. A visão é particularmente um elemento-chave para os papéis de liderança e para os administradores de cúpula. São os responsáveis pela avaliação de seus ambientes, projetando condições futuras e desenvolvendo grandes estratégias com vistas à consecução de suas visões. Quando a visão de um executivo é adequadamente explicada para outros administradores e empregados, ela se transforma na base para o desenvolvimento dos objetivos e das metas.

> A importância e a complexidade de difundir uma visão é ilustrada pela experiência do diretor de uma nova universidade. Ele foi escolhido para conduzir a instituição quando um grupo de entrevistadores ficou impressionado com seu grande plano de levar a universidade de uma posição de mediocridade para uma que focalizava a excelência. Apesar da reação positiva geral de sua visão global para a universidade, a aceitação das suas propostas mais específicas (e receita de novos fundos) arrastaram-se por muitos anos. O processo que visava implementar uma nova visão foi retardado pela necessidade de obter apoio de políticos, diretores, faculdade, alunos e associações. O sucesso em vender a visão de alguém requer a construção e o uso de poder político, como aqueles que serão bem discutidos na seção seguinte.

LIDERANÇA E SUPERVISÃO

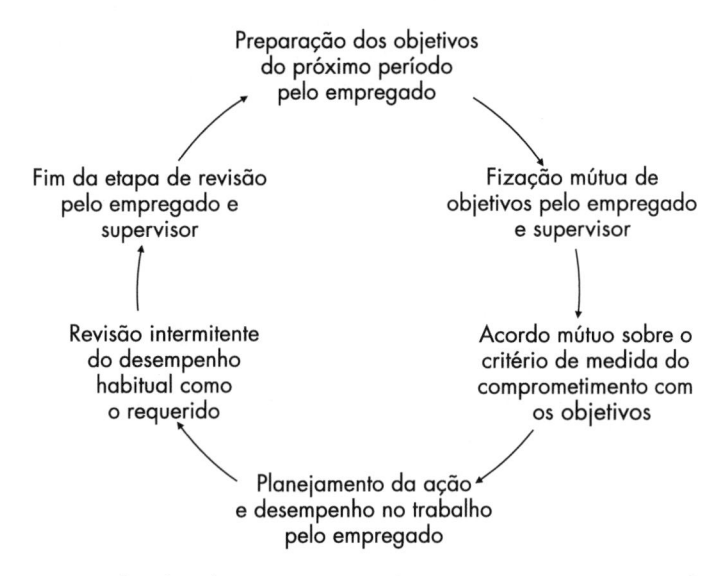

```
            Preparação dos objetivos
              do próximo período
                pelo empregado

Fim da etapa de revisão          Fixação mútua de
   pelo empregado e           objetivos pelo empregado
      supervisor                   e supervisor

Revisão intermitente            Acordo mútuo sobre o
   do desempenho                 critério de medida do
    habitual como               comprometimento com
     o requerido                    os objetivos

            Planejamento da ação
           e desempenho no trabalho
                pelo empregado
```

FIGURA 7-3 – Processo circular da administração por objetivos.

Desenvolvimento de caminhos

Os passos que circundam o estabelecimento de objetivos representam apenas metade do processo de liderança pelo caminho-objetivo. Os líderes também necessitam considerar alguns aspectos contingenciais (tais como as características de personalidade do empregado e a natureza da tarefa) antes de tomarem a decisão de como perseguir com suavidade o caminho na direção do objetivo. A discussão das ideias de orientação para o caminho, incluindo o apoio e a modelagem de papéis, vem a seguir.

TAREFA E SUPORTE PSICOLÓGICO. Os líderes oferecem tanto apoio para a tarefa, quanto apoio psicológico para os seus empregados. Eles oferecem apoio para a tarefa quando reúnem recursos, orçamentos, poder e outros elementos que são essenciais para que o trabalho seja feito. É igualmente importante que eles removam as restrições ambientais que algumas vezes inibem o desempenho do empregado, que exerçam influência sobre os níveis hierárquicos superiores e promovam o reconhecimento pelo esforço efetivo e o desempenho. Todavia, o apoio psicológico também é necessário[10]. Os líderes devem estimular as pessoas a quererem fazer o trabalho. A combinação do apoio à tarefa e psicológico fornecidos por um líder é descrita por um empregado de uma companhia telefônica como se segue:[11]

> Existe um supervisor aqui na Western Area que é um exemplo de líder. Qual é a razão? Ele se preocupa com as pessoas (apoio psicológico) e em conseguir que o trabalho seja feito de forma correta (apoio tarefa). O seu entusiasmo é real, não forçado e é bastante contagiante. Seus subordinados querem trabalhar para ele e aprender com ele.
>
> Isso vem de duas razões básicas: ele sabe sobre o que está falando e trata os seus subordinados como seres humanos racionais com habilidades para fazerem o trabalho, e espera que eles o façam. Dá a eles o reconhecimento de que o seu trabalho é importante. Dessa forma, as pessoas têm o sentimento de que estão trabalhando com ele para conseguirem que o trabalho seja adequadamente feito.

A MODELAGEM DE PAPÉIS. Diz-se que "o supervisor tende a supervisionar assim como ele é supervisionado". O mesmo pensamento se aplica aos líderes. Eles servem como *modeladores de papéis* ou exemplos para seus seguidores, que têm a tendência de agir aproximadamente da mesma forma pela qual seus líderes o fazem[12]. Por exemplo, se um líder é considerado e oferece apoio a seus subordinados, a resposta deles tenderá a ser semelhante. Se o líder segue um padrão oposto, os subordinados então podem adotar a atitude de oposição.

> Num escritório estatal de recolhimento de impostos uma gerente chamada Rebecca Lapp culpava tanto os subordinados como os superiores tão logo aparecia qualquer problema. Ela também atrasava o trabalho até que os prazos fatais se aproximavam, o que levava a um trabalho corrido e pressão sobre o grupo. Ela era impaciente com os outros. Gradualmente seus subordinados desenvolveram um comportamento semelhante, o que determinava que o desempenho no escritório fosse precário. Rebecca não representava um modelo eficaz.

PODER E POLÍTICA

Todos os líderes lidam com poder e política[13]. *Poder* é a habilidade de influenciar as outras pessoas e os acontecimentos. Ele representa as reservas do líder, a forma pela qual líderes estendem suas influências aos outros... É um pouco diferente da autoridade, porque a autoridade é delegada pela alta administração. O poder, por outro lado, é conseguido e ganho pelos líderes tendo por base as próprias personalidades, suas atitividades e as situações nas quais operam.

A *política* relaciona-se com as formas pelas quais os líderes ganham e usam o poder. É necessário ajudar o líder a manter-se "no topo da situação" e controlar os eventos na direção dos objetivos desejáveis. A política diz respeito ao equilíbrio do poder, "livrar a cara", compromissos engenhosos, *trade-offs*, e uma variedade de outras atividades. Isso tem sido a atividade humana clássica desde o começo da civilização; dessa forma ela não existe somente nas modernas organizações. Mas as organizações modernas são um terreno fértil para que a política floresça. Os observadores dizem que líderes capazes, mas sem habilidades políticas básicas, terão problemas em chegar ao topo nas organizações modernas. De forma clara, as habilidades políticas são essenciais para os líderes, tanto para o seu sucesso pessoal como também para suavizar o caminho para o desempenho dos subordinados.

TIPOS DE PODER

O poder se desenvolve através de muitas maneiras. A seguir são apresentados os quatro principais tipos de poder organizacional e suas fontes.

PODER PESSOAL. Também chamado de poder referente, poder carismático e poder de personalidade – vem de cada líder individualmente. É a habilidade que têm os líderes de desenvolver os seguidores a partir das forças de suas próprias personalidades. Eles têm um magnetismo pessoal, um ar de confiança e uma crença naqueles objetivos que atraem e mantêm seus seguidores. As pessoas o seguem porque assim o querem; suas emoções lhes dizem para fazerem isso. O líder é sensível às necessidades das pessoas e assegura que o sucesso seja atingido. Exemplos históricos muito conhecidos são os de Joana D' Arc na França, Mahatma Gandi na Índia e Franklin D. Roosevelt nos Estados Unidos.

PODER LEGÍTIMO. Também conhecido como poder da posição e poder oficial, vem da autoridade superior. Ele nasce da cultura da sociedade na qual o poder é delegado legitimamente das mais altas autoridades para os demais. O poder legítimo dá ao líder força de controlar os recursos recompensando e punindo outras pessoas. Esse poder é aceito pelos outros porque eles acreditam que seja desejável e necessário para manter a ordem e desencorajar a anarquia na sociedade. Existe uma pressão social dos colegas e amigos que o aceitam e esperam que os demais também o façam.

PODER DO ESPECIALISTA. Também conhecido como a autoridade pelo conhecimento vem do aprendizado especializado. É a força que vem do conhecimento das pessoas e das informações a respeito das situações complexas. Ele depende da educação, do treinamento e da experiência e, dessa forma, representa um tipo importante de poder na nossa sociedade tecnológica moderna. Por exemplo, caso sua esposa esteja tendo um ataque ou qualquer outro tipo de problema na sala de emergência hospitalar, você estará mais propenso a dar sua atenção ao médico que vem oferecer tratamento do que ao ajudante que entra distribuindo roupa limpa. A razão é que você espera que o médico seja um especialista capaz nessa situação.

PODER POLÍTICO. Vem do apoio do grupo. Nasce da habilidade do líder em trabalhar com pessoas e sistemas sociais para ganhar a sua aliança e apoio. Ele se desenvolve em todas as organizações.

Os tipos de poder são desenvolvidos a partir de diferentes fontes, mas na prática se acham interligados. Quando uma base de poder é retirada dos supervisores, os empregados podem perceber que outras bases de influência também diminuirão. Estudos também indicam que o uso da base do poder deve ser adequado ao contexto organizacional para ser então eficaz. O poder político se desenvolve mais quando o ambiente organizacional e técnico é incerto, e isso será apresentado a seguir com maior detalhamento.

Táticas usadas para ganhar poder político

Existe um bom número de táticas que os líderes podem usar para ganhar poder político; muitos exemplos são dados no Quadro 7-4. Duas das mais populares são as trocas sociais e alianças de vários tipos. Trocas sociais implicam em "Se você fizer algo por mim, eu farei algo para você". Elas repousam na poderosa *norma da reciprocidade* na sociedade, onde duas pessoas em relacionamento contínuo sentem forte obrigação em repor seus *débitos* sociais uns aos outros. Quando essas transações ocorrem com sucesso, ambas as partes conseguem alguma coisa que querem. Trocas contínuas durante um certo período de tempo habitualmente conduzem a uma aliança na qual duas ou mais pessoas se unem num grupo de poder de longo prazo e conseguem os benefícios mutuamente desejados[14].

Outro caminho comum no sentido do poder político é tornar-se identificado com a mais alta autoridade e/ou figura de poder numa organização. Então, como se diz, um pouco do poder "se apega a você". Frequentemente essa identificação ganha privilégios especiais e em muitos casos a pessoa se torna reconhecida como representativa ou porta-voz da figura de maior poder. Outros podem partilhar problemas com ela, esperando que sejam ajudadas a ganhar acesso à figura de mais alto posicionamento. Um exemplo de identificação é o assistente pessoal do presidente, que representa o presidente em muitos contatos com os outros.

TÁTICA UTILIZADA	EXEMPLO
Troca social	Em um processo de troca, o engenheiro-chefe ajuda o gerente da fábrica a conseguir uma nova máquina já aprovada, caso o gerente lhe dê apoio em um projeto de engenharia.
Alianças	O gerente do sistema de informação e o vice-presidente financeiro unem-se para trabalhar por um novo sistema de computação.
Identificação com a autoridade mais alta	A assistente pessoal do presidente toma sozinha decisões menos importantes.
Controle de informação	O gerente de pesquisa e desenvolvimento controla as informações sobre o novo produto, necessárias ao gerente de marketing.
Serviço seletivo	O gerente de compras seletivamente oferece serviços mais rápidos a um maior número de sócios corporativos.
Símbolos de poder e *status*	O novo *controller* consegue um escritório que tem o dobro do tamanho, ricamente decorado e admite um assistente pessoal.
Jogos de poder	O gerente A consegue com o vice-presidente transferir parte do departamento do gerente B para o seu departamento.
Redes	Um jovem gerente se associa a um clube de tênis.

FIGURA 7-4 – Exemplos de táticas usadas para ganhar poder político.

Em uma companhia o assistente pessoal do presidente, Howard Janus, tornou-se amplamente aceito como o representante do presidente em toda a empresa. Ele passava instruções aos outros gerentes em nome do presidente e, por isso, esses gerentes então aceitaram as ordens. Ele representou o presidente em compromissos especiais. Ele controlou o acesso até o presidente e controlou parcialmente o fluxo de informações que chegavam e saíam do presidente. Lidando com o poder de maneira eficaz, gradualmente tornou-se a pessoa mais influente na organização. Quando o presidente se aposentou, o seu assistente tornou-se o principal executivo e foi aceito por todos os outros gerentes.

Outra maneira popular de adquirir poder político é distribuir serviços de maneira seletiva a seus colaboradores. Por exemplo, um gerente de compras dá serviços mais rápidos e "se verga às regras" para ajudar os amigos que o apoiam na função de compras. Outra tática é adquirir símbolos de *status* e poder que implicam no fato de que você seja uma pessoa importante na empresa, embora isso possa lhe causar problemas caso não tenha poder igual ao representado pelos símbolos.

Alguns gerentes se utilizam de táticas mais agressivas de jogos de poder que consistem em apoderar-se do poder dos outros. Esse enfoque é arriscado porque os outros podem atuar de forma a enfraquecer o poder do gerente apoderador.

Uma tática comum para aumentar o poder é juntar-se ou formar grupos de interesse que possuam objetivos comuns. Essas redes operam em bases de contatos de amizade e relacionamentos pessoais e podem promover um local de encontro para pessoas influentes. Um jovem gerente que passou a fazer parte da Câmara de Comércio ou de um clube de tênis está abrindo a porta para novos contatos que podem ser úteis.

Como ilustra o exemplo a seguir, poder e política são aspectos básicos do sucesso da liderança em uma organização.

> A administração numa empresa estatal estava considerando se deveria ou não mudar uma determinada atividade de um departamento para outro. Finalmente o diretor responsável por toda a operação decidiu marcar uma reunião do pessoal com todos os administradores seniores para decidir onde a tão disputada atividade deveria ser alocada. Antes da reunião, a gerente do departamento que desejava a atividade preparou um relatório elaborado e convincente que apoiava completamente a mudança da atividade para seu departamento. Enquanto isso, o gerente do departamento que poderia perder a atividade visitava todos os membros do comitê consertando cercas, fazendo trocas e pedindo apoio para o ponto de vista do seu departamento.
>
> Quando o comitê se encontrou duas semanas mais tarde, a maior parte dos membros já havia decidido a favor do gerente que usou o enfoque político. O convencimento lógico do relatório escrito foi ignorado e o comitê votou pela manutenção da atividade na sua atual alocação. As habilidades políticas venceram a disputa.

Para relacionar o poder político com o modelo de caminho do objetivo, o líder trabalha em colaboração com os subordinados e os ajuda a obter aqueles objetivos que apoiam a visão geral da organização. O líder reafirma todas as expectativas (objetivos) para os empregados, usa poder político para obter os recursos necessários, recebendo algum nível de produtividade como resposta. O nível de produtividade real pode variar com a qualidade da relação de *troca* estabelecida, dependendo da quantidade de confiança, interação, apoio e recompensas oferecidas[15]. Os empregados podem também exercer influência política sobre o seu supervisor para procurar ganhar apoio adicional.

ESTILO DE LIDERANÇA

O padrão global das ações do líder, conforme percebido por seus subordinados, é chamado de *estilo de liderança*. Ele representa a filosofia, as habilidades e atitudes do líder na prática. Os estilos que são discutidos diferem basicamente quanto à motivação, ao poder ou à orientação para tarefas e pessoas. Embora tipicamente sejam utilizados em combinação, ou mesmo aplicados diferentemente a vários empregados, serão discutidos em separado para ressaltar os contrastes entre eles. O impacto das suposições sobre o estilo de liderança é apresentado primeiro.

Teoria X e Teoria Y

Em 1957, Douglas McGregor elaborou uma convincente argumentação segundo a qual a maior parte das ações gerenciais decorre diretamente da teoria sobre comportamento humano que os gerentes sustentam[16]. A ideia *é que a filosofia de administração controla a prática*. As práticas de administração de pessoal, o processo de tomada de decisões, a forma de operar e até mesmo o planejamento organizacional derivam de crenças sobre o comportamento humano. Essas crenças podem estar mais implícitas do que explícitas, mas podem ser inferidas a partir da observação dos tipos de ações que os gerentes tomam.

A *Teoria* X é um tradicional conjunto de considerações sobre as pessoas. Como é mostrado na Figura 7-5, ela defende que a maioria das pessoas não gosta de trabalhar e tentará evitar o trabalho tanto quanto for possível. Elas se prendem a vários tipos de restrições ao trabalho, têm pouca ambição e evitarão a responsabilidade a todo custo. Elas são relativamente egoístas, indiferentes às necessidades da organização e resistentes à mudança. As recompensas comuns oferecidas pelas organizações não são suficientes para sobrepujar a falta de gosto pelo trabalho; dessa forma, a única maneira de que a administração dispõe para assegurar o alto desempenho é a coerção, o controle e a ameaça. Embora os administradores possam negar que tenham esse ponto de vista, sua maneira de agir sugere fortemente que a Teoria X é a sua típica crença sobre os empregados.

TEORIA X	TEORIA Y
■ A pessoa comum não gosta de trabalhar e evitará isso se possível.	■ O trabalho é tão natural quanto a diversão e o repouso.
■ A pessoa comum tem falta de responsabilidade, pouca ambição e procura a segurança acima de tudo.	■ As pessoas não nasceram preguiçosas. Tornaram-se assim como resultado de experiências.
■ A maioria das pessoas deve ser corrigida, controlada, ameaçada com punição para vir a trabalhar.	■ As pessoas exercerão autodireção e autocontrole a serviço dos objetivos com os quais estiverem comprometidas. ■ As pessoas têm potencial. Sob condições propícias aprendem não só a aceitar como a procurar responsabilidades. Têm imaginação, engenhosidade e criatividade, que podem ser aplicadas ao trabalho.
Por causa dessas pressuposições, o papel da gerência é coagir e controlar os empregados.	Por causa dessas pressuposições, o papel da gerência é desenvolver o potencial dos empregados e ajudá-los a liberarem esse potencial na direção de objetivos comuns.

FIGURA 7-5 – Teorias X e Y de McGregor, enfoques alternativos sobre os empregados.

A *Teoria Y* implica uma abordagem mais humana e de maior apoio no gerenciamento das pessoas. Pressupõe que as pessoas não nasceram preguiçosas. Qualquer evidência de que agem assim é o resultado das suas experiências nas organizações; mas se a administração chegar a promover um ambiente adequado que libere o potencial das pessoas, o trabalho tornar-se-á tão natural para elas como o descanso e o resto. Elas exercerão o autodirecionamento e autocontrole a serviço dos objetivos com os quais estiverem comprometidas. O papel do gerente é promover um ambiente no qual o potencial das pessoas possa ser liberado para o trabalho.

A argumentação de McGregor foi a de que a administração tem ignorado os fatos sobre as pessoas. É pelo fato de seguirem um conjunto de crenças fora de moda sobre as pessoas que aderem à Teoria X, quando os fatos reais indicam que a maioria das pessoas está mais próxima do conjunto de crenças da Teoria Y. Existem importantes diferenças entre as pessoas; portanto, algumas podem ficar mais próximas à Teoria X, mas praticamente todos os empregados têm algum potencial de crescimento da Teoria Y. Assim, McGregor afirmou que a administração precisava mudar para uma nova teoria de trabalho com as pessoas: a Teoria Y. O relacionamento entre a crença alternativa sobre o comportamento humano e estilos de liderança podem ser vistos no decorrer dos parágrafos que se seguem.

Tipos de estilos de liderança

Muitas classificações de estilos de liderança foram propostas e mostraram-se úteis. A mais simples delas baseou-se numa única dimensão, enquanto as outras focalizaram duas ou mais formas para fazer a distinção entre os estilos. Embora frequentemente haja semelhanças entre esses enfoques, neste livro os estilos serão diferenciados com base no uso de recompensas, de poder, ou, a principal ênfase, consideração *versus* estrutura.

LÍDERES POSITIVOS E NEGATIVOS. Existem diferenças entre as maneiras pelas quais os líderes focalizam a motivação das pessoas. Se o enfoque enfatiza recompensas – econômicas ou outras – o líder usa a *liderança positiva*. Quanto melhor for a educação do empregado, maior é a sua solicitação de independência e outros fatores trabalham a favor da motivação mais dependente da liderança positiva.

Se a ênfase é colocada em penalidades, o líder está se utilizando da liderança negativa. Esse enfoque pode conseguir um desempenho aceitável em muitas situações, mas tem custos humanos altos. Líderes de estilo negativo agem de forma a dominarem e serem superiores às pessoas. Para conseguirem que um trabalho seja feito, eles submetem o seu pessoal a penalidades, tais como perda do emprego, repreendas frente a outros e desconto de dias trabalhados. Exibem sua autoridade a partir da falsa crença de que podem amedrontar todos para atingir a produtividade. Eles são mais chefes do que líderes.

Existe um contínuo de estilos de liderança que classifica desde o fortemente positivo até o fortemente negativo. Quase todos os gerentes usam ambos os estilos indicados em algum lugar do contínuo todos os dias, mas o estilo dominante deve afinar-se com o grupo. O estilo está relacionado com o modelo de comportamento organizacional da pessoa. O modelo autocrático tende a produzir o estilo chamado de negativo, o modelo protetor é de alguma forma positivo; e os modelos de apoio ou corporativo são claramente positivos. A liderança positiva geralmente atinge níveis mais altos de satisfação no trabalho e bom desempenho.

LÍDERES AUTOCRÁTICOS, PARTICIPATIVOS E RÉDEAS SOLTAS. A forma pela qual um líder usa o poder também estabelece um tipo de estilo. Cada estilo – autocrático, participativo e rédeas livres – tem suas vantagens e limitações. Um líder usa os três tipos de estilos durante um período de tempo, mas um deles tende a ser o dominante. Uma ilustração é a de um supervisor de fábrica que normalmente é autocrático, mas é participativo na determinação da programação de férias e pode assumir o estilo de rédeas soltas ao selecionar o representante do setor para o comitê de prevenção de acidentes.

Os *líderes autocráticos* centralizam o poder e a tomada de decisões em si mesmos, como mostrado na Figura 7-6. Eles estruturam totalmente a situação de trabalho para os seus subordinados, dos quais espera que façam aquilo que ele lhes disse para fazer. Esses líderes assumem toda a autoridade e toda a responsabilidade. O líder autocrático é tipicamente negativo, baseia suas ações em ameaças e punições; mas também pode ser positivo, como foi demonstrado no caso de autocrata benevolente que faz escolhas para dar algumas recompensas aos seus subordinados.

Algumas vantagens do estilo de liderança autocrático é que ele geralmente satisfaz como liderança, favorece decisões rápidas, utiliza favoravelmente os subordinados menos competentes, oferecendo segurança e bases estruturais para os empregados. A maior desvantagem é que a maioria dos subordinados não gosta desse estilo, especialmente se for usado de maneira extrema a ponto de criar medo e frustração.

Os *líderes participativos* descentralizam a autoridade. As decisões participativas não são unilaterais, como no caso do estilo autocrata, pois elas saem da consulta aos subordinados, bem como de sua participação. O líder e seus subordinados atuam como uma unidade social, conforme foi ilustrado na Figura 7-6. Os empregados são informados sobre as condições que afetam seu trabalho e encorajados a expressar suas ideias, bem como a fazer sugestões. A tendência geral é no sentido de ampliar o uso das práticas participativas, pois elas são consistentes com os modelos de apoio e colegiado do comportamento organizacional[17].

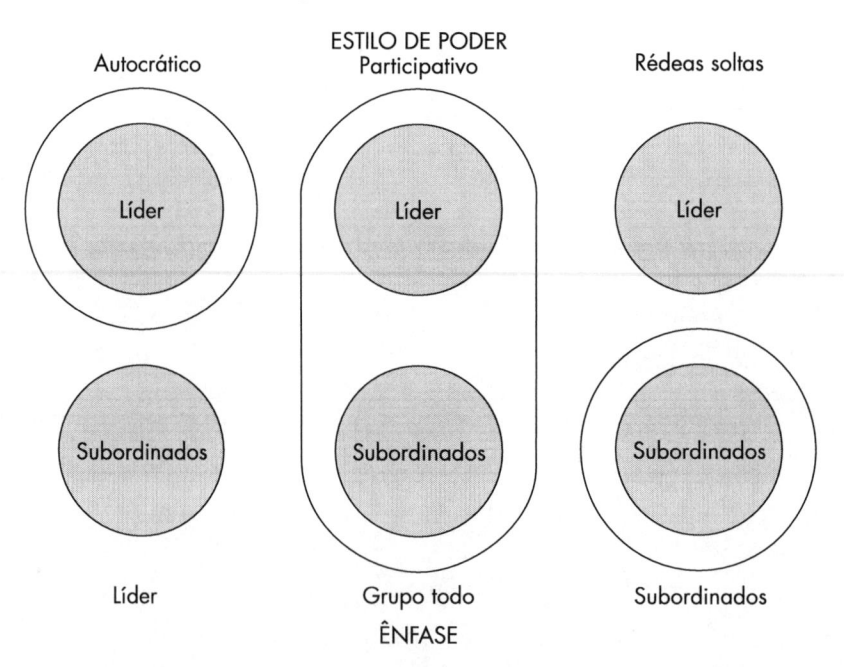

FIGURA 7-6 – Diferentes ênfases (mostradas pelas linhas coloridas) resultam de diferentes estilos de liderança no uso do poder.

Os líderes *rédeas soltas* evitam o poder e a responsabilidade. Eles dependem muito do grupo quanto ao estabelecimento dos seus próprios objetivos e à resolução de seus próprios problemas. São os membros do grupo que treinam a si mesmos e promovem suas próprias motivações. O líder tem apenas um papel secundário. Na liderança do tipo rédeas soltas a contribuição do líder é ignorada aproximadamente da mesma forma que, na liderança do tipo autocrática, o líder ignora o grupo. Essa forma de liderança tende a permitir que diferentes unidades da organização elaborem objetivos cruzados, o que pode degenerar em caos. Por essa razão, normalmente não é usada como um estilo dominante, mas mostra-se útil em situações nas quais o líder pode deixar as escolhas inteiramente por conta do grupo.

O USO DA CONSIDERAÇÃO E ESTRUTURA PELO LÍDER. A *consideração* e a *estrutura* são dois estilos diferentes de liderar os empregados, que também são conhecidos como orientados para o empregado e orientados para a tarefa. Existe consistente evidência de que os líderes que têm segurança estão aptos a obter mais alto desempenho e satisfação no trabalho se a alta consideração for o seu estilo dominante de liderança. Os líderes que dão consideração estão preocupados com as necessidades humanas dos seus subordinados. Eles tentam construir um verdadeiro time de trabalho, dão apoio psicológico e ajudam seus subordinados quanto aos problemas que possam ter. Os líderes estruturados, orientados para a tarefa, por outro lado, acreditam que obtêm resultados mantendo as pessoas constantemente ocupadas e pressionando-as para que produzam.

> A diferença entre as duas orientações é ilustrada pela reação de Paul Blumberg, um superintendente de mina numa cidade mineira do Oeste. Um mensageiro trouxe a ele as seguintes notícias sobre um dos seus motoristas de caminhão: "John Jones conseguiu tirar o caminhão da estrada e caiu no Mile Deep Canyon". A resposta do superintendente orientado para a tarefa foi: "Vá com outro caminhão até lá e consiga que o metal seja expedido". (Nós só ficamos imaginando o que aconteceu com Jones.)

A consideração e a estrutura parecem ser traços independentes um do outro, caso contrário não seriam necessariamente vistos como extremos opostos de um contínuo. Um gerente que se torna mais considerador não se torna necessariamente menos estruturado. Um gerente pode ter ambas as orientações em graus diferentes. Caso a consideração exista de forma isolada, a produção pode ser passada para trás por um tipo de popularidade superficial e uma espécie de contentamento; assim, parece que *os gerentes mais bem-sucedidos são aqueles que combinam de forma relativamente alta tanto a consideração quanto a estrutura, dando, de alguma forma, ênfase maior à consideração*[18].

As primeiras pesquisas sobre consideração e estrutura foram feitas pelas Universidades de Michigan e de Ohio State. Em muitos tipos de ambientes como fábricas de caminhões, construção de estradas de ferro e empresas de seguros, o líder fortemente considerador estava mais apto a conseguir satisfação no trabalho e produtividade. Estudos posteriores confirmam essa tendência geral e relatam efeitos colaterais desejáveis tais como números mais baixos de queixas, diminuição do giro de mão de obra, e baixa do e*stresse* dentro do grupo[19]. Diferentemente, o giro de mão de obra, o e*stresse* e outros problemas podem ocorrer mais frequentemente caso o gerente seja incapaz de demonstrar consideração.

ENFOQUES CONTINGENCIAIS SOBRE O ESTILO DE LIDERANÇA

O estilo de liderança positivo, participativo e considerador nem sempre é o melhor a ser utilizado. Às vezes, existem exceções e a principal necessidade a ser atendida pelo líder é identificar quando um estilo diferente deve ser utilizado. Numerosos modelos foram desenvolvidos e explicam essas exceções; são os chamados *enfoques contin-*

genciais. Esses enfoques afirmam que o estilo mais apropriado de liderança depende da análise da natureza da situação enfrentada pelo líder. Os fatores-chave na situação necessitam ser identificados primeiro. Quando combinados com o evidenciado pela pesquisa, eles identificarão qual o estilo será mais eficaz. Dois modelos contingenciais desse tipo serão resumidamente examinados.

O MODELO CONTINGENCIAL DE FIEDLER

Um modelo inicial frequentemente considerado como controvertido de liderança contingencial foi desenvolvido por Fred Fiedler e seus associados[20]. Esse modelo construído sobre a distinção prévia entre a orientação para a tarefa e a orientação para o empregado sugere que o estilo de liderança mais eficaz depende de a situação como um todo ser considerada favorável, desfavorável ou num estágio intermediário de favorabilidade para o líder. Como a situação varia, os requisitos da liderança também variam.

Fiedler mostra que a eficácia do líder é determinada pela interação da orientação do empregado com três variáveis adicionais, que dizem respeito aos subordinados, à atividade e à organização. Elas são, portanto, as relações do líder como membro, a estrutura da tarefa e a posição de poder do líder. *As relações do líder como membro* são determinadas pela maneira pela qual o líder é aceito pelo grupo. Caso exista, por exemplo, um atrito do grupo com o líder, rejeição do líder e relutância na aceitação das ordens, as relações do líder como membro são baixas. *A estrutura da tarefa* reflete o grau em que uma maneira específica de fazer o trabalho é requerida. *A posição de poder do líder* diz respeito ao poder organizacional que acompanha a posição que o líder ocupa. Exemplos são o poder de admitir e demitir, os símbolos de *status* e o poder de dar aumentos de salário e promoções.

O relacionamento entre essas variáveis é mostrado na Figura 7-7. As orientações alta e baixa para pessoas são mostradas na escala vertical. Várias combinações das outras três variáveis são mostradas na escala horizontal, ordenadas sob condições favoráveis ao líder até condições desfavoráveis a ele. Cada ponto no gráfico representa os dados de um projeto de pesquisa específico. O gráfico mostra claramente que o gerente considerador, orientado para o empregado, é mais bem-sucedido em situações que intermediaram um ambiente favorável ao líder (no meio de gráfico). No extremo do gráfico, que representa tanto condições bastante favoráveis como bastante desfavoráveis ao líder estruturado, orientado para tarefa, parecem ser mais eficazes.

Por exemplo, os membros de uma equipe de linha de montagem de automóveis tinham uma tarefa estruturada e um supervisor com uma forte posição de poder. Se as relações do membro líder são positivas, a situação é favorável para os líderes orientados para a tarefa, que podem usar sua força. Semelhantemente, um líder estruturado é mais eficaz na posição de poder fraco, baixa estruturação da tarefa e relacionamentos pobres do membro líder. Todavia, numa condição intermediária de favorabilidade, o líder considerador é frequentemente mais eficaz, e essas situações são mais comuns no trabalho em grupos.

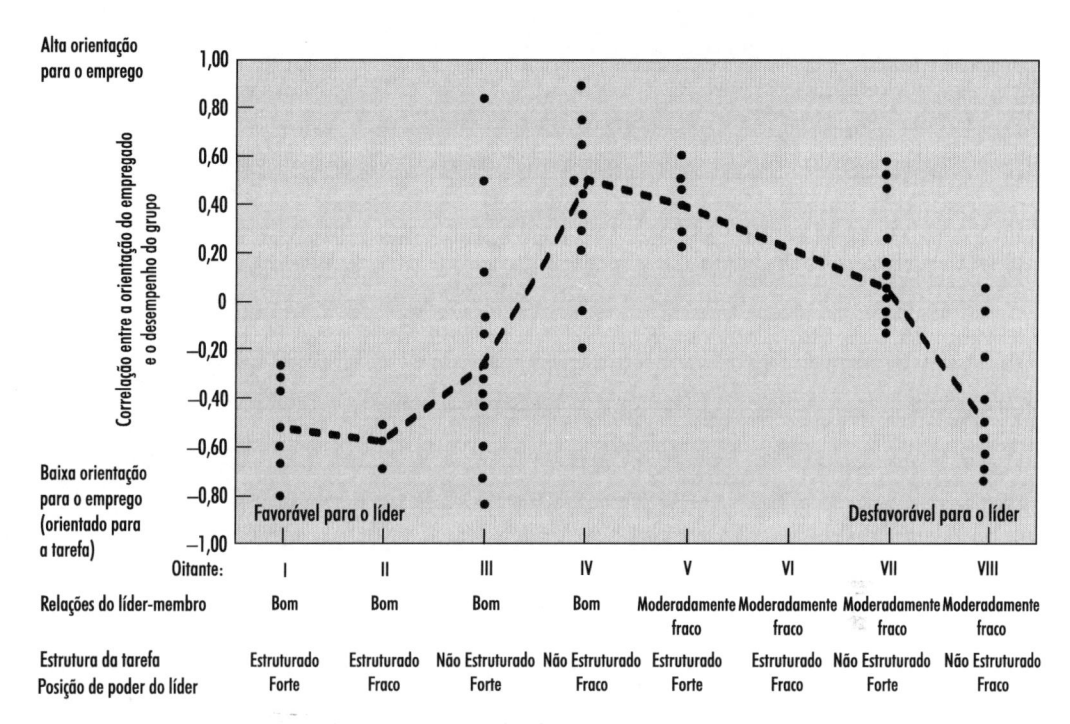

	Oitante:	I	II	III	IV	V	VI	VII	VIII
Relações do líder-membro		Bom	Bom	Bom	Bom	Moderadamente fraco	Moderadamente fraco	Moderadamente fraco	Moderadamente fraco
Estrutura da tarefa		Estruturado	Estruturado	Não Estruturado	Não Estruturado	Estruturado	Estruturado	Não Estruturado	Não Estruturado
Posição de poder do líder		Forte	Fraco	Forte	Fraco	Forte	Fraco	Forte	Fraco

FIGURA 7-7 – Pesquisa mostrando como o modelo da liderança contingencial se aplica. Adaptado de *A Theory of Leadership Effectiveness*, por Fred E. Fiedler, p. 146 *Copyright 1967* por McGraw-Hill Book Company – utilizado com permissão da McGraw-Hill Book Company.

As conclusões do modelo de Fiedler podem ser explicadas da seguinte maneira: em situações altamente desestruturadas, a estrutura e o controle do líder são vistos com um fator de remoção de uma ambiguidade indesejável e da ansiedade que dela resulta; assim o enfoque estruturado pode ser preferível. Nas situações em que a tarefa é altamente rotineira e o líder tem boas relações com os empregados, eles podem perceber a orientação para tarefa como um apoio ao seu desempenho no trabalho (tornando claro). O espaço restante do meio do gráfico requer que um melhor relacionamento seja estabelecido; dessa forma, um líder mais considerado e orientado para o empregado é mais eficaz.

Apesar das críticas, o modelo contingencial de Fiedler deu grandes contribuições às discussões sobre o estilo de liderança. Por exemplo, a partir dele, os gerentes foram encorajados a:

- examinar a situação em que estão – as pessoas, as tarefas e a organização;
- ser flexíveis quanto ao uso de diferentes habilidades dentro de um estilo como um todo;
- considerar os elementos que podem modificar os seus cargos para obterem um melhor uso dos seus estilos preferidos.

O modelo situacional de Hersey e Blanchard

Outro enfoque contingencial, a liderança situacional (ou ciclo de vida) desenvolvido por Hersey e Blanchard sugere que o fator mais importante que afeta a seleção do estilo do líder é o nível de desenvolvimento (maturidade) de um subordinado[21]. *Nível de desenvolvimento* é a combinação de competência e motivação do empregado para o desempenho de uma tarefa específica. O gerente pode avaliá-lo examinando o nível de conhecimento do trabalho, a habilidade e a capacidade do empregado, assim como o seu desejo de assumir a responsabilidade e sua capacidade de agir independentemente. Os empregados (de acordo com os tópicos da Teoria Y) tornam-se mais desenvolvidos numa tarefa à medida que recebem orientação apropriada, ganham experiência no trabalho e percebem a existência de recompensas pelo comportamento cooperativo. Ambos, a *competência* para desenvolver uma dada tarefa e o *comprometimento* para fazê-la, podem variar entre os empregados e, assim, os níveis de desenvolvimento requerem diferentes respostas por parte dos líderes.

Hersey e Blanchard usam a combinação de orientação e apoio (também chamadas de tarefa e relacionamento) para criar os quatro principais estilos – aquele que informa, que vende, participa e delega. Eles combinam com os níveis progressivos de desenvolvimento do empregado (ver Figura 7-8), sugerindo que o estilo de liderança do gerente deveria variar com a situação. O modelo é simples, intuitivamente atrativo e destaca um importante fator contingencial (as capacidades *individuais* do empregado para uma tarefa específica) que é, às vezes, considerado superficialmente. Todavia, ele ignora muitos outros elementos críticos que determinam o estilo da liderança, não tendo ainda ampla aceitação em bases de pesquisa científica. Apesar dessas limitações, o modelo conseguiu considerável popularidade e também acordou muitos administradores para a ideia dos enfoques contingenciais ao estilo de liderança.

ESTÁGIO DE DESENVOLVIMENTO	ESTILO RECOMENDADO
1 Baixa habilidade; baixo desejo	Falador (diretivo; baixo apoio)
2 Baixa habilidade; alto desejo	Vendedor (diretivo; apoiador)
3 Alta habilidade; baixo desejo	Participador (apoio; baixa diretividade)
4 Alta habilidade; alto desejo	Delegador (baixa diretividade; baixo apoio)

FIGURA 7-8 – Liderança situacional e recomendações de uso do estilo de liderança a ser usado em cada estágio de desenvolvimento.

> Duas empregadas chamadas Cindi e Marv foram admitidas pela mesma empresa para desempenharem trabalhos semelhantes. Embora tivessem bagagens educacionais comparáveis, Cindi tinha muitos anos de uma relevante experiência de trabalho a mais que Marv. Aplicando o modelo de liderança situacional, o supervisor identificou Marv como sendo moderadamente baixa em desenvolvimento ("desejosa, mas não ainda completamente capaz de desempenhar"), enquanto Cindi era avaliada como tendo um nível moderadamente alto de desenvolvimento ("completamente capaz, mas com falta de confiança para desempenhar"). Seguindo essa análise, o supervisar decidiu tratá-las de maneira diferente durante os primeiros meses de trabalho: "vender" com Marv e "participar" com Cindi. Aproximadamente dois anos mais tarde, o supervisor foi capaz de usar diferentes estilos com cada uma delas, agora "participando" com Marv e "delegando" com Cindi, uma vez que cada uma havia adquirido habilidade e autoconfiança.

Substitutos da liderança

Um enfoque totalmente diferente que ainda tem o sabor da contingência foi proposto por Kerr e outros[22]. Os modelos anteriores de liderança sugeriram que o líder formal tem que necessariamente prover direção para a tarefa, estrutura e recompensas, além da consideração e apoio social solicitados pelos subordinados. Infelizmente, esses papéis de liderança podem criar uma dependência doentia em relação a líderes que sufocam o crescimento e a autonomia do subordinado. Em particular, quando o líder não estiver imediatamente disponível, o trabalho pode diminuir de velocidade ou parar totalmente, se os papéis-chave não forem desempenhados.

Todavia, existe todo um conjunto de fatores que agem como *substitutos da liderança*, tornando os papéis de liderança desnecessários através da substituição deles, ou mesmo evitando que os líderes tenham qualquer papel de efeito substancial sobre os subordinados. Esses fatores são encontrados na tarefa, na organização e nos empregados como o mostrado na Figura 7-9. Muitos deles servem para diminuir a necessidade da tarefa de orientação exercida pelo líder. Isso ajuda a explicar por que o comportamento de consideração do líder e, sobretudo, o seu apoio são papéis essenciais. Estudos e pesquisa indicam, todavia, que esses substitutos diferem entre os grupos de empregados profissionais e não profissionais. Com profissionais, alguns fatores podem servir como substitutos do apoio dos gerentes[23].

FONTE	NATUREZA
Tarefa	1 Satisfação intrínseca 2 Feedback da tarefa em si 3 Rotina, tarefas previsíveis
Organização	1 Grupos de trabalho coesos 2 Planos explícitos, objetivos e procedimentos 3 Tomada de decisões descentralizada
Empregados	1 Orientação profissional 2 Habilidade, experiência, treinamento e conhecimento 3 Capacidade de autoadministração

FIGURA 7-9 – Alguns subtítulos potenciais da liderança adaptado de John P. Howell e Peter Dorfman. "Substitutes for Leadership: Test of a Construct", *Academy of Management Journal*, dezembro 1981, pp. 714-728.

A AUTOLIDERANÇA. Um substituto principal da liderança é a ideia da *autoliderança*[24]. Esse processo tem dois pontos básicos – levar alguém a desenvolver atividades naturalmente motivadoras, assim como administrar-se no sentido de fazer um trabalho que seja necessário, mas não naturalmente recompensado. A autoliderança pode implicar a observação do empregado do seu próprio comportamento, colocando ele mesmo os seus objetivos, desempenhando-se por conta própria, experimentando comportamentos eficazes, administrando recompensas ou punições a si mesmo. Embora a autoliderança possa não ser possível para todos os empregados, ela pode funcionar bem junto àqueles que Hersey e Blanchard identificaram como estando no quarto estágio de desenvolvimento (Figura 7-8).

O papel típico do supervisar

Supervisores são líderes que ocupam posições no nível administrativo mais baixo nas organizações. Eles supervisionam *empregados operacionais,* enquanto os altos administradores supervisionam principalmente *outros gerentes* abaixo deles. Isso significa que os supervisores, e não os gerentes, são o ponto de contato direto com a maior parte dos empregados.

Os supervisores também necessitam ser líderes assim como os gerentes o são. Todavia, a posição ímpar organizacional dos supervisores complica a sua atividade de liderança, e isso merece uma discussão mais detalhada. Existem cinco aspectos bastante diferentes a respeito do trabalho do supervisor, como será discutido a seguir: a pessoa-chave, o supervisor no meio, o supervisor marginal, o outro trabalhador e o especialista comportamental.

A PESSOA-CHAVE NA ADMINISTRAÇÃO. A visão administrativa tradicional do supervisor é que ele representa uma pessoa-chave na administração. São os supervisores que tomam decisões, controlam o trabalho, interpretam as políticas e geralmente são as pessoas-chave no processo de se conseguir que um trabalho seja feito. Eles representam a administração para os trabalhadores e também representam os empregados perante a administração. Os administradores mais altamente posicionados conhecem os seus trabalhadores principalmente através dos supervisores. Eles são um elemento essencial porque estão estrategicamente localizados nas cadeias de autoridade e comunicação; eles podem bloquear qualquer coisa que deva subir ou descer. O supervisor é como o rolamento de uma roda, em volta do qual tudo gira.

O SUPERVISOR NO MEIO. De acordo com o ponto de vista de estar no meio, os supervisores são pressionados entre duas forças sociais opostas: da administração e dos subordinados. A administração tem um conjunto de expectativas com relação aos supervisores. Ela deseja que eles evitem o desperdício, mantenham os empregados disciplinados, controlem a produção e, por outro lado, levem os planos à frente. Essas atividades demandam lealdade e esforço máximo. As expectativas em torno deles são amplamente técnicas e orientadas para a produção.

As pressões trazidas pelos trabalhadores, por outro lado, são em grande escala questões de sentimentos. Eles querem que o seu chefe seja "o bom supervisor", os mantenha fora de problemas, que interprete seus medos e desejos à administração e seja leal a eles. Em resumo, a administração espera um conjunto de respostas do supervisor e os subordinados esperam outro. O supervisor é pego entre forças opostas, sabendo que as expectativas de ambos nem sempre podem ser atendidas O resultado é que muitos dos supervisores encontram-se em posições ambíguas, nas quais, por causa de diferentes expectativas dos diferentes grupos, eles não têm certeza do curso correto da ação. Os supervisores por estarem no meio tornam-se frustrados, porque são vítimas da situação e não supervisores dela.

O SUPERVISOR MARGINAL. O supervisor marginal é deixado de fora, ou está à margem das principais atividades e influências que afetam o departamento. Não aceito pela administração, ignorado pelo *staff* e não conhecido pelos trabalhadores, o supervisor é verdadeiramente aquele que anda só. A alta administração inclui os acionistas, outros gerentes e especialistas no *staff* que a apoia. Os empregados têm o seu sindicato, seus representantes, e seus grupos informais. Mas quem apoia o supervisor?

Assim, o quadro do supervisor como marginal é realmente desencorajador e ele algumas vezes é encontrado dentro das organizações. O fato de que os supervisores administram os empregados da produção em lugar de outros chefes, os coloca na posição de se sentirem marginais desde o começo. Além disso o *staff* de especialistas toma decisões e elabora instruções que os supervisores simplesmente transmitem, ainda que não entendam por quê. Ainda mais, o papel de supervisão nas relações de trabalho é em grande parte um papel passivo. Outras pessoas acima dos supervisores conduzem as negociações trabalhistas, e qualquer decisão que os supervisores tomem acham-se sujeitas à revisão através do processo de reivindicações trabalhistas. Eles se sentem obrigados a agir como administradores embora não recebam a recompensa pela total participação na administração. São pessoas marginais.

OUTRO TRABALHADOR. Um quarto ponto de vista do papel dos supervisores é que eles permanecem empregados por tudo, menos no título. Em primeiro lugar, frequentemente não possuem autoridade. O centro de tomada de decisões encontra-se em outro lugar, fazendo com que os supervisores sejam somente mensageiros que carregam as decisões. Eles desempenham trabalho operacional. Eles levam e trazem recados, comunicam e elaboram registros. Em segundo lugar os supervisores sentem que não fazem parte do grupo gerencial. Falta a eles *status* gerencial e os padrões de seus pensamentos são mais próprios aos dos trabalhadores do que aos da mais alta administração. Isso significa que os supervisores frequentemente tendem a interpretar políticas administrativas e ações de modo diferente daquele pretendido pela alta administração.

O ESPECIALISTA COMPORTAMENTAL. A administração em algumas situações encara o papel do supervisor como sendo fundamentalmente aquele de um especialista comportamental. De acordo com essa abordagem, chefes são especialistas assim como a maior parte dos membros do staff com os quais eles interagem. Eles se responsabilizam pelo lado humano das operações enquanto o *staff* se encarrega do aspecto técnico. Supervisores não são marginais, uma vez que fazem parte, definitivamente, das atividades. Também não são pessoas-chave; ao contrário, acham-se entre os muitos especialistas que lidam com problemas operacionais. A especialidade deles é o comportamento humano. Esse ponto de vista tende a ser encontrado tanto em organizações centralizadas como em processos repetitivos de fabricação, tais como linhas de montagem.

É válido o ponto de vista que defende ser o supervisor um especialista comportamental? Em parte, mas somente em parte. Conforme foi demonstrado na Figura 7-1 no início deste capítulo, habilidades humanas são parte significativa do trabalho de todo supervisor, mas outras habilidades também são necessárias. Juntas essas habilidades formam um todo balanceado. Nenhum supervisor capaz é especialista de uma só habilidade, especialmente, no tocante à habilidade em comportamento humano.

Qual é o papel de liderança do supervisar?

Diferentes atividades do trabalho do supervisor podem se encaixar em cada um dos 5 pontos de vista que acabam de ser mencionados. Os supervisores são em parte pessoas marginais, apenas um outro trabalhador e assim por diante. Existem também grandes diferenças entre as atividades de um supervisor de linha de montagem e um supervisor de escriturários de uma companhia de seguros. Mas existem também semelhanças básicas que permitem descrever o trabalho do supervisor em termos gerais.

Talvez para muitos os supervisores sejam administradores de pessoas[25]. Dirigem o trabalho dos outros. Uma vez que os supervisores representam o elo de ligação entre a alta administração e os trabalhadores e vice-versa, são certamente pessoas-chave na administração. Mas também recebem pressões de ambos os lados (analogamente ao conceito do chefe no meio), precisando ser especialistas comportamentais ao lidar com seus subordinados. Essas três ideias podem ser agrupadas considerando que o supervisor é o elo de ligação não na administração, mas sim na estrutura da organização. Conforme é mostrado na Figura 7-10, o supervisor é como um elemento central de suporte de um arco, ou seja, o elemento que conecta ambos os lados e torna possível para cada um deles desempenhar sua função de maneira eficaz. Os lados são efetivamente ligados somente pelo emprego desse elo. Recebe as pressões de ambos os lados e usa essas pressões para fortalecer e não enfraquecer, enfocando o arco como um todo, tornando o sucesso possível para a organização.

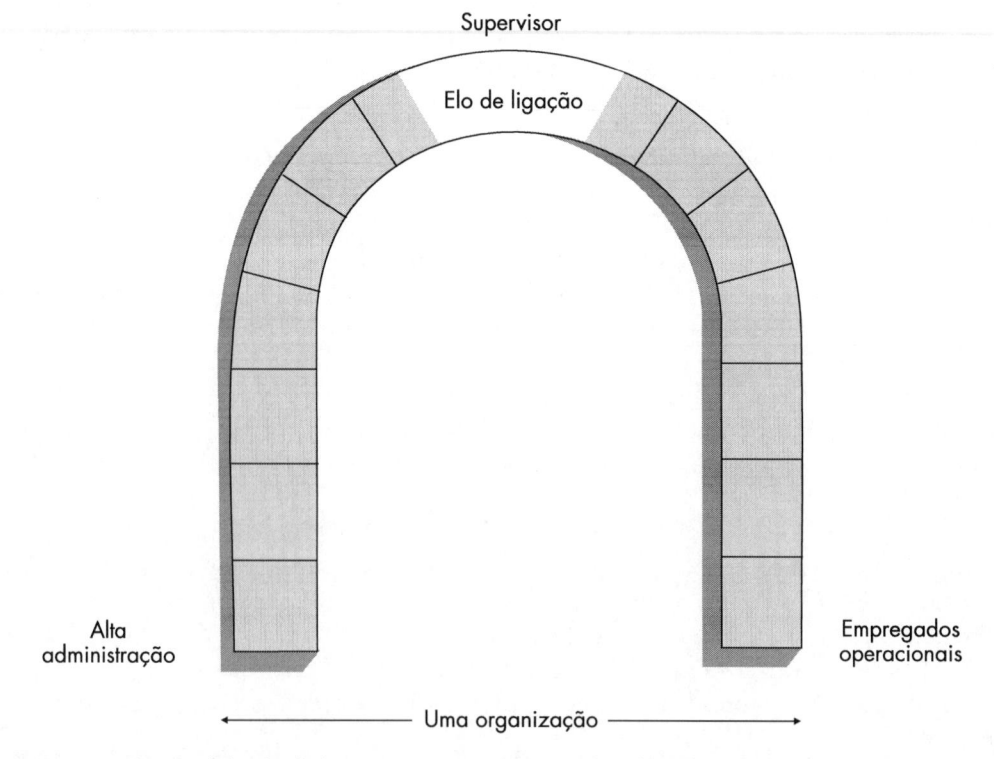

FIGURA 7-10 – O papel de elo de ligação no arco organizacional.

RESUMO

Liderança é o processo de encorajar e ajudar os outros a trabalharem entusiasticamente em direção aos objetivos. É determinada primariamente pelo papel desempenhado por alguém e não por seus traços pessoais. Os papéis de líder combinam habilidades humanas, técnicas e conceituais, aplicadas por eles em diferentes graus e em diferentes níveis organizacionais. Seu comportamento enquanto seguidores também são importantes para a organização.

O modelo de liderança do caminho-objetivo enfatiza dois papéis principais. O primeiro é a fixação de objetivos, que representa uma forte abordagem motivacional já discutida anteriormente. A administração por objetivos é um sistema que deixa claro os objetivos e dá aos empregados um grau de liberdade na determinação dos meios para atingi-los. Provê também uma visão ampla de para onde a organização pode e deveria ir. De acordo com o seu segundo papel mais relevante, líderes se engajam em atividades de apoio, ajudando os subordinados a cumprirem as tarefas, transformando o poder e a atuação política em importantes ferramentas.

Os líderes usam diferentes estilos de liderança que podem ser classificados desde a liderança tipo rédea solta, até a liderança autocrática. Embora um líder positivo, participativo e considerador tenda a ser mais eficaz em muitas situações, as abordagens contingenciais sugerem que uma variedade de estilos pode também ter sucesso. O líder deve em primeiro lugar analisar a situação e descobrir os fatores-chave da tarefa, dos subordinados ou da organização que dão pistas a respeito de qual estilo seria mais apropriado.

Supervisores possuem alguns outros diferentes papéis de liderança, uma vez que são elementos de ligação direta com a maioria dos empregados. Quando uma organização é comparada a um arco, o supervisor é o elemento central que une a alta administração com os empregados.

TERMOS E CONCEITOS PARA REVISÃO

Liderança
Habilidades técnicas, humanas e conceituais
Liderança caminho-objetivo
Fixação de objetivos
Administração por objetivos
Visão
Apoio psicológico e para a tarefa
Modelagem de papéis
Tipos de poder
Política
Teoria X e Teoria Y
Modelo contingencial de Fiedler
Modelo situacional de Hersey e Blanchard
Substitutos da liderança
Autoliderança
Papel de elo de ligação

Se os supervisores se sentem marginais, estão fora do arco e se sentem incapazes de cumprir a sua função de elo de ligação. Se são como outros empregados, não se acham posicionados na função de elemento central. Os conceitos de supervisor marginal e de outro trabalhador não encontram lugar no modelo do elemento central relativo ao papel de liderança do supervisor.

QUESTÕES PARA DISCUSSÃO

1. Pense no melhor líder com quem você já tenha trabalhado num emprego, nos esportes ou em qualquer outra atividade e finalmente pense no pior líder. Discuta o contraste de estilos e habilidades usados pelos dois. Como você reagiu a cada um deles? O que eles poderiam ter feito de diferente?
2. Explique por que as habilidades conceituais de liderança se tornam mais importantes e as habilidades técnicas, menos importantes nos níveis organizacionais mais altos.
3. Um gerente disse uma vez a um subordinado: "Para ser um bom líder, você deve primeiro tornar-se um bom liderado" – discuta essa afirmação.
4. Pense em situações passadas nas quais você foi líder. Que estilo de liderança você utilizou? Observando suas falhas, o que você poderia ter feito de maneira diferente?
5. Discuta o relacionamento entre o modelo caminho-objetivo e a visão da administração por objetivos.
6. Pense numa organização da qual você participou e discuta os tópicos de poder e política dentro dela. Que tipos de poder eram usados? Como as pessoas reagiam? Que tipos de táticas políticas eram evidentes? Eram elas bem-sucedidas?
7. Explique como as Teorias X e Y se relacionam com os estilos de liderança, especialmente nos enfoques contingenciais. Comente a afirmação "A filosofia gerencial controla a prática".
8. Como a ideia de autoliderança se relaciona com as Teorias X e Y? Explique.
9. O modelo de caminho-objetivo também é uma teoria contingencial? Indique por que sim ou por que não.
10. O capítulo indica que os substitutos da liderança podem diferir entre profissionais e não profissionais. Como deve o uso dos substitutos (tais como substitutos de, ou barreiras para a liderança) variarem do topo para a base em uma organização?

INCIDENTE

A ALOCAÇÃO NO TRABALHO

Effie Pardini supervisionava onze contadores no departamento de orçamento e planejamento de uma grande fábrica de computadores. Nenhum dos contadores tinha instrução superior, mas todos estavam habilitados para lidar com registros e demonstrativos. Eles, especialmente, preparavam planos orçamentários e análises para os departamentos operacionais. Os dados eram fornecidos pelos departamentos e pelos registros da companhia. Pardini alocou os contadores nos projetos tomando por base seus interesses e habilidades. Alguns projetos eram mais desejados que outros por causa de prestígio, desafios, contatos necessários ou outros fatores; dessa forma havia conflitos ocasionais a respeito de que auxiliar deveria receber cada projeto. Uma contadora que parecia especialmente sensível e que habitualmente se queixava sobre o assunto era Sonia Prosser.

Certa ocasião Pardini recebeu um projeto muito ambicionado e o passou para um de seus auxiliares chamado Joe Madden. Prosser ficou particularmente aborrecida porque sentiu que ela deveria ter recebido a incumbência pelo projeto. Ficou tão contrariada que reagiu recolhendo o trabalho que fazia atualmente e tirando-o de sua mesa. Depois, então, pegou um livro e começou a lê-lo. Como todos os contadores estavam juntos no mesmo escritório, a maioria deles presenciou essa maneira de agir. Ela anunciou a alguém em voz alta de forma a ser ouvida pelos demais: "Ninguém por aqui jamais me dá um bom compromisso de trabalho".

Pardini acabou por ouvir o comentário de Prosser e olhou para ela de sua mesa notando o que acontecia. Pardini ficou com raiva, mas sentou-se durante uns cinco minutos imaginando o que deveria fazer. Enquanto isso Prosser continuou lendo seu livro.

PERGUNTAS

1. Quais os tópicos de lideranças que aparecem nesse incidente?
2. Discuta que ações Pardini deveria tomar. Considere os aspectos de política, poder, modelo de liderança do caminho-objetivo e os enfoques contingenciais de liderança, antes de tomar sua decisão.

EXERCÍCIO EXPERIMENTAL

O HOSPITAL COMUNITÁRIO DE WESTGATE

Manuel Martiniz era o administrador do Hospital Comunitário Westgate. O *controller*, Sam Westin, reportava-se a ele e dirigia os assuntos financeiros do hospital. A atitude habitual de Westin era ser o cão de guarda do dinheiro. Ele tinha uma atitude rígida, não aprovando nenhuma ação que saísse da rotina, ou se desviasse da sua política. Martinez era o tipo que desejava entrar em ação, independente das restrições práticas do passado e da política. A diferença de atitude dos dois homens os levou a conflitos no passado em duas ocasiões Martinez avisou: "Se você não pode seguir minhas ordens, Sam, eu vou ter que despedir você". Westin defendia sua posição e habitualmente vencia seus argumentos, assegurando que a sua maneira de ver o problema era a prática certa em contabilidade e, portanto, não era tema de desafio a Martinez.

Uma tarde Martinez aproximou-se de Westin e comentou: "Sam, aqui está um aumento de mérito por desempenho que eu simplesmente atribuí a Clara Nesbit. Ela é o melhor supervisor do andar que nós temos e merece o aumento. Ela nos ameaçou de ir embora a menos que aumentássemos o seu salário. Eu lhe prometi isso no seu próximo cheque de pagamento, assim tenha certeza que isso seja providenciado".

Westin olhou para o impresso de aumento por mérito e comentou, "Manuel, você sabe que eu não posso deixar isso passar. Isso é contrário às políticas. Ela já está no topo da escala permitida para sua classificação".

MARTINEZ: Isso não faz nenhuma diferença. Toque isso para a frente. Eu sou o administrador deste hospital, e quando eu digo "faça isso" vá em frente.
WESTIN: Não posso fazer isso. É contra as políticas.
MARTINEZ: O chefe aqui sou eu e eu estou dizendo para fazer.
WESTIN: Eu não vou violar as normas.

Martinez levantou o dedo para Westin e falou tão alto que atraiu a atenção dos demais no escritório: "Quem manda aqui, Sam?"

WESTIN: É você.
MARTINEZ: (esquentado) Então dê você mesmo o aumento.
WESTIN: Não

Desenvolveu-se uma verdadeira guerra que chamou a atenção de todo o escritório. Finalmente Martinez disse: "Sam, para mim já basta. Você está despedido".

WESTIN: Você não pode me despedir por causa disso.
MARTINEZ: É o que acabei de fazer. Você está fora.

Martinez não se retratou por sua atitude. Westin foi retirado da folha de pagamento e deixou o hospital naquela mesma tarde.

TAREFA
Divida a classe em duplas de alunos. Uma pessoa em cada par deve assumir o papel de Martinez e a outra o papel de Westin. Dramatize a discussão a respeito do aumento de salário novamente, mas dessa vez Martinez deve usar outros comportamentos de liderança que teriam um resultado mais produtivo. Discuta os resultados em classe.

REFERÊNCIAS
1. Nancy K. Austin. "Leaders are Not Pussycats". *Success,* outubro, 1986, p. 10.
2. Harvey A. Hornstein *et al.* "Responding to Contingent Leadership Behavior". *Organizational Dynamics,* primavera, 1987, p. 64.
3. Para resumos a respeito das primeiras pesquisas, veja Cecil E. Goode. "Significant Research on Leadership". *Personnel,* março, 1951, pp. 342-350; e Ralf Stogdill. "Personal Factors Associated with Leadership: A Survey of the Literature". *The Journal of Psychology,* janeiro, 1948, pp. 35-71. Um recente estudo que se apoia em traços é o de Larry Peppers e John Ryan. "Discrepancies between Actual and Aspired Self: A Comparison of Leaders and Nonleaders". *Group and Organization Studies,* setembro, 1986, pp. 220-228; outro que se baseia em traços está em Robert G. Lord, Christy L. De Vander e George M. Alliger. "A Meta-Analysis of the Relation between Personality Traits and Leadership Perceptions: An Application of Validity Generalization Procedures". *Journal of Applied Psychology,* agosto, 1986, pp. 402-410.
4. Thomas Moore. "Personality Tests Are Back". *Fortune,* março, 30, 1987, pp. 74-82.
5. Para discutir os nove papéis complexos que os líderes jogam, veja John W. Gardner. "The Tasks of Leadership". *New Management,* primavera, 1987, pp. 8-14.
6. Robert W. Johnston. "Leader-Follower Behavior em 3-D, parte 2". *Personnel,* setembro-outubro, 1981, pp. 50-60. Uma revisão da pesquisa sobre liderados está na Trudy Heller e John Van Til. "Leadership and Folwership: Some Summary Propositions". *Journal of Applied Behavioral Science,* vol. 18, nº 3, 1982, pp. 405-414.
7. Robert J. House. "A Path Goal Theory of Leadership Effectiveness". *Administrative Science Quarterly,* setembro 1971, pp. 321-328. Para a explicação original, veja M. G. Evans. "The Effects of Supervisory Behavior upon Worker Perceptions of Their Path-Goal Relationships." Tese de Doutorado não publicada. New Haven, Conn.: Yale University, 1968. Uma boa base para o modelo é dada em Julie Indvik. "Path-Goal Theory of Leadership: A Meta-Analysis", em John A. Pearce II e Richard B. Robinson (editores), *Academy of Mana-*

gement Best Papers Proceedings, 1986, Chicago: Academy of Management, 46° encontro anual, agosto, 13-16, 1986, pp. 189-192.

8. A origem do MBO pode ser atribuída a Peter F. Drucker. *The Pratice of Management,* Nova York: Harper & Row, Publishers, Inc., 1954. (Trad. pela Pioneira, *Prática de Administração de Empresas.* São Paulo, 1981.) Apanhados mais correntes são oferecidos em Bob Richards, "Three Classes of Objectives and Plans Make MBO More Effective". *Personnel Journal,* dezembro, 1968, pp. 28-30; e Heinz Weihrich. *Management Excellence: Productivity through MBO.* Nova York: McGraw-Hill Book Company, 1985.

9. Discussões sobre a visão estão em Marshall Sashkin. "True Vision in Leadership". *Training and Development Journal,* maio, 1986, pp. 58-61; Robert Terry. "The Leading Edge". Minnesota, janeiro-fevereiro, 1987, pp. 17-22; e Walter Kiechel III. "Wanted: Corporate Leaders". *Fortune,* maio 30, 1983, pp. 135 ss.; assim como em muitos outros livros relacionados no fim deste capítulo.

10. Veja, por exemplo, Sandra L. Kirmeyer e Thung-Rung Lin. "Social Support: Its Relationship to Observed Communication with Peers and Supervisors". *Academy of Management,* março, 1987, pp. 138-151; e Robert Eisenberger *et al.* "Perceived Organizational Support". *Journal of Applied Psychology,* agosto, 1986, pp. 500-507.

11. "Mgr. Forum", Mgr. (American Telephone and Telegrapy Company, Long Lines Division) n° 4, 1976, p. 2.

12. O valor potencial do papel de modelagem é apresentado em Charles D. Orth, Harry E. Wilkinson e Robert C. Benfari. "The Manager's Role as Coach and Mentor". *Organizational Dynamics,* primavera, 1987, pp. 66-74.

13. Exemplos de discussões estão em Nancy C. Roberts. "Organizational Power Styles: Collective and Competitive Power under Varying Organizational Conditions". *Journal of Applied Behavioral Science,* vol. 22, n° 4, 1986, pp. 443-458; e Don R. Beeman e Thomas W. Sharkey, "The Use and Abuse of Corporate Politics". *Business Horirons.* março-abril, 1987, pp. 26-30.

14. Reciprocidade e confiança subjaz à "teoria do cordão de sapato" de liderança, na qual administradores constroem relacionamentos complementares; veja Louis B. Barnes e Mark P. Kriger. "The Hidden Side of Organizational Leadership". *Sloan Management Review,* outono, 1986, pp. 15-25.

15. Exemplos de pesquisa e crítica sobre o "modelo das trocas com o membro líder" estão em Terri A. Scandura, George B. Graen e Michael S. Novak. "When Managers Decide Not to Decide Autocratically: An investigation of Leader-Member Exchange and Decision Influence". *Journal of Applied Psychology,* novembro de 1986, pp. 5'-9-584; e Richard M. Dinesch e Robert C. Linden. "Leader-Member Exchange Model of Leadership: A Critique and Further Development". *Academy of Management Review,* julho, 1986, pp. 618-634.

16. A Teoria X e a Teoria Y foram primeiramente publicadas no livro de Douglas McGregor. "The Human Side of Entreprise" em *Proceedings of the School of Industrial Management.* Cambridge, Mass.: Massachusetts Institute of Technology, abril, 1957.

17. Os dados que apoiam um enfoque democrático se encontram em Terry, Beehr e Nina Gupta. "Organizational Management Styles, Employee Supervisory Status, and Employee Responses". *Human Relations,* janeiro, 1987, pp. 45-58. Uma argumentação genérica para os efeitos motivacionais está em William L. Ginnodo, "Consultative Management: A Fresh Look at Employee Motivation". *National Productivity Review,* inverno, 1985, pp. 78-80.

18. Gregory H. Dobbins e Stephen J. Zaccaro. "The Effects of Group Cohesion and Leader Behavior on Subordinate Satisfaction". *Group and Organization Studies,* setembro, 1986, pp. 203-219; e Chester A. Schrieshein. "The Great High Consideration – High Initiating Structure Leadership Myth: Evidence on its Generalizability". *The Journal of Social Psychology,* abril, 1982, pp. 221-228.

19. Exemplos dos primeiros relatórios de cada universidade são Daniel Katz et al. *Productivity, Supervision and Morale in an Office Situation.* Ann Arbor, Mich.: University of Michigan Press, 1950; e E. A. Fleishman. "Leadership Climate" and Supervisory Behavior. Columbus, Ohio: Personnel Research Board, Ohio State University Press, 1951.
20. Fred Fiedler. *A Theory of Leadership Effectiveness.* Nova York: McGraw-Hill Book Company, 1967; e Fred Fiedler e Martin M. Chemers. *Leadership and Effective Management,* Glenview, III.: Scott, Foresman and Company, 1974. (Trad. pela Pioneira, *Liderança e Administração Eficaz.* São Paulo, 1981.) Para crítica, veja Arthur C. Jago e James E. Ragan. "The Trouble with Leader Match Is That It Doesn't Match Fiedler's Contingency Model". *Journal of Applied Psychology,* novembro,1986, pp. 555-559.
21. Paul Hersey e Kenneth H. Blanchard. *Management of Organizational Behavior,* 5" edição, Englewood Cliffs, N. J.: Prentice-Hall, Inc., 1988. Um enfoque modificado superficial está em Kenneth H. Blanchard et al. *Leadership and the One Minute Manager.* Nova York: Wm. Morrow & Company, 1985.
22. Steven Kerr e J. M. Jermier. "Substitutes for Leadership: Their Meaning and Measurement". *Organizational Behavior and Human Performance,* dezembro, 1978, pp. 375-403.
23. Jon P. Howell e Peter W. Dorfman. "Leadership and Substitutes for Leadership among Professional and Nonprofessional Workers". *Journal of Applied Behavioral Science,* vol. 22, n° 1, pp. 29-46.
24. A. Bandura. *Social Learning Theory.* Englewood Cliffs, N. J.: Prentice-Hall, Inc., 1978; Charles C. Manz. "Self-Leadership: Toward an Expanded Theory of Self-Influence Processes in Organizations". *Academy of Management Review,* julho, 1986, pp. 585-600; e Charles C. Manz, Kevin W. Mossholder e Fred Luthans. "An Integrated Perspective of Self-Control in Organizations". *Administration and Society,* maio, 1987, pp. 3-24.
25. O papel de mudança do administrador de nível médio – a posição para a qual os supervisores estarão prontos a serem promovidos – é discutido em Joel C. Polakoff. "Will Middle Managers Work in the 'Factory of the Future?' ". *Management Review,* janeiro, 1987, pp. 50-51; e Steven Kerr, Kenneth D. Hill e Laurie Broedling. "The First-Line Supervisor: Phasing Out or Here To Stay?". *Academy of Management Review,* janeiro, 1986, pp. 103-117.

PARA LEITURA ADICIONAL

Bennis, Warren, e Burt Nanus. *Leaders: Strategies for Taking Charge.* Nova York: Harper & Row Publishers Inc., 1985.
Blok, Peter. *The Empowered Manager.* San Francisco: Jossey-Bass Inc., Publishers, 1986.
Burns, James McGregor. *Leadership.* Nova York: Harper & Row Publishers Inc., 1976.
Cialdini, Robert B. *Influence: How an Why People agree to Things.* Nova York: Wm. Morrow & Company, 1984.
Fiedler, Fred. E. *A Theory of Leadership Effectiveness.* Nova York: McGraw-Hill Book Company, 1967. (Trad. pela Pioneira, *Liderança e Administração Eficaz,* São Paulo, 1981.)
Kotter, John P. *The Leadership Factor.* Nova York: Free Press (Macmillan Company), 1988.
Kouzer, James M. e Marry Z. Posner. *The Leadership Challenge.* San Francisco: Jossey-Bass Inc. Publishers, 1987.
Leavitt, Harold. *Corporate Pathfinders: Building Vision and Values into Organizations.* Homewood, III.: Dow Jones-Irwin, 1986.
Levinson, Harry e Stuart Rosenthal. *CEO: Corporate Leadership in Action.* Nova York: Basic Books, Inc. (Harper & Row, Publishers Inc.), 1986.
Manz, C. e H. Sims, Jr. *Superleadership.* Englewood Cliffs, N. J.: Prentice-Hall, Inc., 1988.
McGregor, Douglas. *The Human Side of Entreprise.* Nova York: McGraw-Hill Book Company, 1960.
Tichy, Noel M. e Mary Devanna. *The Transformational Leader.* Nova York: John Wiley & Sons, Inc., 1986.

PARTE 4

CONCLUSÃO

CAPÍTULO 8

PERSPECTIVAS DO COMPORTAMENTO ORGANIZACIONAL

Em lugar de nos preocuparmos com o futuro, vamos trabalhar para criá-lo.

Hubert Humphrey[1]

▼ OBJETIVOS DO CAPÍTULO

Compreender:

- ▶ Como os modelos de comportamento organizacional se relacionam a outras ideias
- ▶ Contabilidade de recursos humanos
- ▶ Perigos das distorções comportamentais
- ▶ A lei dos retornos decrescentes
- ▶ A importância da liderança ética
- ▶ Papel da teoria e da pesquisa no comportamento organizacional.

Este livro é sobre pessoas e sobre como elas trabalham juntas. Elas são o maior potencial nas organizações, um potencial que pode ser mais bem desenvolvido do que está sendo atualmente. Esse assunto é chamado de comportamento organizacional. É o seu estudo de aplicações. Ele ajuda as pessoas, a estrutura, a tecnologia e o ambiente externo a se combinarem num sistema operacional eficaz. O resultado é um sistema de tripla recompensa que serve aos objetivos humanos, organizacionais e sociais.

Neste último capítulo serão revistos os modelos e ideias básicos sobre comportamento organizacional. Então, serão discutidas as limitações para concluir-se com uma nota sobre o seu futuro.

MODELOS DE COMPORTAMENTO ORGANIZACIONAL

À medida que aprendemos mais sobre o comportamento humano no trabalho, aplicamos modelos avançados de comportamento organizacional. As modernas organizações estão aumentando o uso que fazem dos modelos de apoio e colegiado e da Teoria Y. Para oferecer uma revisão e perspectiva, a Figura 8-1 apresenta os quatro modelos de comportamento organizacional do começo do livro e, então, os relaciona com outras ideias sobre o assunto. Pela leitura da figura, pode-se determinar que a Teoria Y de McGregor está relacionada com os modelos de apoio e colegiado. Semelhantemente, os fatores de manutenção de Herzberg aplicam-se mais amplamente aos modelos autocrático e de proteção.

Como mostrado na Figura 8-2, a tendência de cada modelo subsequente de comportamento organizacional é na direção de organizações humanas mais abertas[2]. Geralmente existe também um movimento no sentido de uma distribuição de poder mais ampla, uma motivação mais intrínseca, uma atitude mais positiva com relação às pessoas e um melhor equilíbrio da preocupação com as necessidades de ambos, tanto empregados como organizações. A disciplina tornou-se uma questão de autodisciplina em lugar de ser imposta. O papel gerencial evoluiu da estrita autoridade para a liderança e apoio ao grupo[3].

Um grande progresso foi feito nos últimos anos e pode-se esperar ainda mais progresso. Apesar da aplicação do conhecimento em comportamento organizacional, *estamos construindo uma melhor qualidade de vida no trabalho.* Para que as empresas prosperem diante da forte competição global, todavia, a qualidade de vida no trabalho deve resultar em uma força de trabalho mais produtiva. Isso está mais próximo de ocorrer se a administração descartar os valores e práticas dos modelos autocráticos e de proteção movendo-se deliberadamente no sentido daqueles de apoio e colegiado. Embora os enfoques administrativos variem amplamente de empresa para empresa, pode-se concluir que um maior conhecimento das práticas eficazes duplicou aquilo que era bom e reduziu pela metade aquilo que era ruim no relacionamento humano no trabalho durante a última geração. Cada vez mais e mais pedaços estão se encaixando no complexo quebra-cabeça do sistema ideal de pessoa-organização.

Ênfase nas necessidades de nível mais alto

Uma razão para a ênfase sobre modelos mais desenvolvidos de comportamento organizacional deve-se à evolução das estruturas de necessidades do empregado. As nações da era pós-industrial atingiram uma condição na qual as necessidades de ordem mais alta (crescimento) são os principais motivadores para muitos empregados[4]. Consequentemente, os gerentes desses trabalhadores devem procurar planejar sistemas de comportamento organizacional que ofereçam maior probabilidade de satisfazer essas necessidades do que se fez no passado. Além disso o aparecimento de uma sociedade de maior nível de conhecimentos requer o uso das habilidades intelectuais sobre uma ampla gama de empregados, e sistemas avançados de comportamento organizacional tendem a ser mais eficazes com o conhecimento dos empregados. Um gerente não pode *fazer* os empregados pensarem; eles devem estar internamente motivados a fazê-lo.

	AUTOCRÁTICO	DE PROTEÇÃO	DE APOIO	COLEGIADO
Baseado no modelo	Poder	Recursos econômicos	Liderança	Participação
Orientação gerencial	Autoridade	Dinheiro	Apoio	Grupos de trabalho
Orientação do empregado	Obediência	Segurança e benefícios	Desempenho no cargo	Comportamento respondente
Resultado psicológico para o empregado	Dependência do chefe	Dependência da organização	Participação	Autodisciplina
Necessidades do empregado atendidas	Subsistência	Segurança	*Status* e reconhecimento	Autorrealização
Resultado do desempenho	Mínimo	Passivo-cooperador	Impulsos despertados	Entusiasmo moderado
RELAÇÃO COM OUTRAS IDEIAS				
Hierarquia de necessidades de Maslow	Fisiológicas	Segurança	Nível médio	Alto nível
Nível de necessidades de Alderfer	Existência	Existência	Relacionamento	Crescimento
Fatores de Herzberg	Manutenção	Manutenção	Motivacional	Motivacional
Ambiente motivacional	Extrínseco	Extrínseco	Intrínseco	Intrínseco
Teorias de McGregor	Teoria X	Teoria X	Teoria Y	Teoria Y
Estilo de liderança	Negativo	Neutro	Positivo	Positivo
Grid gerencial de Blake and Mouton	9,1	3,5	6,6	9,9

FIGURA 8-1 – Modelos de comportamento organizacional relacionados a outras ideias sobre o assunto.

A chave que desbloqueia a combinação de necessidades de nível mais alto e habilidades intelectuais para conseguir tornar produtivo o sistema é o desenvolvimento do comportamento organizacional. A mente humana é encorajada a ser mais criativa através da motivação positiva.

De	Para
▪ Sistema fechado	▪ Sistema aberto
▪ Orientação materialista	▪ Orientação humana
▪ Poder centralizado	▪ Poder distribuído
▪ Motivação extrínseca	▪ Motivação intrínseca
▪ Atitudes negativas com as pessoas	▪ Atitudes positivas com as pessoas
▪ Centrada nas necessidades da organização	▪ Centralização balanceada nas necessidades da organização e das pessoas
▪ Disciplina imposta	▪ Autodisciplina
▪ Papel gerencial autoritário	▪ Papel da gerência de liderança e apoio ao grupo

FIGURA 8-2 – Tendências no comportamento organizacional.

Essa é a única força motivadora totalmente diferente da força física aplicada a uma máquina. A máquina tem um padrão de capacidade além do qual não pode ir, não importa quanta energia seja aplicada a ela. Pode produzir somente tanto e nada mais que isso. Mas uma pessoa pode produzir ilimitadas quantidades através de melhores ideias. A expectativa de um comportamento organizacional melhor é que ele motive as pessoas a produzirem ideias melhores. Não existe limite aparente para aquilo que as pessoas podem atingir quando elas estão motivadas a usar o seu potencial para criar novas e melhores ideias. A chave é: trabalhe com mais inteligência, não com mais esforço.

Abordagem sistêmica

É necessário visualizarmos mudanças no sentido de um melhor comportamento organizacional em termos de um sistema total. A mudança eficaz é complexa e leva muito tempo para ser efetuada. Qualquer prática nova, tal como a participação, trata de somente uma parte de todo o sistema, fazendo com que frequentemente deixe de atingir todo o seu potencial de aperfeiçoamento. Existem muitas variáveis intervenientes que não são alteradas e que restringem o sucesso. O que é necessário em termos de comportamento organizacional é o gradual enriquecimento de complexos sistemas sociotécnicos, de modo a torná-los mais adaptados às pessoas. Isso representa uma tarefa ampla e desafiadora.

O enfoque contingencial

O comportamento organizacional aplica-se a um relacionamento contingencial. Isso quer dizer que nem todas as organizações necessitam exatamente da mesma quantidade de participação, de comunicação aberta ou outra condição qualquer para serem eficazes. No que diz respeito à participação, algumas situações *permitem* uma participação mais extensiva que outras, e algumas pessoas *querem* mais participação que outras. O sistema de comportamento organizacional mais eficaz tenderá a variar de acordo com o ambiente organizacional total.

Por exemplo, comparemos de duas variáveis de um ambiente estável e um ambiente em mudança relacionando essas variáveis aos diferentes enfoques discutidos neste livro. As práticas eficazes nesses dois ambientes estão prontas para variar nas direções mostradas na Figura 8-3. A figura representa somente as prováveis tendências e elas não são absolutas. Por exemplo, com relação à estrutura, uma organização eficaz num ambiente estável pode dar mais ênfase à hierarquia do que uma organização parecida num ambiente dinâmico. Semelhantemente, uma empresa num ambiente estável provavelmente dará mais ênfase à comunicação vertical do que uma empresa num ambiente em mudança. Em outras palavras, existe alguma evidência da necessidade de diferenças organizacionais entre os ambientes estável e em mudança. Isso é especialmente significativo tendo em vista o fato de que muitas empresas enfrentarão condições crescentemente competitivas no restante deste século e após[5].

Deve-se entender que as teorias contingenciais e os objetivos que buscam organizações mais humanas coexistem lado a lado como ideias conjugadas. Uma não anula a outra. Ambas, tanto as organizações estáveis como as em mudança, por exemplo, necessitam de um ambiente mais humano para as pessoas (tal como cargos mais enriquecidos e consideração) e na próxima geração ambos o terão. Todavia, mesmo assim, as ideias contingenciais preveem diferenças na prática entre organizações estáveis ou em mudança.

CARACTERÍSTICAS ORGANIZACIONAIS	AMBIENTE	
	ESTÁVEL	EM MUDANÇA
Estrutura	Hierarquia mais rígida	Mais flexível (projetos matriciais)
Sistema de produção	Maior especialização	Maior enriquecimento do cargo
Estilo de liderança	Maior estrutura	Maior consideração
Comunicação	Mais vertical	Mais multidirecional
Modelo de comportamento organizacional	Mais autocrático	Maior apoio
Medida do desempenho	Mais administração por regras	Mais administração por objetivo

FIGURA 8-3 – Aplicação das ideias contingenciais aos ambientes estáveis e em mudança.

Um enfoque social

Um enfoque social reconhece que aquilo que acontece fora da empresa influenciará as práticas de comportamento organizacional dentro da empresa. Também, aquilo que acontece dentro da empresa influenciará a sociedade. A administração deve constantemente estar alerta a isso e responder ao ambiente externo, porque isso representa uma importante influência sobre as operações internas.

MACROMOTIVAÇÃO. O ambiente externo tem uma influência substancial na forma pela qual os empregados pensam ou sentem. Além dos elementos críticos do ambiente interno (micromotivacional), tais como a cultura organizacional, os sistemas de recompensas e os aspectos sociais, a administração deve estar atenta às forças que vêm de fora da empresa. Ela deve operar dentro das restrições do ambiente externo (macromotivacional) e se adaptar a ele.

> Por exemplo, a força de trabalho de hoje tem um conjunto de valores diferentes daquele que tinham os trabalhadores de 25 anos atrás. Esses valores mutantes não são um mito. Eles devem ser encarados por toda a organização durante a próxima década.
> Algumas das mudanças na força de trabalho podem ser caracterizadas como se segue: houve um declínio na ética de trabalho e um incremento na ênfase de lazer, auto-expressão, realização e crescimento pessoal. A aceitação automática da autoridade pelos empregados diminuiu, enquanto o desejo de participação, autonomia e controle aumentou[6], Ao mesmo tempo, muitos fatores importantes estão afetando a força de trabalho. As habilidades tornaram-se obsoletas devido aos avanços tecnológicos, devendo os trabalhadores manuais serem ou retreinados para trabalhos que envolvem conhecimento ou serem remanejados. A inflação crônica comprometeu a utilidade do dinheiro como um motivador, pois qualquer ganho é rapidamente neutralizado pela inflação.

Na realidade existe uma nova força de trabalho; assim a prática de liderança gerencial deve mudar para ir de encontro a novas condições. Esses desenvolvimentos que se alteram rapidamente têm dado nova ênfase à habilidade de liderança. Um estudo de empresas eficazes relatou que um sentimento de levar em conta, uma gerência que escuta os empregados, e executivos que estão preocupados com ambos, tanto competência quanto relacionamento, estão entre os pontos-chave da motivação da força de trabalho no momento atual[7].

REPERCUSSÃO SOCIAL. Um enfoque social também implica que a sociedade espera que as empresas operem de maneira a mostrar repercussão e responsabilidade sociais em relação ao sistema mais amplo[8]. Um exemplo são os valores sociais de justiça na admissão de mulheres em grupos minoritários. Esses valores externos são traduzidos em legislação que governa as atividades de admissão nas empresas. A admissão, promoção, supervisão, administração salarial e outras atividades devem, como um todo, dar uma resposta a essas expectativas da sociedade.

Outra área de importância que está apenas indiretamente relacionada ao comportamento organizacional é a poluição ambienta!. Ela forçou ambos, administradores e empregados, a repensarem as práticas internas da empresa. Ambos os grupos devem estar certos de que suas ações não causam poluição, nem mesmo a aparência disso. O motorista de caminhão da companhia que dirige aumentando a exaustão poluente do caminhão e que atira lixo fora da janela do veículo está poluindo o ambiente da mesma maneira que a fumaça da companhia.

A contabilidade de recursos humanos

Num esforço de dar maior ênfase às pessoas na linguagem que a administração compreenda – a linguagem da contabilidade –, *a contabilidade de recursos humanos* tem recebido alguma atenção[9]. Trata-se de uma tentativa de atribuir valores financeiros às características das pessoas para serem usados dentro do sistema de contabilidade regular. Embora poucas empresas tenham feito a experiência, isso não é amplamente utilizado.

PERSPECTIVAS DO COMPORTAMENTO ORGANIZACIONAL

Os objetivos básicos da contabilidade de recursos humanos são mostrados na Figura 8-4. Ela procura deixar os administradores mais a par da importância das pessoas como recursos de valor e mantê-los mais responsáveis por esses registros. Um desses objetivos é oferecer um significado para avaliar o desempenho da administração na utilização e desenvolvimento de recursos humanos. A atenção crescente prevê o encorajamento de um melhor planejamento dos recursos humanos e melhores decisões todas as vezes que elas envolvam pessoas. Outro objetivo da contabilidade de recursos humanos é encorajar os gerentes a terem uma visão de longo prazo no tocante ao valor das pessoas, em lugar de uma visão de curto prazo de e lucros imediatos, que ignoram os recursos humanos.

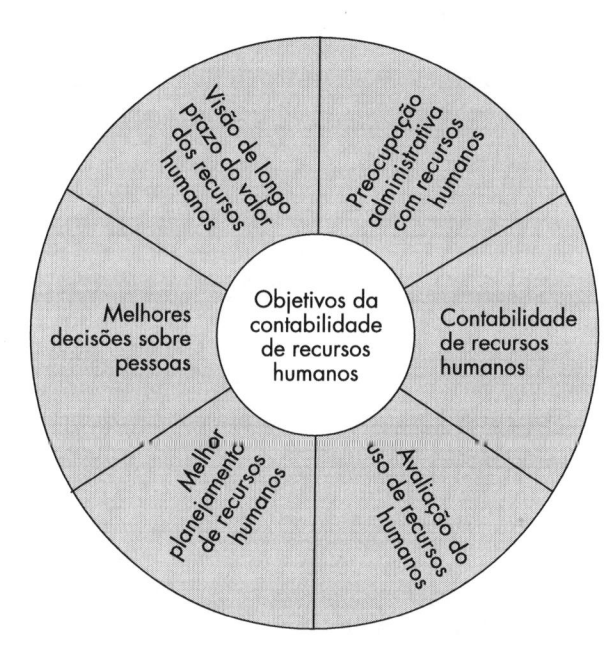

FIGURA 8-4 – Objetivos da contabilidade de recursos humanos.

Existem diferentes abordagens para a contabilização de Recursos Humanos, e as duas principais serão discutidas nos tópicos seguintes.

O ENFOQUE DE INVESTIMENTO. Uma orientação, frequentemente chamada de *enfoque de investimento*, procura contabilizar o montante que uma organização investiu em recursos humanos. Custos tais como recrutamento e treinamento, em lugar de serem tratados como despesas correntes, são capitalizados como um investimento a ser valorizado durante o tempo em que o empregado está no emprego. Não se procura teorizar a respeito de quanto um empregado vale, mas somente quanto foi diretamente investido num empregado.

Quando um investimento direto num empregado foi determinado, uma medida de retorno sobre o investimento deve ser estabelecida. Essa medida dá uma ideia melhorada de como os recursos humanos estão sendo utilizados. Por exemplo, imagine que cinco cientistas pesquisadores pediram demissão por causa de um gerente autocrático. As demissões serão uma perda imediata de investimento, darão forte ênfase financeira à necessidade de um melhor comportamento organizacional para conseguir reduzir o giro de mão de obra.

> Uma das primeiras empresas a experimentar esse tipo de contabilidade de recursos humanos foi a R G. Barry Corporation de Columbus, Ohio. Começando em 1968, essa empresa estabelece um sistema de contabilidade de investimento para garantir o enfoque de contabilização de recursos humanos para seus gerentes, e esse sistema foi mais tarde estendido ao escritório e ao pessoal da fábrica. O sistema contabiliza custos reais do empregador que deveria oferecer um retorno regular de investimento e que no caso dos recursos humanos não deveria ser desperdiçado através do subemprego. Essa figura de investimento é então utilizada para computar o retorno sobre os ativos, o retorno sobre os investimentos em recursos humanos e semelhantes valores contábeis.

O ENFOQUE DO CLIMA ORGANIZACIONAL. Outra orientação, que pode ser chamada de *enfoque do clima organizacional,* usa levantamentos periódicos para determinar formas nas quais o clima organizacional melhorou ou se deteriorou. Baseado em pesquisa, ele parte do princípio que as mudanças nessas variáveis de recursos humanos afetarão o desempenho futuro. Fórmulas conhecidas são utilizadas para converter o ganho ou a perda humana em aumento ou diminuição de custos no futuro. Dessa forma, a administração é encorajada a olhar além dos resultados econômicos de curto prazo para os resultados mais de longo prazo. Por exemplo, um gerente pode utilizar métodos autocráticos para reduzir custos e mostrar lucros econômicos mais altos para o ano. A pesquisa do clima pode revelar, todavia, que o gerente reduziu os recursos tão drasticamente que os custos futuros serão mais altos do que a economia atual.

A contabilidade de recursos humanos tem suas limitações, mas também fez contribuições ao comportamento organizacional. Ela pode desvalorizar o tratamento dos seres humanos em termos econômicos e em termos contábeis. Além disso ela apresentou dificuldade de traduzir os dados humanos em símbolos contábeis, tanto em termos de custos como de exatidão ao fazer isso. Apesar dessas limitações de ordem prática, *a filosofia* subjacente à contabilidade de recursos humanos é consistente com os modelos emergentes de comportamento organizacional. Experiências com o método ajudaram a enfatizar o valor dos dados socioeconômicos na tomada de decisões.

LIMITAÇÕES DO COMPORTAMENTO ORGANIZACIONAL

Este livro foi escrito a partir de um ponto de vista especializado que enfatiza principalmente o lado humano das organizações e os benefícios que esse tipo de atenção pode trazer. Todavia, sempre foram reconhecidas as limitações do comportamento organizacional. Ele não é uma forma de abolir conflitos e frustrações, só pode reduzi-los. Ele é uma forma de melhorar, não uma resposta absoluta para os problemas.

Mais ainda, isso não é senão uma parte da roupagem toda da organização. Nós podemos discutir comportamento organizacional como um assunto em separado, mas para aplicá-lo teremos ligá-lo à toda uma realidade. O comportamento organizacional mais evoluído não resolverá o desemprego. Ele não terminará com as deficiências das pessoas. Ele não pode substituir um planejamento precário, uma organização inábil ou controles inadequados. O comportamento organizacional é apenas um dos muitos sistemas que operam dentro de um sistema social mais amplo.

Distorções comportamentais

As pessoas a quem falta a compreensão do sistema podem desenvolver *vieses comportamentais* que dão a elas um ponto de vista estreito, enfatizando as experiências de satisfação do empregado ao mesmo tempo que contemplam superficialmente o sistema mais amplo da organização com relação a todo o seu público. Essa condição frequentemente é chamada de visão em *túnel,* pois os pontos de vista são estreitos, como se as pessoas estivessem olhando através de um túnel. Elas têm apenas uma pequena visão daquilo que se passa do outro lado, no fim do túnel, enquanto lhes falta o panorama mais amplo.

Deveria ser evidente que a preocupação com empregados pode ser tão grandemente enfatizada que o objetivo original de manter as pessoas juntas – que são os resultados produtivos organizacionais para a sociedade – sejam perdidos. Parece que o comportamento organizacional deveria ajudar a chegar aos objetivos organizacionais, não substituí-los. A pessoa que ignora as necessidades das pessoas como consumidoras dos resultados das organizações, enquanto fica defendendo as necessidades dos empregados, está empregando mal as ideias do comportamento organizacional. Também é verdade que a pessoa que força os resultados da produção sem olhar para as necessidades do empregado também está usando mal o comportamento organizacional. O comportamento organizacional produtivo reconhece um sistema social no qual muitos tipos de necessidades humanas são atendidas de muitas formas diferentes.

Os vieses comportamentais podem ser tão erradamente levados em conta que prejudiquem tanto os empregados como a organização. Algumas pessoas, apesar de suas boas intenções, afogam tanto os outros com cuidados que eles ficam reduzidos à dependência e a uma não produtiva indignidade. Elas se tornam contentes, mas não realizadas. Elas mais procuram desculpas por suas falhas do que pensam na responsabilidade pelo progresso. Falta-lhes autodisciplina e autorrespeito. Como aconteceu com a administração científica anos atrás, a preocupação com pessoas pode ser mal empregada por adeptos tão fanáticos que pode se tornar danosa.

Tanto os empregados como os gerentes podem comprometer um colega de trabalho através de irrestrita preocupação e de cuidado. Essas condições são ilustradas pelos acontecimentos que se seguem.

> Edna Harding era auxiliar administrativa num escritório governamental. Seu pai já idoso estava crescentemente ficando instável mentalmente e foram feitos planos de colocá-lo numa instituição dentro de poucos meses. Seu medo a respeito do assunto misturava-se ao fato de que ele frequentemente vinha ao prédio onde ela trabalhava e esperava nos corredores por ela antes do almoço e à tarde. Sua aparência não era agradável e ele frequentemente resmungava baixo. Algumas vezes ele a seguiu dentro de outros escritórios, criando situações embaraçosas. Ela recebia muita compreensão e atenção dos seus colegas e alguns deles começaram a fazer o trabalho dela no momento em que estava atrapalhada. Uma vez que esse problema estava reduzindo a sua produtividade, seu supervisor combinou com ela e os guardas do prédio que não deixassem seu pai entrar, mantendo-o assim fora do prédio. O supervisor permitiu que os colegas de Edna continuassem fazendo alguns dos seus trabalhos quando seu pai aparecia no escritório.

Mesmo depois que o pai dela foi colocado numa instituição, Edna continuou deixando que os outros fizessem o seu trabalho. Logo tornou-se evidente para seus colegas e para seu supervisor, que simpatizaram com ela e levaram o seu fardo tão longe, que ela estava dependendo deles assim como dependia de muletas. Ela gostou da simpatia e ajuda deles parecendo incapaz de fazer o trabalho como antigamente. Ela tornou-se "aleijada" tão certamente como se tivesse uma deficiência física devido ao cuidado excessivo e à atenção dos outros. Vendo esses resultados negativos, seu supervisor inteligentemente insistiu que seus colegas reduzissem a ajuda e a simpatia. Devagar e dolorosamente o desempenho de Edna voltou ao normal.

A lei dos retornos decrescentes

A ênfase excessiva na prática do comportamento organizacional pode produzir resultados negativos, como indicado pela lei do retorno decrescente[10]. Existe um fator limitante no comportamento organizacional da mesma forma que existe na economia. Na economia, *a lei dos retornos decrescentes* refere-se a uma quantidade decrescente da produção extra – quando mais dos recursos desejáveis são adicionados a uma situação econômica. Depois de um certo ponto, o resultado de cada unidade do recurso adicional tende a ficar menor. A produção adicional eventualmente pode chegar a zero e mesmo declinar mais – quando mais unidades de recursos são adicionadas.

> Por exemplo, um fazendeiro que tem um lavrador trabalhando em 20 acres de terra pode dobrar o resultado incluindo outro lavrador. Resultados semelhantes poderiam ocorrer dobrando a força de trabalho para quatro pessoas, mas logo um determinado ponto seria alcançado, e o aumento de recursos adicionando trabalhadores seria cada vez menor. Eventualmente a produção declinará na medida em que o campo se torne superpovoado de lavradores, a coordenação deteriorará e as colheitas serão pisoteadas pelas pessoas.

A lei dos retornos decrescentes no comportamento organizacional trabalha de forma semelhante. Ela coloca que, num determinado ponto, aumentos de uma prática desejável produzem retornos decrescentes e, eventualmente, retorno zero, e a partir daí os retornos negativos aparecerão à medida que se adicionam mais recursos. O conceito implica que para qualquer situação existe uma quantidade ótima de uma prática desejável, tal como a participação. Quando aquele ponto é ultrapassado, existe um declínio nos retornos. Em outras palavras, o fato de uma prática ser desejável não significa que mais dela seja mais desejável. Mais de boas coisas não é necessariamente bom.

> A diminuição dos retornos associada a vários incentivos para os alistados na marinha norte-americana foi estudada em entrevistas com 1.700 homens civis. Níveis substancialmente diferentes de incentivos foram oferecidos: Bônus de US$ 1.000 *versus* de US$ 3.000, dois anos *versus* quatro anos de escola paga e 10 *versus* 25 por cento do pagamento básico para desempenho excepcional. Nenhum dos três maiores incentivos produziu disposições mais favoráveis dos alistados. Na verdade, os respondentes acharam um bônus de 10 por cento mais atraente levando os pesquisadores a concluírem que não somente aquilo que é mais seja necessariamente melhor, mas "mas pode ser pior"[11].

A diminuição dos retornos pode não se aplicar a toda a situação humana, mas a ideia se aplica tão amplamente que isso se torna regra geral. Além disso, o ponto exato no qual uma aplicação se torna excessiva variará com as circunstâncias, mas um excesso pode ser alcançado em praticamente qualquer tipo de atividade.

Porque existe a lei dos retornos decrescentes? Essencialmente é um conceito sistêmico. Ela aplica-se devido ao sistema complexo de relacionamento de muitas variáveis na situação. Os fatos atestam que quando se dá o excesso de uma variável, embora essa variável seja desejável, ela tende a diminuir os benefícios operacionais das outras variáveis de forma tão substancial que a eficácia bruta declina. Por exemplo, muita segurança pode levar a menor iniciativa e crescimento do empregado. Essa relação mostra que a *eficácia organizacional é conseguida não pela maximização da variável humana, mas pelo trabalho com todas as variáveis do sistema juntas de forma balanceada.*

A AUTONOMIA DO EMPREGADO COMO EXEMPLO. A autonomia do empregado é uma necessidade de alto nível frequentemente enfatizada. Alguns observadores falam de autonomia como algo ideal, implicando que se os empregados pudessem ter completa autonomia, então o estado ideal seria alcançado. Mas esse tipo de raciocínio ignora a lei dos retornos decrescentes. Como mostrado na Figura 8-5, a eficácia tende a declinar quando ocorre autonomia demais. Uma razão, provavelmente seja que o excesso de autonomia prejudica a coordenação dos objetivos centrais. As diferentes unidades da organização não podem trabalhar juntas; assim o trabalho dos empregados é desperdiçado.

Na outra ponta do *continuum*, a falta de autonomia também é ineficaz. Quando a autonomia decai abaixo de um nível apropriado, a organização falha em desenvolver e usar os talentos dos empregados. O resultado é que a eficácia declina em ambos os usos excessivos: e diminuto da autonomia. A maior parte do sucesso é obtida no ponto médio do campo de utilização. Essa relação produz uma curva de nível inclinado da autonomia quando ela é retratada num gráfico de eficácia.

A curva em plano inclinado pode variar de alguma forma em diferentes situações, mas o formato básico persiste. A Figura 8-5 mostra uma curva colorida como ela deve existir para um grupo de trabalhadores na produção. A linha AA' mostra a quantidade de autonomia que produz o máximo de eficácia. A curva de linha interceptada mostra como os retornos decrescentes devem ser aplicados aos trabalhadores numa unidade de pesquisa na mesma organização. A linha BB' mostra que muito mais autonomia pode ser dada aos trabalhadores de pesquisa antes de um ponto máximo no qual a eficácia seja alcançada. Daqui a dez anos, as curvas para ambos provavelmente serão diferentes devido a diferenças de condições. Todavia, qualquer que seja a situação, a curva em forma de sino persiste e um ponto de retornos decrescentes é atingido.

A lei da curva de retornos decrescentes serve como um aviso de que, apesar de o aumento das técnicas desejáveis ser benéfico, o excesso de qualquer uma delas será contraproducente. A moderação é requerida. As pessoas obcecadas em construir somente a autonomia ou criar um máximo de segurança para o empregado não estarão contribuindo para o sucesso organizacional. Pode existir muito de uma boa coisa, assim como pode existir muito pouco dela[12].

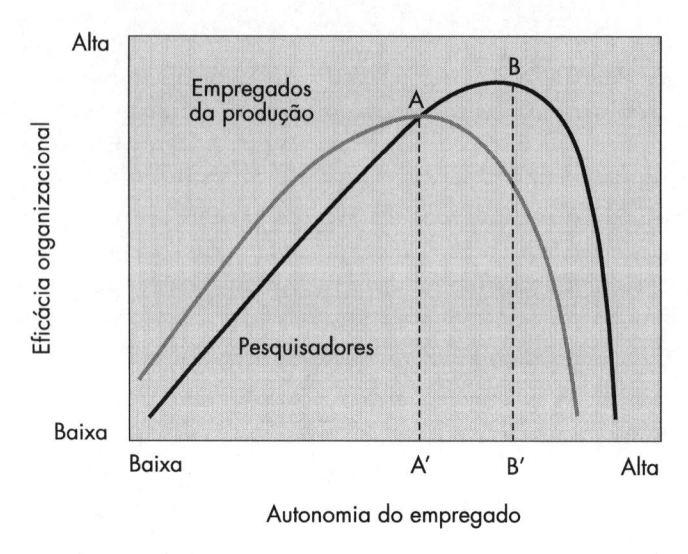

FIGURA 8-5 – Suposta aplicação da lei dos retornos decrescentes à autonomia do empregado.

OUTROS PROBLEMAS. Um problema que aflige o comportamento organizacional é a tendência de as empresas de negócios terem horizontes de curto prazo para retorno esperado dos programas comportamentais. Essa expectativa de "conserto rápido" algumas vezes leva os gerentes a abraçarem uma nova moda, a atacarem os sintomas enquanto negligenciam os problemas subjacentes ou a fragmentarem seus esforços dentro da empresa. A emergência dos programas de desenvolvimento organizacional que focalizam uma mudança do sistema mais amplo e a criação de planos estratégicos de longo prazo para a administração dos recursos humanos ajudaram a propor expectativas mais realistas no que diz respeito aos empregados como um ativo produtivo.

Outro desafio com o qual se confronta o comportamento organizacional é ver se as ideias que foram desenvolvidas e testadas durante os períodos de crescimento organizacional e pujança econômica perdurarão com igual sucesso sob novas condições. Especificamente o ambiente no futuro pode ser marcado por retração de demanda, declínio ou ameaças de sobrevivência, quer dizer evidência de pressão e aumento de conflito. Seriam os mesmos modelos motivacionais úteis nessas situações? Seriam demandados novos estilos de liderança? Seria a tendência no sentido do processo participativo revertida? Uma vez que não haja respostas simples para essas e muitas outras questões, é claro que existe ainda enorme lugar para maior desenvolvimento do comportamento organizacional.

Manipulação das pessoas

Uma significativa preocupação sobre o comportamento organizacional é que seu conhecimento e técnicas possam ser utilizados para manipular as pessoas tanto quanto para ajudá-las a desenvolver o seu potencial. As pessoas a quem falta o respeito pela dignidade básica do ser humano poderiam aprender as ideias do comportamento organizacional e usá-las para fins egoístas. Elas poderiam utilizar aquilo que sabem sobre motivação para manipular as pessoas sem prestar atenção ao bem-estar delas. As pessoas a quem faltam os valores éticos poderiam usar outros de forma não ética.

A *filosofia* do comportamento organizacional é de apoio e orienta-se no sentido dos recursos humanos. Ela procura melhorar o ambiente humano e ajudar as pessoas a aumentarem seu potencial humano. Todavia, o *conhecimento e as técnicas* desse assunto podem ser usados tanto para consequências negativas como positivas. Essa possibilidade é verdadeira para o conhecimento em quase todos os campos; assim, essa não representa uma limitação apenas do comportamento organizacional. Apesar disso, deve-se ser cuidadoso para que aquilo que seja conhecido sobre as pessoas não seja utilizado para manipulá-las. A possibilidade de manipulação significa que as pessoas que têm poder nas organizações precisam ser pessoas com alta integridade ética e moral e que não façam mau uso do seu poder. Sem uma liderança ética o novo conhecimento que foi adquirido sobre as pessoas torna-se um instrumento perigoso por um possível uso inadequado. A *liderança ética* reconhecerá algumas diretrizes como as que se seguem[13].

- *Responsabilidade social.* A responsabilidade por outros aparece tão logo as pessoas tenham poder na organização .
- *Comunicação aberta.* A organização deverá funcionar como um sistema aberto nos dois sentidos de uma entrada aberta de recursos das pessoas e uma saída aberta para as operações da empresa.
- *Análise custo-benefícios.* Além dos custos econômicos e benefícios, os custos humanos e sociais e os benefícios de uma atividade devem ser considerados para se determinar de que forma proceder com eles[14].

Qual é a diferença entre a genuína motivação e a manipulação das pessoas? Basicamente as condições de uso devem ser examinadas. Se as pessoas compreenderem aquilo que está acontecendo e tiverem substancial liberdade de fazer suas próprias escolhas, elas não estão sendo manipuladas. Isso é verdadeiro mesmo que o manipulador seja um cientista social, outro empregado ou o gerente.

Na medida em que a população em geral aprenda mais sobre comportamento organizacional, será mais difícil de manipular as pessoas, mas a possibilidade sempre existe. É por isso que a sociedade necessita de líderes éticos. Mas líderes éticos não terão sucesso a menos que também existam seguidores éticos.

O FUTURO DO COMPORTAMENTO ORGANIZACIONAL

O interesse dos quatro objetivos de descrever, predizer, explicar e controlar o comportamento humano no trabalho aumentou ao longo do século 20. Esse interesse evolutivo no comportamento organizacional brota do desejo *filosófico* de muitas pessoas em criar lugares de trabalho humanos e de uma necessidade *prática* de se desenhar um ambiente de trabalho mais produtivo[15]. Como resultado dessas forças, o comportamento organizacional é agora parte integrante do curriculum das escolas de administração, engenharia e medicina. Além disso o seu papel em ambos, tanto programas acadêmicos como seminários de desenvolvimento gerencial corporativo, deve aumentar ainda mais como resposta a aprovações como o descrito a seguir.

Uma necessidade de amplo redirecionamento dos objetivos de aprendizagem para o desenvolvimento e educação de administradores foi anunciada por importantes grupos educacionais tanto nos Estados Unidos como na Europa[16]. Eles começaram o seu relatório pela importante necessidade de conhecimento cognitivo e habilidades analíticas como básicos à competência em especialidades funcionais (tais como marketing e finanças). Além disso, eles solicitaram nova ênfase no desenvolvimento de habilidades não cognitivas (afetivas). Isso inclui habilidades de liderança, comunicação, mudança organizacional e negociação. Na realidade, os administradores do século 21 precisarão examinar atitudes e valores, desenvolver a criatividade e aplicar as habilidades interpessoais com entusiasmo às soluções dos problemas organizacionais. O comportamento organizacional oferece uma forte fundamentação para essas habilidades emergentes.

Teoria, pesquisa e prática

O campo do comportamento organizacional cresceu na sua profundidade e no seu fôlego e continuará a amadurecer. As chaves do sucesso passado e futuro giram em torno de um processo de relação da teoria do desenvolvimento, pesquisa e prática administrativa. As *teorias* oferecem explicações de como e por que as pessoas pensam, sentem e agem como o fazem. A teoria identifica importantes variáveis e as liga entre si para formar proposições que podem ser testadas através da pesquisa. Boas teorias são também práticas – elas dizem respeito a aspectos comportamentais significativos, contribuem para a nossa compreensão e promovem orientações para o pensamento e a ação gerencial.

Pesquisa é o processo de obter e interpretar a evidência relevante que irá tanto apoiar a teoria comportamental como modificá-la. As hipóteses de pesquisa são inferências comprováveis que ligam variáveis da teoria e dirigem o processo de coleta de dados. Os dados são gerados por vários métodos de pesquisa, tais como estudo de casos, experimentos de campo e de laboratório e levantamentos[17]. Os resultados desses estudos de pesquisa são divulgados em vários períodos e podem afetar, não só a teoria que está sendo examinada, como as práticas gerenciais futuras.

Todavia, nem a pesquisa nem a teoria podem se manter sozinhas e ser úteis. Os administradores aplicam os modelos teóricos para estruturar o pensamento; eles usam os resultados da pesquisa para terem importantes orientações para as próprias situações que vivem. Dessa forma, existe um fluxo natural e saudável entre a teoria e a pesquisa para *prática*, representada pela aplicação consciente dos modelos conceituais e resultados de pesquisa, cujo objetivo é o de desenvolver o desempenho individual e organizacional.

Existe também outro papel vital a ser desempenhado pelos administradores em outro sentido – o desenvolvimento da teoria e a condução da pesquisa. Os retornos oferecidos por aqueles que estão na prática pode sugerir se as teorias e os modelos são simples ou complexos, realistas ou artificiais e úteis ou sem utilidade. As organizações servem como lugares de pesquisa e oferecem os sujeitos para vários estudos. Como mostrado na Figura 8-6 existe uma interação de mão dupla entre cada par do processo, e todos são críticos ao futuro do comportamento organizacional. Modelos melhores devem ser desenvolvidos, a teoria baseada na pesquisa deve ser conduzida e os administradores necessitam ser receptivos a ambas as fontes e aplicá-las no seu trabalho.

Como exemplo, o desenvolvimento do modelo de liderança de Vroom apresentado no Capítulo 7 ilustra esse processo de interação. No capítulo sobre liderança, os autores começaram com a (contingência) ideia que alguns fatores são mais importantes do que outros na seleção do enfoque da liderança. Então, foram identificadas algumas dessas dimensões, tais como a qualidade e os requisitos de comprometimento, problemas estruturais, importância das restrições de tempo e assim por diante. Através de uma pesquisa inicial, foi classificado um certo número de enfoques diferentes que poderiam ser os melhores a serem usados para se lidar com diferentes problemas. Quando Vroom e seus colegas observaram os gerentes enquanto usavam o modelo original de liderança, descobriram ser necessário rever a teoria pela modificação dos fatores contingenciais, os enfoques principais recomendados e os relacionamentos entre os dois. Como resultado, agora eles têm um modelo mais novo que está baseado numa combinação do seu pensamento original, uma série de estudos de pesquisas e observações dos gerentes. Eles ainda reconhecem que esse modelo também poderá sofrer mudanças mais posteriores.

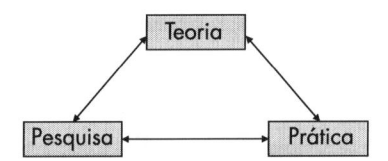

FIGURA 8-6 – Teoria, pesquisa e prática estão fortemente inter-relacionadas e são necessárias ao comportamento organizacional.

O aspecto a ser ressaltado é que a pesquisa está num processo contínuo, através do qual o conhecimento comportamental valioso não é frequentemente descoberto. Examinar um veio de pesquisa é como explorar o Rio Mississipi desde a sua tranquila nascente no norte de Minnesota até o seu caudaloso desaguar no Golfo do México. Assim como uma viagem rio abaixo isso nos permite apreciar melhor seu crescimento e seu impacto, da mesma forma a revisão de uma pesquisa ajuda a melhor compreender como as ideias principais do comportamento organizacional evoluíram no tempo.

Felizmente, uma das principais tendências atuais é a crescente aceitação da teoria e pesquisa na prática gerencial. Isso explica a oitava edição deste livro *Comportamento Humano no Trabalho* inclui mais teoria e resultados de pesquisas do que edições anteriores. Os administradores de hoje estão mais receptivos a novos modelos, eles dão apoio a pesquisas e experimentam mais novas ideias. Exemplos desse crescente diálogo entre o mundo da ciência e o mundo da prática aumentam como visto nos experimentos dos sistemas sociotécnicos e grupos autônomos de trabalho. Isso ilustra os tipos de práticas organizacionais que, quando emparelhadas com o desenvolvimento da teoria e a pesquisa, continuarão a produzir um desempenho organizacional melhor.

A PROMESSA DE UM AMANHÃ MELHOR

Embora o comportamento organizacional tenha limitações, isso não deveria nos cegar ao tremendo potencial que ele tem em contribuir para o avanço da civilização. Ele tem fornecido e oferecerá muito desenvolvimento ao ambiente humano[18]. Construindo um clima melhor para as pessoas, o comportamento organizacional liberará o potencial criativo para ajudar a resolver os principais problemas sociais. Dessa forma o comportamento organizacional pode contribuir para desenvolvimentos sociais que vão muito além dos limites de qualquer organização. Um clima melhor pode ajudar qualquer pessoa a fazer grandes descobertas em energia solar, saúde ou educação.

O comportamento organizacional aperfeiçoado não é fácil de ser aplicado. Mas as oportunidades estão aí. Ele deveria produzir uma qualidade de vida mais elevada na qual exista ampla harmonia dentro de cada pessoa, entre as pessoas e entre as organizações do futuro.

TERMOS E CONCEITOS PARA REVISÃO

Contabilidade de recursos humanos
Enfoque do investimento e clima organizacional da contabilidade de recursos humanos
Vieses comportamentais e visão em túnel
Lei dos retornos decrescentes
Manipulação de pessoas
Liderança ética
Teoria
Pesquisa
Prática

QUESTÕES PARA DISCUSSÃO

1. Agora completado o livro, discuta as diferenças filosóficas básicas entre os quatro modelos de comportamento organizacional.
2. Compare alguns dos relacionamentos contingenciais em ambientes estáveis e em mudança.
3. Forme grupos de poucas pessoas e discuta as tendências correntes no ambiente macromotivacional que podem ter importante influência, seja positiva ou negativa, para a motivação no trabalho. Se você estiver empregado em tempo integral, discuta como o ambiente externo influenciou sua motivação no trabalho durante o último ano. Se você não estiver empregado, o ambiente influenciou seus impulsos para procurar um emprego ou trabalho em atividades particulares?
4. Explique o relacionamento entre os vários modelos de comportamento organizacional e a filosofia que está por trás da contabilidade de recursos humanos.
5. Interprete algumas das limitações do comportamento organizacional, incluindo a lei dos retornos decrescentes. Discuta a aplicação da lei à autonomia do empregado e a um outro item qualquer.
6. Imagine que você trabalha para uma empresa que passa por um sério declínio econômico. Quais práticas comportamentais deveriam mudar?
7. Forme grupos de pesquisa e desenvolva com objetivos de pesquisa uma lista de orientações, tais como as três dadas neste capítulo, que um líder ético deveria

seguir. Relate a sua lista para o grupo todo da classe e discuta as razões para cada item da sua lista. Pode a manipulação das pessoas ser completamente contida?
8. Em bases de pesquisa bibliográfica, prepare um discurso de cinco minutos sobre o tema "O que o comportamento organizacional será daqui a vinte anos?
9. Crie um plano de ação pessoal que indique como você irá contribuir e continuar a aprender sobre comportamento organizacional no futuro. Inclua comentários sobre teoria, pesquisa e prática.
10. Sem rever o texto ou suas anotações, explique o que o comportamento organizacional significa para você agora. Como essa definição difere da sua compreensão a respeito do termo antes de você ter lido este livro?

INCIDENTE

O NOVO *CONTROLLER*

Statewide Electrical Supply, Inc. é um distribuidor em atacado de equipamentos elétricos que serve a uma área populacional de 3 milhões de pessoas. O negócio expandiu gradualmente e durante os últimos oito anos o número de auxiliares de contabilidade cresceu de um para doze. A primeira assistente empregada foi Berta Shuler, que era de meia-idade, tinha completado dois anos de faculdade e assistiu a dois cursos de contabilidade. Ela comprovou ser uma auxiliar de escritório leal e capaz; então, quando o departamento se expandiu para três pessoas ela foi promovida para auxiliar-chefe de contabilidade e tinha responsabilidades de supervisão sobre dois outros assistentes. Ela se reportava ao gerente geral da empresa Charlie Pastroni dependendo dele para tomar as decisões contábeis que estavam fora da rotina.

Como os negócios cresceram mais amplamente, o plano contábil existente tornou-se inadequado e dessa forma Charlie decidiu empregar um *controller* para assumir todas as funções financeiras e contábeis da empresa. Berta reconheceu que ela não estava qualificada para assumir os negócios contábeis e financeiros dessa magnitude e ela não procurou ser promovida para esse cargo. Na realidade, ela achava bem-vinda a ideia de um *controller*, porque estava sobrecarregada de trabalho e sentia que o novo *controller* poderia ajudar a aliviá-la de algumas das suas mais difíceis responsabilidades.

Uma razão a mais para a decisão da empresa em criar a posição de *controller* foi que havia muitas queixas sobre a habilidade de supervisão de Berta. Ela mostrou-se eficaz com os primeiros dois auxiliares, quando o departamento era pequeno e as obrigações eram menos complexas, mas era incapaz de lidar com um departamento maior com responsabilidades mais complexas. Seus problemas pareciam estar restritos na maior parte à supervisão interna do seu departamento. Outros departamentos na empresa relataram que ela trabalhava eficientemente com eles e demonstraram algum medo que o novo *controller* pudesse atrapalhar esse relacionamento de trabalho favorável.

Charlie não estava certo de como lidar com o problema de integrar o novo *controller* à organização. Ele queria reter Berta porque ela era uma funcionária de valor, mas ele estava preocupado que se a rebaixasse das responsabilidades de supervisão no momento em que admitisse o *controller* ela poderia pedir demissão.

Perguntas

1. Como você recomenda que o departamento do novo *controller* seja organizado?
2. O que pode ser feito para melhorar essa situação?

EXERCÍCIO EXPERIMENTAL

COMPORTAMENTO ORGANIZACIONAL EM PERSPECTIVA

Divida a classe em grupos de três a cinco pessoas cada. Dê a cada grupo uma das seguintes questões. Cada grupo deve selecionar um relator, que dirá à classe as conclusões do grupo.

1. Quais são alguns exemplos das aplicações mais progressistas das ideias do comportamento organizacional com as quais os membros do grupo estão familiarizados? (Os exemplos podem ser tirados da experiência pessoal, estudo de periódicos de negócios e outras fontes).
2. Quais são as áreas atuais dentro do comportamento organizacional que necessitam de um desenvolvimento mais significativo nos próximos anos? (Em outras palavras, onde estão as fraquezas em termos da teoria e da pesquisa?)
2. Quais dos vários modelos e princípios apresentados neste livro os membros do grupo sentem que trarão maior benefício pessoal imediato para eles?
4. Quais são os assuntos mais importantes e as preocupações críticas com as quais se defronta o campo do comportamento organizacional hoje?

REFERÊNCIAS

1. Richard A. Cosier e Dan R. Dalton. "Search for Excellence, Learn from Japan – Are These Panaceas or Problems?" *Business Horizons,* novembro-dezembro, 1986, pp. 63-68.
2. Um analista esboçou quatro cenários diferentes dos possíveis ambientes de trabalho em 1995; todos os quatro mostraram os mesmos elementos de uma organização mais humana. Veja James O'Toole, "How to Forecast Your Own Working Future". *The Futurist,* fevereiro, 1982, pp. 5-11.
3. Veja por exemplo Charles Manz e Henry P. Sims, Jr. *SuperLeadership: Leading Others to Lead Themselves to Excellence.* Nova York: Harper & How Publishers, Inc., 1988.
4. Veja por exemplo, Kenneth A. Kovach. "What Motivates Employees? Workers and Supervisors Give Different Answers". *Business Horizons,* setembro-outubro, 1987, pp. 58-65.
5. Esta posição é apresentada de forma persuasiva em Tom Peters. *Thriving on Chaos: Harvard-Book for a Management Revolution.* Nova York: Alfred A. Knopf, Inc., 1987.
6. "... On Productivity: A Conversation with William B. Werther, Jr.". *Quarterly Business Reports,* outono, 1987, pp. 7-9. Veja também George S. Odiorne. "Human Resource Strategies for the nineties". *Personnel,* novembro-dezembro, 1984, pp. 13-18.
7. Fred K. Foulkes. "How Top Nonunion Companies Manage Employees". *Harvard Business Review,* setembro-outubro, 1981, pp. 90-96.
8. A responsividade social é discutida extensamente em William C. Frederick, Keith Davis e James E. Post. *Business and Society,* 6ª edição. Nova York: McGraw-Hill Book Company, 1988.
9. Maiores detalhes estão disponíveis em Eric G. Flamholtz. *Human Resource Accounting Advances en Concepts, Methods and Applications.* San Francisco: Jossey-Bass Inc., Publishers, 1985. Uma crítica do método está em William D. Campbel. "A Note on the Utility of Human

Resource Accounting". Documento apresentado na National Academy of Management Conference, Boston, agosto, 1985.
10. Essa discussão foi adaptada de Keith Davis. "A Law of Dimishing Returns in Organizational Behavior?". *Personnel Journal,* dezembro, 1975, pp. 616-619.
11. Abraham K. Korman, Albert S. Glikman, e Robert L. Frey, Jr. "More Is Not Better: Two Failures of Incentive Theory". *Journal of Applied Psychology,* abril, 1981, pp. 255-259.
12. Uma discussão do "mito da organização" está em Neil Agnew e John Brown. "Limited Potential: Human Relations Then and Now". *Business Horizons.* novembro-dezembro, 1985, pp. 34-42.
13. Adaptado de Keith Davis. "Five Propositions for Social Responsibility". *Business Horizons.* junho, 1975, pp. 19-24. Uma visão geral sobre responsabilidade, responsividade social e integridade social está em William C. Frederick. "Toward CSR3: Why Ethical Analisys Is Indispensable and Unavoidable in Corporate Affairs". *California Management Review,* inverno 1986, pp. 126-141.
14. Uma fonte compreensiva desse tópico está em Wayne F. Cascio. *Costing Human Resources: The Financial Impact of Behavior in Organizations,* 2ª edição. Boston: PWS- Kent Publishing Company, 1987.
15. Um autor sugeriu que mais ênfase deve ser colocada no papel dos empregados na criação do ambiente de trabalho e menos no impacto na estrutura, processos e tecnologia; veja Benjamin Schneider. "The People Make the Place". *Personnel Psychology,* outono 1987, pp. 437-453.
16. Essas são algumas das conclusões do projeto conjunto da American Assembly of Collegiate Schools of Business (AACSB) e da European Foundation for Management Development (EFMD) como o relatado em Clarence C. Walton (ed.), *Managers for the XXI Century. Their Education and Development,* Washington. AACSB, 1981. .
17. Para discussão de um método, veja Allen Lee. "The Scientific Basis for Conducting Case Studies or Organizations". *Academy of Management Proceedings'* 85. Boston: Academy of Management, 45° encontro anual, agosto, 1985, pp. 320-324.
18. Um exemplo de pesquisa que oferece apoio moderado para essa discussão é Dennis M. Aley. "Humanistic Management and Organizational Success: The Effect of Job and Work Environment Characteristics on Organizational Effectiveness, Public Responsiveness, and Job Satisfaction". *Public Personnel Management,* verão, 1986, pp. 131-142. Todavia, um aviso que deveríamos ter expectativas realísticas dos enfoques comportamentais está em Barry M. Staw. "Organizational Psychology and Pursuit of the Happy/Productive Worker". *California Management Review,* verão, 1986, pp. 40-53.

PARA LEITURA ADICIONAL

Flarnholtz, Eric. *Human Resource Accounting: Advances in Concepts, Methods, and Applications,* 2ª ed. San Francisco: Jossey-Bass Inc., Publishers, 1985.

Manz, Charles, e Henry P. Sims, Jr. *SuperLeadership: Leading to Lead Themselves to Excellence.* Nova York: Harper & Row, Publishers, Inc., 1988.

Odiorne, George S. *The Human Side of Management: Management by Integration and Self-Control.* Lexington, Mass.: Lexington Books, 1987.

Rosenzweig, Mark R. e Lyman W. Porter (eds.). *Annual Review of Psychology,* vol. 38, Palo Alto, Calif.: Annual Review, Inc., 1987. (Veja especialmente "Organizational Behavior: Some New Directions for 1/o Psychology".)

Schneider, Benjamin e F. David Schoorman. *Facilitating Work Effectiveness: Concepts and Procedures.* Lexington, Mass.: Lexington Books, 1986.

GLOSSÁRIO

Abordagem contingencial ao comportamento organizacional – Filosofia pela qual diferentes ambientes exigem diferentes práticas comportamentais para se obter eficácia.

Administração por objetivos (APO) – Sistema no qual gerentes e subordinados chegam a um acordo a respeito dos objetivos destes últimos para o ano seguinte e a respeito dos critérios que serão usados para medir a realização dos objetivos.

Ausências – Empregados que deixam de se apresentar para trabalhar conforme programado.

Autoliderança – Ato de a pessoa levar-se a desempenhar tarefas naturalmente motivadoras e também trabalhos que são necessários, mas não são naturalmente compensadores.

Autocrata benevolente – Líder autocrático que opta por recompensar seus funcionários.

Autonomia – Política de dar aos funcionários alguma liberdade e controle sobre decisões relacionadas ao seu trabalho.

Biofeedback – Abordagem pela qual pessoas sob orientação médica aprendem, a partir de *feedback* de instrumentos, a influenciar sintomas de estresse, tais como os batimentos cardíacos.

Comitê – Tipo específicos de reunião, na qual os membros receberam, por delegação, autoridade com respeito ao problema em pauta.

Comitês de trabalho – Grupos compostos por trabalhadores e seus gerentes que são organizados principalmente para o estudo e a solução de problemas de trabalho.

Comportamento organizacional (CO) – Estudo e aplicação de conhecimentos a respeito de como as pessoas agem dentro de organizações.

Comunicação – Transferência de informações e entendimento de uma pessoa para outra.

Confiabilidade – Capacidade de um instrumento de medição para produzir resultados consistentes.

Desenvolvimento organizacional (DO) – Estratégia de intervenção que utiliza processos grupais para focalizar toda a cultura de uma organização, com o objetivo de provocar mudanças planejadas.

Efeito Hawthorne – Conceito pelo qual a simples observação de um grupo tende a mudá-lo.

Enriquecimento do trabalho – Situação na qual cargos, equipes e sistemas de trabalho são enriquecidos para criar um ambiente equilibrado.

Esgotamento – Condição na qual os empregados estão emocionalmente exaustos, tornam-se desligados no seu trabalho e sentem-se desamparados para realizar suas metas.

Estilo de liderança – Padrão total das ações de um líder, segundo a percepção de seus subordinados.

Expectância – Crença pela qual o esforço relacionado ao trabalho resultará na conclusão bem-sucedida da tarefa (desempenho).

Fatores de manutenção – Condições que tendem a satisfazer os trabalhadores quando existem e a deixá-los insatisfeitos quando não existem, mas cuja existência tende a não ser fortemente motivadora.

Fatores motivacionais – Condições cuja existência tende a motivar os trabalhadores, mas cuja ausência raramente provoca muita insatisfação.

Formação de equipes – Processo de desenvolvimento organizacional para a formação de grupos integrados e cooperativos.

Grid gerencial – Estrutura de estilos gerenciais baseados nas dimensões de preocupação pelas pessoas e pela produção.

Hierarquia de necessidades – Filosofia pela qual diferentes grupos de necessidades têm uma ordem específica de prioridade entre a maioria das pessoas, de forma que um grupo de necessidades precede outro em importância.

Incentivo salarial – Sistema de remuneração que paga mais pela produção maior.

Instrumentalidade – Crença de que uma recompensa será recebida tão logo uma tarefa esteja concluída.

Intercâmbio líder-membro – Ideia pela qual os líderes e seus seguidores trocam informações, recursos e expectativas relativas a seus papéis, que determinam a qualidade do seu relacionamento interpessoal.

Levantamento da satisfação com o trabalho – Procedimento pelo qual os empregados relatam seus sentimentos com relação aos seus cargos e ao ambiente de trabalho.

Líder da tarefa – Pessoa que ajuda o grupo a atingir seus objetivos e permanecer dirigido para o alvo.

Líder participativo – Líder que descentraliza a autoridade consultando seus seguidores.

Liderança – Processo de encorajamento e auxílio aos outros, para que trabalhem com entusiasmo na direção de seus objetivos.

Liderança caminho-objetivo – Modelo que afirma que o papel do líder é de criar, através de estrutura, apoio e recompensas, um ambiente de trabalho que ajude os empregados a atingir as metas da organização.

Liderança ética – Reconhecimento e uso de guias como a responsabilidade social.

Liderança negativa – Líderes que dão ênfase às punições para motivar as pessoas.

Liderança positiva – Líderes que dão ênfase às recompensas para motivar as pessoas.

Líderes autocráticos – Líderes que centralizam o poder e a tomada de decisões.

Líderes de rédea solta – Líderes que evitam poder e responsabilidade.

Macromotivação – Condições externas à empresa que influenciam o desempenho dos funcionários (tipo B).

GLOSSÁRIO

Micromotivação – Condições internas à empresa que influenciam o desempenho das pessoas (tipo A).

Modelagem do comportamento – Método de ensino de habilidades para lidar com problemas comportamentais comumente encontrados.

Modelo autocrático – Visão gerencial pela qual o poder e a autoridade formal são necessários para controlar o comportamento dos empregados.

Modelo colegiado – Visão gerencial pela qual o trabalho em equipe é a maneira de gerar responsabilidade nos funcionários.

Modelo contingencial de liderança – Modelo que afirma que o estilo de liderança mais adequado depende de certos aspectos favoráveis da situação, especialmente com respeito às relações líder membros, à estrutura da tarefa e ao poder da posição.

Modelo de expectância – Teoria pela qual a motivação é produto de três fatores: valência, expectativa e instrumentalidade.

Modelo de motivação de dois fatores – Modelo motivacional, desenvolvido por Frederick Herzberg, que conclui que um conjunto de condições de trabalho contribui principalmente para motivar um empregado, enquanto um outro conjunto serve basicamente para reduzir a sua insatisfação.

Modelos de comportamento organizacional – Teorias subjacentes que atuam como guias inconscientes, mas poderosos, do pensamento e do comportamento gerenciais.

Modificação do comportamento organizacional – Modificação de comportamento usada em organizações.

Motivação – Força do impulso em direção a uma ação.

Motivadores extrínsecos – Recompensas externas que ocorrem fora do trabalho.

Motivadores intrínsecos – Recompensas internas sentidas por uma pessoa quando executa um trabalho, de forma a haver uma ligação direta entre trabalho e recompensa.

Motivo de realização – Impulso para superar desafios e obstáculos na busca de metas.

Necessidades de ordem inferior – Necessidades dos níveis 1 e 2 na hierarquia de necessidades de Maslow.

Necessidades de ordem superior – Níveis de necessidades de 3 a 5 na hierarquia de necessidades de Maslow.

Necessidades existenciais – Fatores fisiológicos e de segurança.

Necessidades primárias – Necessidades físicas básicas.

Necessidades secundárias – Necessidades sociais e psicológicas.

Organização matricial – Superposição de dois tipos de organização, de forma a haver duas cadeias de comando dirigindo os funcionários.

Padrões motivacionais – Atitudes que afetam a forma pela qual as pessoas veem seu trabalho e abordam sua vida.

Participação nos lucros – Sistema que distribui aos empregados uma parcela dos lucros da empresa.

Pesquisa de ação – Método de aperfeiçoamento de aptidões para solução de problemas através da discussão, com base em dados reais, de problemas sistêmicos.

Poder – Capacidade para influenciar outras pessoas e também eventos.

Poder da posição de líder – Poder organizacional que acompanha a posição ocupada pelo líder.

Poder legítimo – Poder legitimamente delegado por autoridades superiores a outras pessoas.

Processo de comunicação – Passos através dos quais um emissor atinge um receptor com uma mensagem e recebe *feedback* a respeito da mesma.

Reforço – Consequência do comportamento que influencia o comportamento futuro.

Reforço negativo – Remoção de uma consequência desfavorável que acompanha o comportamento.

Reforço positivo – Consequência favorável que acompanha um comportamento e encoraja sua repetição.

Relações líder-membros – Grau até o qual o líder é aceito pelo grupo.

Relações trabalhistas – Objeto das relações entre sindicato e gerência.

Satisfação com o trabalho – Conjunto de sentimentos, favoráveis ou desfavoráveis, que os empregados nutrem em relação ao seu trabalho.

Scanlon Plan – Plano de divisão da produção, de muito sucesso, que enfatiza o trabalho em equipe e a participação ativa.

Sensibilidade à equidade – Reconhecimento de que os empregados têm preferências diferentes com respeito às diferenças de remuneração.

Sindicato trabalhista – Associação dos empregados formada com a finalidade principal de influenciar as decisões do empregador a respeito de condições de emprego.

Sistema de comportamento organizacional – Estrutura integrada de elementos que mostra como o comportamento é guiado no sentido da realização das metas organizacionais.

Sistema de incentivo econômico – Sistema pelo qual a remuneração de um funcionário varia de acordo com um critério de desempenho individual, grupal ou organizacional.

Sobrecarga de comunicação – Condição na qual os funcionários recebem mais informações do que podem processar ou do que necessitam.

Teoria da equidade – Tendência dos empregados para julgar a justiça comparando suas contribuições e remunerações no trabalho com aquelas de outras pessoas relevantes.

Teoria X – Conjunto de suposições autocráticas e tradicionais a respeito das pessoas.

Teoria Y – Conjunto de suposições humanas e sustentadoras a respeito das pessoas.

Teoria Z – Modelo que adapta os elementos dos sistemas gerenciais japoneses à cultura dos Estados Unidos e enfatiza a cooperação e processos de decisão por consenso.

Teorias – Explicações de como e por que as pessoas pensam, sentem e agem como o fazem.

Teorias cognitivas de motivação – Teorias motivacionais baseadas no pensamento e no sentimento (isto é, cognição) do empregado.

Trinômio desempenho-satisfação-esforço – Modelo de fluxo que mostra o relacionamento direcional entre desempenho e satisfação.

ÍNDICE REMISSIVO

A

Absenteísmo involuntário, 122
Adams, J. Stacy, 79
Adams, Samuel H., 25
Administração por objetivos, 153-54
Afiliação
   motivação para a, 48
Alderfer, Clayton P., 51, 95
   modelo ERC de, 56
Allan, Cox, 70
Ambiente e pessoas, 6
Atchinson, Thomas I., 119
Athos, Anthony G., 42
Atitudes dos empregados
   – e seus efeitos, 121-45
Atitudes negativas dos empregados, 122
Atkin, R. S., 145
Atribuição, modelo de, 82-4
Austin, Nancy K., 149
Autorrealização
   – profecia da, 83
Autonomia do empregado, 189-90
Avaliação do desempenho, 93-119

B

Bandura, Albert, 70
Beathy, Richard W., 119
Beer, Michael, 21
Belcher, Davis W., 119
Benefícios flexíveis, 113-14
Bennis, Warren, 175
Bernardin, H. John, 119
Bill Gates, 150
Blanchard, Kenneth, 70, 165-66
Blok, Peter, 175
Brief, Arthur P., 21
Brockner, Joel, 70
Burns, James McGregor, 175

C

Capacidade e motivação no trabalho, 15
Capwell, R., 145
Cargos, empregados e a organização, 112-14
Cascio, Wayne F., 145
Childs, D. W., 23
Chrysler Corp., 150
Cialdini, Robert B., 175
Ciclo de vida, 165 66
Clark, John P., 145
Comitês de trabalho, 139-40
Compensação do desempenho, 93-119
Comportamento de modificação, 62-3
Comportamento humano
   – estudos de pesquisas do, 7-9
Comportamento motivado, 10-1
Comportamento organizacional
   – compreensão do, 5
   – definição de, 5-6
   – desenvolvimento histórico do, 6-9
   – elementos-chave do, 5-7
   – e avaliação de desempenho, 99-102
   – e recompensas econômicas, 94-114
   – fundamentos do, 1-42
   – limitações do, 186-91
   – perspectivas do, 179-97
   – qualidade do, 28-37
Comportamento organizacional holístico, 13
Conhecimento, capacidade e habilidade para
   o trabalho, 15
Cox, Jeff, 70
Cummings, L. L., 22
Custos-benefícios, 97-8

D

Davis, K., 29
Dayton-Hudson, 37
Deitsch, Clarence R., 145
Desempenho
 – avaliação e compensação do, 93-119
Desempenho e salário
 – incentivos de ligação entre, 103-04
Desempenho humano, 15-6
Desenvolvimento do comportamento organizacional, 7
Desenvolvimento histórico do comportamento organizacional, 6-9
Devenna, Mary, 176
Dickson, W. J., 21
Diferenças perceptivas, 75-6
Dignidade humana, II
 – conceito de, II
Dilts, David A., 145
Dinheiro
 – importância do, 94-114
Dov, Eden, 21
Doyle, Robert, 119
Drucker, Peter F., 93

E

Efeito Pigmalião, 83
Efeitos das atitudes dos empregados, 121-45
Elementos do comportamento organizacional, 5
Elementos do sistema organizacional, 24-8
Eli Lilly, 37
Elliott, Jacques, 91
Empregados
 – atitudes dos, e seus efeitos, 121-45
 – motivação dos, 71-91
 – participação dos, 100
Empregados, cargos e a organização, 112-14
Empregados e salário, 94-114
Enfoque
 – da contingência, 14
 – da produtividade, 14-5
 – sistêmico, 16-7
Enfoque contingencial, 14
Enfoque sistêmico nas organizações, 16-7
Enfoque social, 183-84
Entrevista de avaliação do empregado, 100-01
Envolvimento no cargo, 125-26
Equidade, teoria da, 79-82

Esquemas de reforçamento, 60-2
Estilo de liderança, 159
Estrutura e pessoas, 6
Estudos de pesquisas do comportamento humano, 7-9
Evans, Martin G., 153
Executivo
 – importância da satisfação do, 140
Expectância, 73
Expectância, modelo de, 72-4
Experimentos na Westem Electric Co., 7

F

Faltas em relação à insatisfação dos empregados, 128-29
Fatores de motivação segundo Herzberg, 53-6
Fay, Charles H., 119
Fiedler, Fred E., 163-65, 175
 – e o modelo de liderança de, 163-70
Fixação de objetivos, 63-5
Flamholtz, Eric, 197
Forças motivacionais, 47-9
Frish, Michael H., 119
Fundamentos do comportamento organizacional, 1-42
Furtos dos empregados, 129-30

G

Ganhos por produtividade, 109-10
Gardner, James E., 145
Gerentes
 – enfoque sistêmico e o comportamento organizacional dos, 16-7
 – satisfação dos, 140
Gilbreth, Lilian, 7
Goldratt, Eliyahu M, 70
Goodman, P. S., 145
Guest, Robert H., 3

H

Habilidade conceitual, 151
Habilidade e capacidade para o trabalho, 15
Habilidade humana, 151
Habilidade técnica, 151
Habilidades e salários, 110-11
Harvey, John, 91
Heider, Fritz, 82
Hersey, Paul, 165-66
Hershey, Robert, 145

Herzberg, Frederick, 45, 46, 51, 53-4, 70, 145, 180
Hierarquia de necessidades de Alderfer, 56
Hierarquia das necessidades humanas, 51-3
– interpretação da, 53
Hollinger, Richard C, 145
Homstein, Harvey, 149
House, Robert, 153
Humphrey, Hubert, 179

I

Iacocca, Lee, 150
Ickes, William, 91
Identificação com a organização, 126
Incentivos monetários, 102-03
– ligação entre, 103-04
Incentivos para empregados, 104
Instrumentalidade, 74
Interesse pessoas-organização, 12

J

Johnson, Spencer, 70

K

Kidd, Robert F., 91
Kipnis, D., 71
Korman, Abraham, 91
Kotter, John P., 176
Kreitner, Robert, 70

L

Lawler, Edward E., 70, 72, 91, 119
Lawrence, Paul R., 21
Leavitt, Theodore, 176
Levinson, Harry, 176
Lewis, James Jr., 42
Liderança e supervisão, 149-76
Liderança situacional, 165-66
Liderança
– conceito de, 150
– enfoques contingenciais sobre o estilo de, 163
– e os supervisores, 167-70
– estilo de, 159-63
– modelo de, caminho-objetivo, 153-56
– modelo de liderança de Fiedler, 163-70
– natureza da, 150-53
– poder e política, 156
– segundo Herzberg e Blanchard, 165-66
– substitutos da, 166-67
– tipos de, 156, 160-63
Likert, Rensis, 32
Locke, Edwin A., 63
Lombardo, Michael M., 42
Lucros
– e sindicatos, 109
– participação nos, 107-08
Luthans, Fred, 70

M

Macromotivação no trabalho, 85-6
Maier, N. R. F., 119
Manz, Charles, 176, 197
Maslow, Abraham H., 37, 70, 95
Mausner, Bernard, 70, 145
Mayo, Elton, 7, 8, 21
McClelland, David C., 47, 70
McClure, Lynne, 22
McGregor, Douglas, 159-60, 176
Metz, Edmund J., 27
Micromotivação no trabalho, 85
Microsoft Corp., 150
Mills, D. Quinn, 21
Modelo autocrático numa organização, 29-30
Modelo de atribuição, 82-4
Modelo de expectância, 72-4
Modelo de liderança de Fiedler, 163-70
Modelos de comportamento organizacional, 23-42
Modelos motivacionais, 85-6
Modificação de comportamento, 62-3
Monday, Richard T., 145
Moore, Brian E., 119
Motivação, 10-1
– razões básicas da, 45-70
– teorias cognitivas da, 57-8
Motivação dos dois fatores
– segundo Herzberg, 53-4
Motivação dos empregados, 71-91
Motivação e capacidade para o trabalho, 15
Motivação e sistemas de recompensas, 43-70
Motivação no desempenho, 46-7
Motivação no trabalho, 28
Motivação para a afiliação, 40
Motivação para a competência, 48
Motivação para a realização, 47-8

Motivação para o poder, 48-9

N

Namiki, Nobuaki, 42
Nanus, Burt, 175
Natureza da liderança, 150-53
Natureza das atitudes dos empregados, 122-25
Natureza das organizações, 11-3
Necessidades do empregado, 180-81
Necessidades humanas, 49
– e comparação entre os modelos de Maslow, Herzberg e Alderfer, 56-7
– e relação com os modelos de comportamento organizacional, 36-7
– hierarquia das, de Maslow, 51-3
– tipos de, 50
– variações nas, 50-1
Necessidades pessoais
– e o trabalho, 10-1
Níveis de necessidades, 51-3
Nível de desenvolvimento, 165-66
Nível de satisfação no trabalho, 124-25

O

Objetivos
– fixação de, 63-5
Odiorne, George S., 197
Organ, Dennis W., 145
Organização e produtividade, 14-5
Organizações
– natureza da, 11-3
Organizações e liderança, 150-76
Organizações e pessoas, 12
Ouchi, William, 37
Owen, Robert, 6, 7, 99

P

Participação dos empregados, 100
Participação nos lucros, 107-08
Pascale, Richard T., 42
Pastin, Mark, 21
Patrão e empregado
– autoridade entre, 29-30
Paul, Robert J., 145
Percepção
– papel da, 75
Pesquisa
– planejamento da, 133-37
Pesquisas descritivas, 134, 135
Pesquisas objetivas, 133-35
Pessoa e o seu valor, 11
Pessoas
– ambiente e as, 6
– diferenças individuais, 9-13
– e estrutura, 6
– tecnologia e, 6
Pessoas e organizações
– interesse mútuo e, 12
Pessoas e trabalho, 3-22
Peterson, R. O., 145
Pinder, Craig c, 70, 91
Planos de prêmios por produtividade, 109-10
Poder
– táticas usadas para ganhar o, 157-59
– tipos de, 156-59
Poder especialista, 159
Poder legítimo, 157
Poder pessoal, 156
Poder político, 157
Porter, Lyman W., 72, 91, 145, 197
Posner, Marry Z., 176
Potencial humano
– uso do, no trabalho, 15-6
Prêmios por produtividade, 109-10
Price, James 1., 145
Produtividade
– planos de prêmios por, 109-10
Produtividade e organização, 14-5
Produtividade organizacional, 15-6

Q

Qualidade do comportamento organizacional, 28-37

R

Rausch, Erwin, 119
Razões básicas da motivação, 45-70
Realização, motivação para a, 47-8
Recompensas econômicas
– e o comportamento organizacional, 94-114
Recompensas, motivação e sistemas de, 43-70
Recursos humanos, 13-4

– enfoque de, 13-4
Reforçamento contínuo, 60
Reforçamento, esquemas de, 60-2
Reforçamento parcial, 60
Reforço negativo, 59
Reforço positivo, 59
Relações entre patrão e empregado, 29-34
Relações humanas, 8
Rockwell International, 37
Roethlisberger, F. 1., 7, 21, 94
Rosental, Robert, 91
Rosenthal, Stuart, 176
Rosenzweig, Mark R., 197
Ross, Timothy L., 119
Rotatividade dos empregados, 127-28
Ruch, William, 22

S

Salário
   – vantagens e desvantagens quanto à satisfação em relação ao, 111
Salário e desempenho
   – incentivos de ligação entre, 103-04
Salário e empregados, 94-114
Salários baseados em habilidades, 110-11
Satisfação das necessidades, 47
Satisfação de executivos, 140
Satisfação-desempenho
   – relação do empregado e, 126
Satisfação dos gerentes, 140
Satisfação no trabalho, 122-25
Schappi, John V., 145
Schneider, Benjamin, 197
Schoorman, F. David, 197
Schuster, Michael, 93
Sethi, S. Prakash, 42
Shea, Gordon F., 121, 145
Sims, H. Jr., 176
Sims, Henry P., 197
Sindicatos
   – vantagem dos, para os empregados, 131
Sistema de comportamento – organizacional, 24
Sistema perceptivo
   – importância do, 83

Sistemas de recompensas, 43-70
Skinner, B. F., 58, 70
Snyderman, Barbara, 70
Spector, Bert, 21
Staw, Barry M., 22, 121
Steers, Richard M., 91, 145
Supervisão
   – papel da, 167-69
Supervisão e liderança, 149-76
Swanson, Carl L., 42

T

Táticas usadas pelo poder político, 157-59
Taylor, F., 7
Tecnologia e pessoas, 6
Teoria da equidade, 79-82
Teoria da expectância, 72-4
Teoria X e Y, 159-60, 180
Teoria Z, 37-8
Teorias cognitivas da motivação, 57-8
Tichy, Noel, 176
Tipos de necessidades humanas, 50
Tjosvold, Dean, 22
Toffler, Alvin, 22
Trabalho
   – sistema social no, 28
Trabalho e as pessoas, 3-22
Treinamento
   – necessidades de, 131

U

Ure, Andrew, 7

V

Valência para o empregado, 72-3
Variações nas necessidades, 51, 52, 55
Vroom, Victor H., 72, 91

W

Wallace, Marc J., 119
Walton, Richard E., 21, 23
Weihrich, Heinz, 22
Weiner, B., 91
Werther, William B. Jr., 22
Williams, Whiting, 7
Wilson/ J. Watson, 3
Worthy, F. S., 71